营销企划动作分解与精准制导

Marketing Plan Implementation Analysis
and Precise Guidance

张洪吉　等／著

中国经济出版社
CHINA ECONOMIC PUBLISHING HOUSE
北 京

图书在版编目（CIP）数据

营销企划动作分解与精准制导/张洪吉等著．
—北京：中国经济出版社，2020.4
ISBN 978-7-5136-5361-9

Ⅰ．①营…　Ⅱ．①张…　Ⅲ．①市场营销学　Ⅳ．①F713.50

中国版本图书馆 CIP 数据核字（2020）第 018548 号

责任编辑　叶亲忠
责任印制　马小宾
封面设计　华子图文

出版发行　中国经济出版社
印 刷 者　北京科信印刷有限公司
经 销 者　各地新华书店
开　　本　710mm×1000mm　1/16
印　　张　16.75
字　　数　270 千字
版　　次　2020 年 4 月第 1 版
印　　次　2020 年 4 月第 1 次
定　　价　68.00 元
广告经营许可证　京西工商广字第 8179 号

中国经济出版社　**网址** www.economyph.com　**社址** 北京市东城区安定门外大街 58 号　**邮编** 100011
本版图书如存在印装质量问题，请与本社销售中心联系调换（联系电话：010-57512564）

PREFACE 前言

呈现在读者面前的这本《营销企划动作分解及精准制导》，凝结着作者多年来的探求、思考。这部意在凸显实操性特点的著作，其内容无关热点风云、企业内幕、成功励志、素质教育，著作结构也无所谓完善。但是，书中的分析思路、经典模式、解决方法，都变成对接实战的具体动作。

基本结构

作者力求在管控整体脉络、提高行销效率这个大前提下，把营销企划和销售过程切割为若干个小板块，对这些小板块归纳其具有普遍意义的动作要点，并将著作观点、关键节点、动作要点融为一体，形成尽可能精准化的制导体系。这些模块包括市场营销观念的应用制导、营销战略规划应用制导、营销环境分析应用制导、竞争分析应用制导、消费者购买行为分析的应用制导、市场调研工作制导、问卷设计应用制导、市场细分方法应用制导、目标市场选择方法应用制导、市场定位方法应用制导、产品卖点的提炼应用制导、定价策略应用制导、通路管理应用制导、销售促进应用制导、人员推销技巧应用制导、销售人员日常销售行动精准制导等。

使用建议

市场营销的突出特点就是它的实操性，这自然要求不能简单地从书本到书本，既不能脱离教材也不能照本宣科。如何把基本理论与营销实战更好地结合起来，如何在实践中进行创新性应用，是很多企业人很费思量的问题，也是专业研究人员不能回避的问题。

本书选取了市场营销中最基本、最重要的环节，作为相对独立的单元进行阐述，每一个单元的重点是执行动作的要点，附以提示语和微案例。这样安排的目的是使读者在了解市场营销基本知识的基础上，能够直观地找到与实践对接的抓手。为了便于理解，每一单元都列出了理论参考，由读者根据自己的具体情况进行自主安排。本书围绕“做什么”做文章，而刻意回避了在“是什么”“为什么”问题上过多的纠缠。企划人员如果解决了策划中“做什么”的问题并逻辑地形成文案，那么，一份优质的策划方案就水到渠成了。

《营销企划动作分解及精准制导》是对新财经教学改革的一次实践探索，是对所挚爱的市场营销情感的表达，是献给营销实战探索者的一份薄礼，也是对营销实战领领域空白的一项填补。

CONTENTS 目　录

1 市场营销观念的应用制导

理论参考 市场营销学教科书的“营销观念或营销哲学”部分

1.1 指导思想的选择

市场营销学已经有 120 余年的发展历史。任何一本市场营销教科书，都会讲述市场营销观念的演变历程，市场营销观念演变过程中形成的几种形态（生产观念、产品观念、推销观念、市场营销观念、社会营销观念等），新旧营销观念的分界点以及营销观念的重要性。

营销观念对营销实践的作用举足轻重。从市场营销的整体来看，它起到“灵魂”的作用；从市场营销过程来看，它处在“龙头”的位置。它在营销实践中决定企业的价值导向，也决定企业营销的方向。它是全部营销实践过程的“龙头”，对企业上下的思想和行为具有整合作用。

依照时代进程，营销观念被理论界按照市场发展的历史脉络划分为若干种形态。营销策划，需要在生产观念、产品观念、推销观念、市场营销观念、社会营销观念等诸多观念中选择一种，作为一个时期或一定阶段企业发展的主体指导思想。在实践中，到底选择哪种观念作为企业的指导思想，受企业家价值观、竞争程度、企业追求、需求状况等多种因素的影响，并不是越先进的观念越好。适合企业自己竞争需要的观念才是最好的。

不管选择哪一种观念，都必须要有一种主体指导思想。指导思想也需要随着企业的发展与时俱进地进行调整。

一般来说，市场营销观念是未来企业追求的基本指导思想，因此，本书选择市场营销观念作为分析问题的逻辑起点。

在现实营销实践中，指导企业营销的观念是如何形成的？又是如何表述的？某种营销观念是如何体现的？营销观念与营销行动如何结合？营销观念怎样贯穿于整个营销过程或每个营销环节？这是经常困扰我们的问题。

1.2 指导思想凝练的原则

营销观念的凝练原则是：

（1）个性化原则。坚持高度概括性而避免强化抽象性，突出个性，使它能在同业中拥有特色，也便于消费者识别和记忆。

（2）社会化原则。坚持同公众和消费者的价值观、道德观和审美观等因素相吻合，以得到社会公众认同，获取较高的知名度和美誉度。

（3）市场化原则。作为指导营销活动的工具，既要满足顾客需求，也要与同业者进行竞争。

（4）简洁化原则。字面简明、内涵丰富，易于记忆和理解，不片面追求华美，而追求能为员工所接受和理解，并具有可延展的丰富内涵。

1.3 营销观念形成及操作要点

（1）公司决策者要充分重视企业指导思想对企业营销活动的价值，把指导企业营销的思想置于战略统领的地位；要认识到，它是有效实现市场营销功能的基本条件，贯穿于营销活动的全过程，制约着企业营销目标的实现，是实现营销目标的基本策略和手段。

（2）优劣取舍。企业高层要在指导思想先进性方面进行取舍。由于经济发展的不平衡性、市场主体的多元性、市场发育程度的差异性，企业“以利润为中心”思想存在着客观性。即便是在大一些公司，也有不同类型的营销理念交织并存的情况。不过，对那些志存高远、与时俱进的企业来说，必须要在以卖主为中心的生产观念、以优质产品为中心的产品观念、以推销为重点的销售观念等旧型营销观念，与以消费者为中心的市场营销观念、兼顾多方利益的社会营销观念等新型营销观念之间做出取舍。因为指导企业营销的思想优劣与否，直接关系到企业营销活动的质量及其成效。这不仅是一种观念，也是一种态度，更是一种企业思维方式，是今后企业进行经营决策、组织管理市场营销活动的基本指导思想，是企业的经营哲学。

（3）成立专家委员会，负责对本公司营销观念的总设计。委员会要以明确的战略思维开展工作，在营销观念具有方向引领性、相对稳定性、工作指导性、行为制导性方面取得共识。

（4）把营销观念作为一种稳定的思想价值体系和根本的营销哲学来对待，使营销观念对营销行为具有显著的推动作用。

（5）营销观念的建立，需要深入调研、深层思考、系统规范，突出以市场和顾客为上的观念，凝练出凸显个性和特点，视野要宽，境界要高。营销观念的具体方案，要有极强的渗透、凝聚、激励、辐射、易于识别等功能。

（6）经过反复的讨论和深入的分析，在充分征求意见的基础上，精心提炼出公司员工共同认可并能够适应企业在市场中成长的价值准则。

（7）最后形成能反映公司特色的市场营销观念。

微案例

河北依丽兰集团的市场营销指导思想

河北依丽兰集团的市场营销指导思想是：一切以满足消费者需求为核心。其内容为：消费者是企业的衣食父母，没有消费者的购买，就没有企业的存在；没有消费者的满意就没有企业生存的机会。

要视经销商为企业的亲人、家人，只有服务好经销商才能让经销商服务好消费者；经销商是企业产品传递到消费者手中的载体，只有经销商满意，才会提供让消费者满意的服务。

售后服务无小事，必须及时解决，必须当日解决。无任何附加条件、无任何附加理由为营销部门提供最便利、最迅捷的问题解决途径和方法，以便更好地服务市场、服务客户、服务消费者。

1.4 市场营销观念落地举措制导

市场营销观念方案经过不断凝练确定之后，要从思想上把该观念放在第一位置，并作为未来工作的指导方针。具体的营销观念方案一经确定，还必须用系统方法保证落地，通过以下途径来促使营销观念的落地。

1.4.1 用营销的思想武装全体员工

要准确诠释营销观念的含义，向公司所有员工灌输、培训这种观念，让全体员工理解、清楚产品的市场需求、开发背景、产品质量等。这样，员工才能对产品有极强的关注力，易于将理念转变为行为方式，才能形成企业全员对产品的宣传与推动作用；让员工对渠道的理念理解应该是根据目标定位选择适合产品销售的渠道，以便于最大化为消费者提供购买的便利性，最大化地调动全体员工的积极性，为消费者提供足够的便利性从而产生更高的销售量；让员工对促销的理念理解是采取促进销售的各种手段，调动一切能量资源推动销售额的提高，以服务为中心，以服务推动消费者的消费附加值，最大化地吸引消费者，以便提高销售量。

1.4.2 将营销观念与各部门各岗位工作结合

要让员工知道，公司只存在两种部门：直接为客户服务的部门和间接为客户服务的部门。如果不能直接为客户服务，就要为那些为客户服务的人服务。要在平时工作中不断宣贯，让员工从心理到实际行动都要“营销”。同时，细化这个观念在每个岗位上的践行标准，使它存在于企业活动的每个领域和每一个环节，作为不同部门、不同环节、不同岗位上的员工共识化的价值取向。

1.4.3 规范、充实“营销”内容

刚开始，营销可能只是个概念，没有多少实质性内容，但在观念建立起来后，营销的内容将会被不断地充实和完善。除了营销部门以“市场”为核心开展工作，非营销部门也会向营销部门学习，将本部门的工作以营销观念来规划并开展工作，这样，非营销部门的工作就会逐步以“营销的观念”来规划本部门的资源，以便最大化地发挥本部门职责，从而推动公司“整体营销”利益的提升。

1.4.4 对标培训

营销观念的培训，能够改变员工的思想，改变观念，跟着市场走，化危机为机遇。无论是生产技能培训、财务管理培训，还是行业礼仪培训、内部流程培训、沟通技巧培训、营销技巧培训、常识培训、管理制度培训等，这些培训的唯一导向，都是市场。各部门员工在单位时间里开展营销活动的模拟实践，能有效地让同事理解营销的观念与方法。

1.4.5 提升专业程度

对于参与全员营销的所有员工来讲，需要掌握的专业知识包括产品方面、市场方面、营销方面等。无论是业务部门员工还是其他部门的员工，都是必

须要牢固掌握的。

1.4.6 完善激励机制，有奖有罚，落实营销理念

把该营销观念的思想融合于此后每个营销企划的动作之中。这样，就能保证营销观念不走空、不变样、不流于形式。

2 营销战略规划应用制导

理论参考 市场营销学教科书的“营销战略”部分

2.1 企业使命说明及其要点

企划者需要以企业使命说明书的形式向公众描述自己的发展目标、发展规划、发展蓝图。企业使命说明书由企业简介、指导思想、活动领域、主要政策、企业任务、企业使命、企业愿景等部分组成。

【提示】本部分的操作要点，以完形填空的形式进行制导。【 】内的内容由企划者根据具体个案进行填写。鼓励企划者对文案中的提示性连贯语言进行创新，以防止千篇一律。

2.1.1 企业简介

【公司】是【专业生产的企业】，公司现有职工【 】，经过【 】年的努力，我公司现有生产规模【 】，产品覆盖【 】等市场。

【公司】，是一家【指出公司性质，如分公司、合作公司、合伙人、专有独资公司、股份公司等】企业。公司秉承的经营原则是“【 】”。这是我们创业守业的宝贵精神财富，是应对未来挑战、实现更好更快发展的动力。伴随着我国【行业】事业的发展，我公司在市场经济的大潮中走过了【 】年的风雨历程。我们是对客户负责、对社会负责的企业。【 】以来，公司先后荣获【公司荣誉】等称号。

2.1.2 指导思想

【公司】奉行【“市场营销观念的应用制导”部分已经提炼好的观念】的营销哲学。具体表述为：

【 】。

2.1.3 活动领域

公司的产业范围为【 】；市场范围为【 】；

地理范围为【 】。

2.1.4 企业任务

（除了那些亲手将公司领向成功的企业家，没有人比他能更清晰地了解这个成功公司的任务。本部分内容，可以先跟随着企划的逐步展开而不断完善，不必在此急于成文）

（1）企业历史

【公司】成立于【 年 月】，公司成长，经历了一个从小到大、从弱到强的发展历程。【公司发展历史中，一些重要发展阶段的介绍】

（2）业务范围

【公司】是一家集科研、生产、销售于一体的综合性生产制造商。【产品种类、产品系列】

（3）服务对象

【公司】竭诚为【 】客户提供服务。

（4）企业任务

【公司】经过【 】年的发展，企业逐步在【 】领域形成了自己独特的优势，在【 】方面形成了自己的核心能力。这种自身特定的优势和核心能力是我们在选择企业任务的时候，必须同时尊重的重要因素。

与此同时，我们也会与时俱进，适时地根据市场环境因素的变化来调整自己的生产经营任务；我们还会不断强化企业的人力、财力、物力，以确保它们能同我们的企业任务相适应。

2.1.5 主要政策

（1）对客户的政策【 】；

（2）对供应商的政策【 】；

（3）对经销商的政策【 】；

（4）对竞争者的政策【 】；

（5）对公众的政策【 】。

2.1.6 企业使命

我们在企业制造产品，在社会【高度概括企业的远大理想和目标追求】，我们将会矢志不渝地坚守自己的企业使命。

2.1.7 企业愿景

我们致力于通过【例如：打造某某市场的第一品牌，占领某某市场制高点，成为全省/全国/国际一流的企业或品牌，等等】来实现企业的社会价值。

2.2 波士顿咨询集团矩阵图应用操作要点

（1）波士顿市场增长—份额矩阵图（如图 2-1 所示），是用来研究公司战略业务单位最直观、易明的分析工具。战略业务单位（SBU）是公司值得为其专门制定一种经营战略的最小经营单位。战略业务单位可以是一个市场区域，也可以是一个部门；可以是一个品种，也可以是一个品类。

（2）按照业务之间是否存在共同的经营主线、是否有自己的业务、是否拥有一定的资源、是否能够相对独立或有区别地开展业务活动、是否有竞争对手、是否有相应的管理班子从事战略管理工作等标准来确定本项分析的对象是何战略业务单位。

（3）整理该企业该战略业务单位近 5 年来的年度市场销售额。

（4）计算该战略业务单位每年的市场增长率。以 10%为界点，高于 10%的，为高增长率；低于 10%的，为低增长率。

（5）计算当期本公司该战略业务单位的市场占有率。

（6）搜集整理计算当期该市场上最大竞争对手的市场占有率。

（7）计算该战略业务单位的市场占有率与同一市场、同一时期最大竞争对手的市场占有率的比率，即相对市场占有率。比率小于 1，如 0.8，表明该战略业务单位市场占有率是最大竞争对手的 80%；比率大于 1，如 3.5，表明该市场占有率是最大竞争对手市场占有率的 3.5 倍；比率等于 1，则表明该战略业务单位的市场占有率与最大竞争对手的市场占有率相同。

（8）以市场增长率（以 10%为中点）为纵坐标、相对市场占有率（以 1 为中点）为横坐标，画出矩阵图。同时，将前述对某一个战略业务单位的市场增长率和相对市场占有率的计算数值标注进矩阵图，就可以清楚地看出该战略业务单位居于何种象限的何种位置。

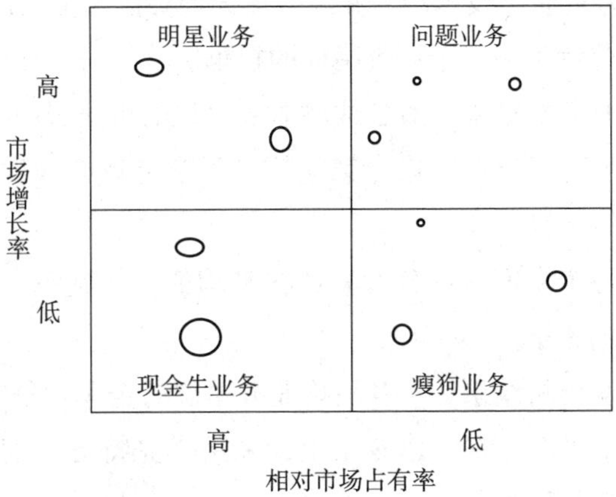

图 2-1 波士顿市场增长—份额矩阵

（9）以此类推，可以算出公司其他不同战略业务单位的市场占有率和相对市场占有率并标注进同一矩阵图。业务单位规模大的，用较大圆圈体现，反之亦然。

（10）通过上述 SBUs 的分析评估，结论是：将投资的重点方向向明星业务和问题类业务倾斜；对现金牛类业务以收回现金为主，少投资或不投资；对瘦狗类业务维持或撤出市场。

2.3 通用电气（GE）的多因素投资组合分析操作要点

（1）确定战略业务单位，并对每个战略业务单位进行内外部环境分析。根据企业的实际情况，或依据产品（包括服务），或依据地域，对企业的业务进行划分，形成战略业务单位，并针对每一个战略业务单位进行内外部环境分析。

（2）确定市场吸引力的主要评价指标。尽管教科书上给出了市场吸引力的评价指标，但实际操作中并没有通用标准，企划者必须根据企业所处的行业特点和企业发展阶段、行业竞争状况进行调整并确定。但是总体上讲，市场吸引力主要由行业的发展潜力和盈利能力决定。

（3）企业竞争力的主要评价指标。尽管教科书上给出了企业竞争力的评价指标，但实际操作中并没有通用标准，企划者必须根据企业所处的行业特点和企业发展阶段、行业竞争状况进行调整并确定。企业竞争力主要由企业的财务资源、人力资源、技术能力和经验、无形资源与能力决定。

（4）确定企业竞争力每个评价指标的权重。

（5）根据行业分析结果，对各战略业务单位的市场吸引力进行评估打分。一般来说，这种评估打分宜组建专家组，采用李克特五级度量法对市场吸引力进行打分并加权求和。

（6）通过对各个专家的评分取其加权平均值，得到每一项战略业务单元的市场吸引力最终得分。

（7）根据行业分析结果，对各战略业务单位的企业竞争力进行评估打分。一般来说，这种评估打分宜组建专家组，采用李克特五级度量法对企业竞争力进行打分并加权求和。

（8）通过对各个专家的评分取其加权平均值，得到每一项战略业务单元的企业竞争力最终得分。

市场吸引力和企业竞争力的各项指标和评估得分结果，见表 2-1。

表 2-1　市场吸引力和企业竞争力的各项指标和评估得分

市场吸引力评价指标	权重（a）	A	B	C	D	E	企业竞争力评价指标	权重（b）	A	B	C	D	E
		得分	得分	得分	得分	得分			得分	得分	得分	得分	得分
X1	0.13	3	4	4	3	2	Y1	0.05	4	2	2	2	2
X2	0.11	4	2	3	3	4	Y2	0.10	4	2	3	3	2
X3	0.04	3	2	3	2	4	Y3	0.08	4	3	3	4	3
X4	0.05	4	3	3	3	3	Y4	0.15	4	4	4	4	3
X5	0.07	3	3	3	3	4	Y5	0.05	4	4	4	4	4
X6	0.06	3	2	2	3	4	Y6	0.14	3	2	3	2	2
X7	0.09	3	2	2	2	3	Y7	0.05	3	2	3	3	3
X8	0.16	3	2	3	3	4	Y8	0.10	4	4	4	3	3
X9	0.10	3	3	3	3	3	Y9	0.16	3	3	3	3	3
X10	0.09	3	3	3	3	4	Y10	0.12	4	3	3	3	2
X11	0.06	3	3	2	3	4							
X12	0.04	3	3	4	4	4							
总计	1.00	3.16	2.67	2.96	2.91	3.50	总计	1.00	3.65	2.96	3.25	3.09	2.64

（9）根据每个战略业务单位的市场吸引力和企业竞争力总体得分，将每个战略业务单位用圆圈标在 GE 矩阵上。在标注时，用圆圈的大小表示战略业务单位的市场总量规模（如图 2-2 所示）。

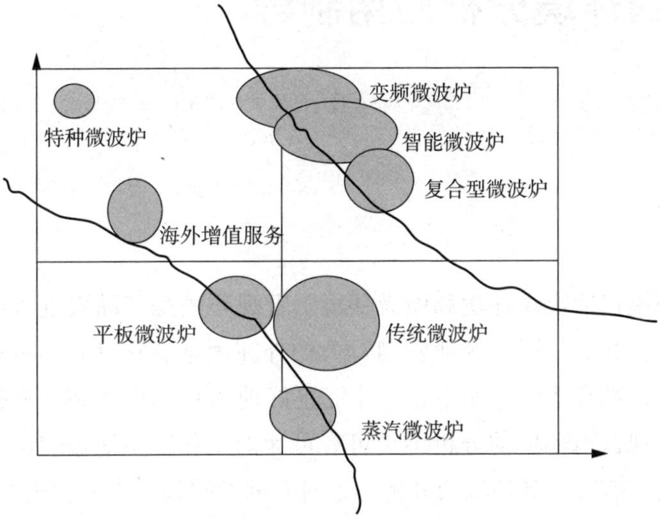

图 2-2 战略业务单位的市场吸引力和企业竞争力总体得分

（10）根据每个战略业务单位在 GE 矩阵上的位置，对各战略单位策略进行说明，对各个战略业务单位的发展战略指导思想进行系统阐述，给出投资、维持、放弃的具体方案。

在完成对战略业务单位的评估和分析以后，企划主持人便可依据对本企业的总体认识，着手对企业成长战略进行设计。企划方案必须在密集型成长、一体化成长、多角化成长战略上做出抉择。

3 营销环境分析应用制导

理论参考　市场营销学教科书“市场营销环境”部分

营销环境包括宏观环境和微观环境。宏观环境是产品要进入的市场所具有的、客观存在的、影响企业营销行为的外在因素。它具有不可控制、不可逆转的特性，唯有适应才能生存，才能更好地为目标市场和客户提供有效率的服务。宏观营销环境的分析不是可有可无的工作，不能做表面文章，而要做足真功夫。有关微观环境的分析，企划人可参阅教科书有关内容进行评估，本部分不做分析安排。

3.1 应用 PEST 模型分析营销环境操作要点

用 PEST 模型对外部营销环境分析，以图通过政治的（Politics）、经济的（Economic）、社会的（Society）和技术的（Technology）几个方面的因素分析，从总体上把握营销宏观环境。其根本目的是评价对企业战略目标和战略制定的影响。对营销环境的分析和评估，应当建立在市场调查的基础之上。

3.1.1 政治（Politics）环境评估要点

（1）对国家近期制定的与本行业相关的经济政策、五年规划、发展纲要的主体内容进行评估；

（2）对当地政府制定的与本行业相关的经济政策、规划、政府工作报告等主体内容进行评估；

（3）对贸易摩擦对本行业产生的影响进行评估；

（4）对近期和未来国家和政府重点扶持的与本行业相关的产业及产业政策的主体内容进行评估；

（5）对近期和未来国家和政府计划淘汰的与本行业相关的产业及产业政策的主体内容进行评估；

（6）对国家政策和法律对与本行业相关的、对企业经营行为具有约束力的法律和法规的主体内容进行评估；

（7）对反不正当竞争法、税法、知识产权保护法、劳动法、环境保护法和贸易法规和协定中涉及本行业的相关内容进行评估。

3.1.2 经济（Economic）环境评估要点

（1）拟进入市场人均可任意支配收入水平状况分析；

（2）拟进入市场过去3年需求和未来3年需求变动趋势分析；

（3）拟进入市场近3年人均就业率情况分析；

（4）拟进入市场的市场化程度情况分析；

（5）本行业能源消费状况及供给成本情况分析；

（6）近3年银行利率和汇率水平变动情况及趋势分析；

（7）近3年通货膨胀率变动及未来趋势分析。

3.1.3 社会（Society）环境评估要点

（1）拟进入市场的民族分布、主要民族特征、主要民族文化特点分析；

（2）拟进入市场的宗教信仰、政治观点、道德价值取向分析；

（3）拟进入市场国民受教育的结构和水平情况分析；

（4）拟进入市场的人口规模、地域分布、年龄分布情况分析；

（5）拟进入市场的国民对于产品和服务的态度；

（6）拟进入市场可能的语言障碍及对产品市场推广的影响分析；

（7）拟进入市场的目标客户群有多少空闲时间、男性和女性扮演何种角色、当地居民的生活方式如何等情况的分析。

3.1.4 技术（Technology）环境评估要点

（1）全球化技术进步和技术创新趋势及对本行业的影响分析；

（2）国家对新技术方面的重点投资方向分析；

（3）新科技对提高企业营运效率的影响分析；

（4）新技术对产品和服务的质量或降低成本的影响分析；

（5）新科技为消费者和企业提供的更多创新产品、更好服务、更真实消费体验的影响分析；

（6）新科技对导致全新商业模式出现的可能性分析。

综上所述，在对PEST所包含（但不限于）的诸多因素进行评估的基础上，要分别写出评价文案。评价文案的内容不在于多寡，而在于真实、有针对性、对决策有参考价值。要能回答其对企业战略目标和战略制定可能产生的具体影响有哪些，体现在哪些方面。

3.2 SWOT 分析操作要点

为了将上述宏观环境分析的思想落实到企业营销战略制定中，需要用SWOT 理论工具进行分析，以便通过对环境优势与企业机会更明晰的分析和选择，规避企业劣势与环境威胁，采取主动应对策略。

针对企业所置身或面临的内部优势（Strengths）、劣势（Weaknesses）及外部环境的机会（Oppourtnities）、威胁（Threats）进行完整的透视，通过组织内部功能及外部环境、市场、消费与竞争情势的探讨，制定各项战略。

运用 SWOT 方法，需要对公司在优势—机会、劣势—机会、优势—威胁、劣势—威胁几方面按步骤进行分析。

3.2.1 关键外部机会（O）分析

这部分的分析内容实际上是对前面 PEST 分析的归纳和提炼，要对其中有利于企业营销的具体内容进行规整，形成文案。

微案例一

上燃公司的外部机会（O）分析摘要

公司面临的环境机会包括：

（1）国内两大主要燃料油生产企业多采取深加工生产工艺，降低燃料油产量和质量，且该发展态势在今后五年里将会进一步增强；

（2）国内燃料油市场竞争激烈程度会进一步加剧；

（3）地方炼油厂需求推动燃料油消费增长；

（4）上海加快建设以洋山港为重点的国际航运中心，催生船加油项目等新业务；

（5）短时期内燃料油仍然是我国最主要的工业能源消耗品；

（6）上海的地理优势有利于上燃扩大燃料油进口贸易；

（7）“十三五”期间，上海大力发展以物流为重点的现代服务业；

（8）上燃与地方政府具有长久良好的关系，有助于获得政策上的支持。

3.2.2 关键外部威胁（T）分析

这部分的分析内容是对 PEST 分析的归纳和提炼，要对其中不利于企业营销的具体内容进行规整，形成文案。

微案例二

上燃公司的外部威胁（T）分析摘要

公司面临的环境威胁包括：

（1）电力供应紧张逐渐缓和，抑制燃油电厂的燃料油需求；

（2）在国家“调整能源结构，发展节能技术”的能源政策指导下，部分客户将会采取天然气等替代能源；

（3）国家对环保要求日益严格，导致客户对燃料油质量提出更高的要求；

（4）国内一些竞争对手准备扩大生产规模，将打乱目前的市场格局；

（5）国家允许外国公司进入成品油批发领域，长期形成的国内能源经营格局将被打破；

（6）近年来国际原油价格持续攀升，上游企业控制油源，会对上燃盈利能力造成影响。

3.2.3 关键内部优势（S）分析

这部分内容需要在充分调研的基础上，和企业深入沟通，充分挖掘企业的优势、特长之后，形成具体文案。

微案例三

上燃公司的内部优势（S）分析摘要

公司的内部优势有：

（1）有一定能力提供多样化的燃料油品种；

（2）拥有广泛的销售网络，拥有固定客户群；

（3）在与国外大企业的长期合作中，树立了良好的信誉口碑；

（4）管理层经验丰富，应变能力较强，平均年龄较小；

（5）销售队伍经验丰富，敢于开拓和创新；

(6) 有一批具有丰富经验的技术专家；

(7) 拥有相当数量的固定资产，如码头、油罐、运输队伍等；

(8) 正在申建大型油库及相关设施，将会给公司未来发展带来契机；

(9) 熟悉上海燃料油期货市场以及新加坡纸货市场的套期保值业务；

(10) 财务状况良好，自身流动资金充足。

3.2.4 关键内部劣势（W）分析

这部分内容需要在充分调研的基础上，和企业深入沟通，客观真实地总结企业的短板之后，形成具体文案。

微案例四

上燃公司的内部劣势（W）分析摘要

公司的内部劣势有：

(1) 公司现有营销和销售合而为一的方式不利于未来市场的推广和拓展；

(2) 配套物流队伍专业性有待提高，服务质量需加强监控；

(3) 市区内油库设施面临拆迁，在销售旺季给油品中转、调和等环节带来压力；

(4) 重新建造油库费时费力，大量占用公司资源，短时间内不会有效益；

(5) 信息技术等现代物流管理手段应用不充分；

(6) 公司需要完善适应战略发展的完善激励制度。

3.2.5 将内部优势与外部机会相匹配分析，得出优势—机会(SO)结论

3.2.6 将内部劣势与外部机会相匹配分析，得出劣势—机会(WO)结论

3.2.7 将内部优势与外部威胁相匹配分析，得出优势—威胁(ST)结论

3.2.8 将内部弱点与外部威胁相匹配分析，得出劣势—威胁(WT)结论

3.2.9 建立 SWOT 矩阵

表 3-1 SWOT 矩阵

	内部优势（S）	内部劣势（W）
外部发展机会（O）	SO 战略	WO 战略
外部威胁（T）	ST 战略	WT 战略

3.2.10 将前述分析的优势、弱点、机会、威胁等内容填入 SWOT 矩阵

表 3-2　SWOT 矩阵分析应用举例

	内部优势（S） （1）有一定能力提供多样化的燃料油品种； （2）拥有广泛的销售网络，拥有固定客户群； （3）在与国外大企业的长期合作中，树立了良好的信誉口碑； （4）管理层经验丰富，应变能力较强； （5）销售队伍经验丰富，敢于开拓和创新； （6）有一批具有丰富经验的技术专家； （7）拥有相当数量的固定资产； （8）在建大型油库及相关设施，会给公司未来发展带来契机； （9）熟悉上海燃料油期货市场以及新加坡纸货市场的套期保值业务； （10）财务状况良好。	内部劣势（W） （1）营销能力不足； （2）物流队伍质量不高； （3）市区内油库设施面临拆迁； （4）重建油库费时费力； （5）物流成本较高； （6）人才架构、绩效考核和激励制度不完善。
外部发展机会（O） （1）国内主要燃料油生产企业多采取深加工生产工艺； （2）市场竞争激烈会进一步加剧； （3）地方需求推动燃料油消费增长； （4）上海催生船加油项目等新业务； （5）短时期内燃料油仍然是我国最主要的工业能源消耗品； （6）上海的地理优势有利于上燃扩大燃料油进口贸易； （7）“十三五”期间，上海大力发展以物流为重点的现代服务业； （8）上燃与地方政府保持着长久良好的关系。	SO 战略	WO 战略
外部威胁（T） （1）供应紧张逐渐缓和，抑制燃油电厂的燃料油需求； （2）在国家能源政策指导下，部分客户将会采取天然气等替代能源； （3）国家对环保要求日益严格； （4）国内一些竞争对手准备扩大生产规模； （5）国内能源经营格局将被打破； （6）国际原油价格持续攀升，上游企业控制油源，对盈利能力造成影响。	ST 战略	WT 战略

3.2.11　将 SO、WO、ST、WT 的分析结论填入 SWOT 矩阵的对应处，在后面标明优势、弱点、机会、威胁的代码，作为得出各种结论的依据

4 竞争分析应用制导

理论参考 市场营销学教科书的“竞争战略”部分

教科书中已经介绍了波特的五力模型竞争理论。在营销企划实际操作中，除了解波特的五力理论之外，还需要细化和深耕竞争分析方面的问题，对其操作要点给出明确的研判结论。

4.1 列出本产品的基本竞争条件

（1）本产品产地。

（2）本产品类型。要在产品质量优劣情况、产品知名度大小、品牌影响力大小、产品属于高中低档的哪一档位等问题上给出回答。

（3）需求属性。消费者对产品重视度大小，是讲究质量还是追求品质？是看重性价比还是重视服务或追求高附加值等问题，必须有可定性结论。

（4）强势之处。企业在资源方面、资本方面或者品牌、质量方面有无突出优势？

4.2 竞争范围界定动作要点

此部分为概括性结论，基本任务是说明产品潜在竞争者及其客户来源构成。

（1）至少选择 3 个以上省会城市或 10 个以上地级市城市区域范围，选择 3~5 个与本产品相似或相近的竞品（一线城市根据自身实际情况划定竞争范围）；

（2）分别说明各竞品在该市场范围最近 1 年的产品销售量或销售额；

（3）分别说明各竞品在该市场范围的市场占有率（市场占有率是该产品占同时期同一市场该种产品总额或总量的百分比）；

（4）分别说明各竞品的成交均价范围；

（5）梳理各竞品的客户来源构成；

（6）最好每3个月更新一次，用于确定各个竞品与本产品之间竞争关系的变化以及各竞品客户来源的变化。

4.3　产品成交客户素描

此部分为概括性结论，任务是说明该时间段内成交客户是谁及其分布情况。

（1）该产品近一个季度成交客户的区域分布情况；

（2）成交量较小的产品可将分析周期增加至2个月，最长不超过3个月；

（3）最近3个月无销售的客户，可填写最近一次产品成交客户区域分布，需在其中注明数据时间段；

（4）差别较大的产品类型需要分别进行，并单独分析两种产品类型的成交客户分布。

4.4　主力竞品排序

此部分为概括性结论，任务是明确各竞品的竞争顺序。

（1）依据对所选择的城市区域内与本产品相似或相近的竞品的调查分析，确定各竞品与本产品竞争强弱的关系，明确各竞品与本产品的竞争强弱顺序；

（2）概括总结各竞争对手的产品类型、主力竞品、主力竞品价格、产品供应状况；

（3）在地图上标注各竞品名称、各竞品分布、各竞品的产品类型及市场范围；

（4）在地图上以代号形式标明各竞品与本产品之间竞争关系的强弱（如A为竞争最激烈，依次递推），以便分配精力对重点竞品进行重点监测。

4.5　竞品特长与短板研判

此部分为概括性结论，任务是总结重点竞品的强势、弱点及卖点。

（1）根据竞品排序情况，选择3~7个重点竞品；

（2）通过统计、归类、提炼、总结等方式，分析各个竞品的核心卖点；

（3）通过列表、图示等方式总结各个竞品的优势、劣势。

4.6 目前竞品的基本营销策略

此部分为概括性结论，任务是清晰地描述出各个竞品在产品策略、价格策略、促销策略、渠道策略方面的具体做法。

（1）描述出竞品的产品类别、产品规格、产品包装、产品诉求；

（2）描述出竞品的价格水平、价格政策、价格策略；

（3）描述出竞品的促销媒体、促销形式、促销预算、促销特色；

（4）描述出竞品的渠道方式、渠道规模、渠道范围、激励政策。

竞争分析的结果，要与后面自己产品的市场定位和营销组合部分相对应。

5 消费者购买行为分析的应用制导

理论参考 市场营销学教科书的“消费者行为分析”部分

对消费者行为的分析是企业制定营销策略的基础和依据。“6W1H”模式是分析消费者购买行为的重要工具。故此，本部分强调：企划人要充分了解影响消费者购买行为的基本要素并给出尽可能详细和清晰的分析结论；所有的分析结论要在最后统一到对“6W1H”所涉及各个层面的问题的详尽解答上来；另外，获取对本部分所有分析结论给予支持的基本信息，要通过市场调查部分使用的调查方法来得到。

【提示】 消费者行为受内外很多因素的影响，任何因素的变化都会导致消费者行为的变化。企划人员必须了解哪些因素对消费者决策有重要影响、对消费者行为的哪些方面会产生影响、影响程度如何。这就需要深入了解各个因素的构成及其包含的主要内容。

5.1 性别因素影响购买行为的操作要点

（1）先将男性关注度和女性关注度分列开来。但在实际应用中，可以根据产品性质和市场选择决定是分析男性或是女性还是两者交互分析。

（2）将关注度按照 1~5 个等级进行评估。1 代表关注度小，5 代表关注度大。

（3）依据需要，具体列出 1~3 个将要分析的产品所具有的突出特征。

（4）依据需要，具体列出 1~3 个将要分析的产品所拥有的产品利益。

（5）依据需要，具体列出 1~3 个媒体类型。

（6）依据需要，具体列出 1~3 个渠道种类。

（7）根据上述要求，完成表 5-1 相关内容的调研、分析、评估、选择。

表 5-1 性别对消费者行为的影响分析

		男性关注度					女性关注度				
		1	2	3	4	5	1	2	3	4	5
产品特征	特征 1										
	特征 2										
	特征 3										
产品利益	利益 1										
	利益 2										
	利益 3										
媒体偏好	媒体 1										
	媒体 2										
	媒体 3										
渠道选择	渠道 1										
	渠道 2										
	渠道 3										
其他											

（8）性别因素对该产品消费行为的影响结论的制导模版。

依据前述分析，得出的基本结论是：性别对消费者购买本产品【有或无】显著影响；男性更关注该产品的【产品特征或利益】或女性更关注该产品的【产品特征或利益】。本产品的目标市场为【男性或女性】，他们购买这种产品时更看重产品的【某方面特征】，而本产品在这个特征上有【优点或特色】，与竞争产品【有或无】明显区别。产品使用【目标市场频繁接触的媒体】进行宣传，突出【产品优点或特色】定位，并选择【某种或某几种渠道】进行广泛铺货，以方便消费者购买。

5.2 年龄因素影响购买行为的操作要点

（1）先将消费者按年龄分列开来。在实际应用中，可以根据产品性质和市场选择决定分析哪一类年龄群体。

（2）不同年龄对产品和媒体等因素的关注度不同，因此将对关注度按照 1~5 个等级进行评估。1 代表关注度小，5 代表关注度大。

（3）依据需要，具体列出1~3个将要分析的产品所具有的突出特征。

（4）依据需要，具体列出1~3个将要分析的产品所拥有的产品利益。

（5）依据需要，具体列出1~3个媒体类型。

（6）依据需要，具体列出1~3个渠道种类。

（7）根据上述要求，完成表5-2相关内容的调研、分析、评估、选择。

表5-2　年龄对消费者行为的影响分析

		儿童（青年）关注度					中年（老年）关注度				
		1	2	3	4	5	1	2	3	4	5
产品特征	特征1										
	特征2										
	特征3										
产品利益	利益1										
	利益2										
	利益3										
媒体偏好	媒体1										
	媒体2										
	媒体3										
渠道选择	渠道1										
	渠道2										
	渠道3										
其他											

（8）年龄因素对该产品消费行为的影响结论的制导模版。

依据前述分析，总结得出的基本结论是：年龄对消费者购买本产品【有或无】显著影响；儿童更喜欢产品的【产品特征或利益】，他们最常接触【媒体类型、节目】；青年人更关注产品的【产品特征或利益】，喜欢在【媒体类型】上浏览信息并购买；中年人关注的是产品的【产品特征或利益】，他们习惯从【媒体类型】上获取信息，喜欢在【渠道】购买商品以获取愉快的购物体验；老年人更关注产品的【产品特征或利益】，喜欢在【媒体类型】上浏览并获取信息，并且愿意在【销售渠道】购物。本产品以【某个年龄段的消费者】为目标市场，以产品的【某方面的特征或利益】为定位点，应当通过【某个媒体】做广告以吸引这部分消费者，并以【某种或某几种渠道】

为主要销售渠道，以方便其购买。

5.3 受教育程度影响购买行为的操作要点

（1）先将消费者按受教育程度分列开来。在实际应用中，可以根据产品性质和市场选择决定分析哪一类消费者。

（2）不同教育程度的消费者所关注的因素和重点不同，因此将关注度按照1~5个等级进行评估。1代表关注度小，5代表关注度大。

（3）依据需要，具体列出所分析产品所具有的新技术特征。

（4）依据需要，具体列出所分析产品的创新性。

（5）根据上述要求，完成表5-3相关内容的调研、分析、评估、选择。

表5-3 受教育程度对消费者行为的影响分析

		高教育程度者的关注度					中教育程度者的关注度					低教育程度者的关注度				
		1	2	3	4	5	1	2	3	4	5	1	2	3	4	5
新技术特征																
新产品																
媒体偏好	媒体1															
	媒体2															
	媒体3															
渠道选择	渠道1															
	渠道2															
	渠道3															
其他																

（6）受教育程度对该产品消费行为的影响结论的制导模版。

依据前述分析，总结得出的基本结论是：受教育程度对消费者购买本产品【有或无】显著影响；消费者受教育水平高，对新技术的了解程度、对新产品的认知程度也相对较高，操作或使用新产品的能力也较强，更倾向于购买新商品；消费者受教育水平低，对产品的认知、理解力较差，使用高新技术产品的能力就弱。本产品为【高新技术产品或传统一般产品】，以【某种教育程度】的消费者为主要目标市场，以产品的【某个属性或利益】为定位点，使用【某个媒体】为主、【某个或某几个媒体】为辅进行传播，以让这些消费者更多地了解产品并产生购买欲望；选择【某种或某几种渠道】进行铺货。

5.4 家庭收入水平影响购买行为的操作要点

（1）先将消费者家庭收入水平分列开来。在实际应用中，可以根据产品性质和市场选择决定分析哪一类家庭。

（2）不同收入水平的家庭所关注的因素和重点不同，因此将关注度按照1~5个等级进行评估。1代表关注度小，5代表关注度大。

（3）依据需要，具体列出所分析产品所具有舒适性。

（4）依据需要，具体列出所分析产品的健康性。

（5）依据需要，具体列出所分析产品的科技含量。

（6）依据需要，具体列出所分析产品的质量程度。

（7）依据需要，具体列出所分析产品的品牌声望。

（8）根据上述要求，完成表5-4相关内容的调研、分析、评估、选择。

表5-4 家庭收入对消费者行为的影响分析

		低收入水平家庭关注度					中收入水平家庭关注度					高收入水平家庭关注度				
		1	2	3	4	5	1	2	3	4	5	1	2	3	4	5
舒适性																
健康性																
高科技																
高质量																
品牌声望																
媒体偏好	媒体1															
	媒体2															
	媒体3															
渠道选择	渠道1															
	渠道2															
	渠道3															
其他																

（9）家庭收入水平对该产品消费行为的影响结论的制导模版。

依据前述分析，总结得出的基本结论是：家庭收入水平对消费者购买本产品【有或无】显著影响；家庭收入水平高的消费群体对生活的质量也会有所追求，喜欢具有舒适性、健康性、高科技和高质量的产品，同时更注重品牌声望。他们又兼具消费能力，因此更倾向于购买高质量、高附加值、服务水平高的名牌产品；家庭收入水平低的消费者更注重产品的性价比，更愿意选择低价格的产品，也更多选择折扣店或网上购买该产品。本产品以【某个收入水平群体】为目标市场，提供【高质量、高附加值产品；或高质量中等价格的产品；或一般质量、低价格的产品】，并提供完善的售后服务，选择【某个或某几个媒体】进行品牌传播，以提高品牌知名度和激发消费者的购买欲望，并选择【某种或某几种渠道】进行销售。

5.5 职业因素影响购买行为的操作要点

（1）先将消费者按管理者、技术人员、工人、其他人员等职业进行分类。在实际应用中，可以根据产品性质和市场性质进行职业分类并决定分析哪一职业类型。

（2）不同职业的消费者所关注的因素和重点不同，因此将关注度按照 1~5 个等级进行评估。1 代表关注度小，5 代表关注度大。

（3）依据需要，具体列出 1~3 个将要分析的产品所具有的突出特征。

（4）依据需要，具体列出 1~3 个消费者喜欢从事的休闲活动。

（5）依据需要，具体列出 1~3 个将要分析的产品体现的产品利益。

（6）依据需要，具体列出 1~3 个媒体类型。

（7）依据需要，具体列出 1~3 个渠道种类。

（8）根据上述要求，完成表 5-5 相关内容的调研、分析、评估、选择。

表 5-5　职业对消费者行为的影响分析

		管理者（经理）关注度					技术员/办事员/销售人员的关注度					技术工人/工匠关注度					其他人员关注度				
		1	2	3	4	5	1	2	3	4	5	1	2	3	4	5	1	2	3	4	5
产品特征	特征 1																				
	特征 2																				
	特征 3																				
休闲活动	活动 1																				
	活动 2																				
	活动 3																				
产品利益	利益 1																				
	利益 2																				
	利益 3																				
媒体偏好	媒体 1																				
	媒体 2																				
	媒体 3																				
渠道选择	渠道 1																				
	渠道 2																				
	渠道 3																				
其他																					

（9）职业对该产品消费行为的影响结论的制导模版。

依据前述分析，总结得出的基本结论是：职业对消费者购买本产品【有或无】显著影响。不同职业的消费者由于职业角色不同，对产品有不同的需求。管理者属于较成功人士，承担着更多的责任，也承担着更大的压力，他们所注重的产品特征是【产品特征】，喜欢从事的休闲活动是【活动类型】，从【媒体类型】上获取信息，喜欢从【渠道类型】获取产品；技术人员、办事员、销售人员等职业压力大，所注重的产品特征有【产品特征】，喜欢从事的休闲活动是【活动类型】，从【媒体类型】上获取信息，喜欢从【渠道类型】获取产品；技术工人或工匠阶层多是体力劳动者，所注重的产品特征是【产品特征】，喜欢从事的休闲活动是【活动类型】，从【媒体类型】上获取信息，喜欢从【渠道类型】获取产品。本企业意欲为【职业人群】服务，提供能满足他们需求的产品。

5.6 消费者自我概念因素影响购买行为的操作要点

（1）根据消费者理解或追求的自我概念将消费者按身份匹配性、形象保持、提高或改善形象进行分类。在实际应用中，可以根据产品性质和市场选择决定分析哪一类型。

（2）不同类型的消费者所关注的产品利益不同，因此将关注度按照1~5个等级进行评估。1代表关注度小，5代表关注度大。

（3）依据需要，具体列出1~3个将要分析的产品所具有的突出特征。

（4）依据需要，具体列出1~3个将要分析的产品所拥有的产品利益。

（5）依据需要，具体列出1~3个媒体类型。

（6）依据需要，具体列出1~3个渠道种类。

（7）根据上述要求，完成表5-6相关内容的调研、分析、评估、选择。

表5-6 自我概念对消费者行为的影响分析

		身份匹配					形象保持					改善或提高形象				
		1	2	3	4	5	1	2	3	4	5	1	2	3	4	5
产品特征	特征1															
	特征2															
	特征3															
产品利益	利益1															
	利益2															
	利益3															
媒体偏好	媒体1															
	媒体2															
	媒体3															
渠道选择	渠道1															
	渠道2															
	渠道3															
其他																

（8）自我概念对该产品消费行为的影响结论的制导模版。

依据前述分析，总结得出的基本结论是：自我概念对消费者购买本产品【有或无】显著影响。消费者把购买的产品看成是自我概念的体现或延伸，其购买的目的或是保持自我形象，或是改善自我形象，或是提高自我形象。消费者购买产品时，会关注产品是否适合自己，是否与自我概念相一致。一般会选择与理想的自我概念相一致（即与自己身份或角色相匹配、能保持、提高或改善自我形象）的产品，而对那些与自我概念不一致的产品持否定态度。本产品具有【产品特征或利益】，可以成为【某个群体】显示自我的一种符号或象征。

5.7 消费者生活方式因素影响购买行为的操作要点

（1）运用 VALS 生活方式细分模型，将消费者按创新者、思考者和信仰者、成就者和奋勉者、体验者和制造者、生存者进行分类。在实际应用中，可以根据产品性质和市场选择决定分析哪一生活方式群体。

（2）不同类型的消费者的动机不同，追求的产品利益也不同。因此将关注度按照 1~5 个等级进行评估，1 代表关注度小，5 代表关注度大。

（3）依据需要，具体列出 1~3 个消费者的动机。

（4）依据需要，具体列出 1~3 个将要分析的产品所具有的突出特征。

（5）依据需要，具体列出 1~3 个将要分析的产品所拥有的产品利益。

（6）根据上述要求，完成表 5-7 相关内容的调研、分析、评估、选择。

表 5-7 生活方式对消费者行为的影响分析

		创新者					思考者和信仰者					成就者和奋勉者					体验者和制造者					生存者				
关注度		1	2	3	4	5	1	2	3	4	5	1	2	3	4	5	1	2	3	4	5	1	2	3	4	5
基本动机	理想动机																									
	成就动机																									
	自我表现动机																									
产品特征	特征 1																									
	特征 2																									
	特征 3																									
产品利益	利益 1																									
	利益 2																									
	利益 3																									
其他																										

（7）生活方式对该产品消费行为的影响结论的制导模版。

依据前述分析，总结得出的基本结论是：生活方式对消费者购买本产品【有或无】显著影响。【不同生活方式群体】的购买动机是【　　　　　　　　】。为了满足某种生活方式，消费者需要消费一系列产品。而且消费者把产品更多地看作是一种生活方式的载体。本产品可以吸引那些注重【产品特征或价值】的生活方式群体。

5.8 消费者个性因素影响购买行为的操作要点

（1）根据个性特征对消费者进行分类，可分为追求安全的传统主义者、充满灵感的冒险家、追求个性化的消费者、注重平衡的乐观主义者、小心谨慎的计划者。在实际应用中，可以根据产品性质和市场选择决定分析哪一类型。

（2）不同个性的消费者所追求的产品利益不同，因此将关注度按照1~5个等级进行评估，1代表关注度小，5代表关注度大。

（3）依据需要，具体列出1~10个与消费者购买有关的产品和行为特征。

（4）根据消费者的渠道偏好，具体列出1~3个渠道类型。

（5）根据不同消费者的媒体偏好，具体列出1~3种消费者与品牌进行沟通的媒体。

（6）根据上述要求，完成表5-8相关内容的调研、分析、评估、选择。

表5-8　个性对消费者行为的影响分析

	追求安全的传统主义者					充满灵感的冒险家					追求个性化的消费者					注重平衡的乐观主义者					小心谨慎的计划者				
关注度	1	2	3	4	5	1	2	3	4	5	1	2	3	4	5	1	2	3	4	5	1	2	3	4	5
安全性																									
创新性																									
科技性																									
体验性																									
表现自我																									
冒险性																									
与品牌的关系																									
舒适性																									
健康性																									
个性化																									

续表

		追求安全的传统主义者					充满灵感的冒险家					追求个性化的消费者					注重平衡的乐观主义者					小心谨慎的计划者				
关注度		1	2	3	4	5	1	2	3	4	5	1	2	3	4	5	1	2	3	4	5	1	2	3	4	5
渠道选择	渠道 1																									
	渠道 2																									
	渠道 3																									
沟通媒体	媒体 1																									
	媒体 2																									
	媒体 3																									
其他																										

（7）消费者个性对该产品消费行为的影响结论的制导模版。

依据前述分析，总结得出的基本结论是：个性对消费者购买行为【有或无】显著影响。不同个性的消费者追求的产品利益、选择的渠道、偏爱的媒体、在购买过程中的表现都是不同的。由于我们的产品属于社会可见性高的选择品，其消费群体追求【某个产品特色或利益】，所以企业需要突出表现这个产品利益，打造【独特的品牌形象，如万宝路的自由、奔放、原野、帅气的品牌个性】的品牌形象，选择【某几种渠道】进行铺货，并选择【某个或某几个媒体与沟通方式】与消费者进行沟通，以吸引那些追求这种利益的消费者，并使之与品牌建立联系。

5.9 消费者认知因素影响购买行为的操作要点

（1）根据消费者的心理特征，对消费者的认知过程进行分解，可分为刺激物的展露、关注（注意）、理解三个阶段。

（2）明确接收到展露信息的顾客比例、关注信息的顾客比例、正确理解信息的顾客比例。需要把顾客比例具体列出来。

（3）了解顾客接收这些信息的媒体类型。根据实际情况列出 1~3 个具体媒体。

（4）了解引起顾客对信息进行关注的原因是什么，根据实际情况列出 1~3 个原因。

（5）了解顾客是如何理解这些信息的，具体内容需要详细列出来。

（6）顾客对注意到的信息是否形成了记忆？这些因素要具体列出来。

（7）根据上述要求，完成表 5-9 相关内容的调研、分析、评估、选择。

表 5-9 认知因素对消费者行为的影响分析

		具体内容
展露	接收到展露信息的顾客比例	
关注	注意到信息的顾客比例	
理解	正确理解信息的顾客比例	
记忆	记住信息的顾客比例	
媒体类型	顾客从哪些媒体接收到信息？	媒体 1
		媒体 2
		媒体 3
影响注意的因素	哪些因素引起了顾客的注意？	因素 1
		因素 2
		因素 3
影响理解的因素	顾客是如何理解信息的？	内容 1
		内容 2
		内容 3
影响记忆的因素	顾客是否记住了信息？	是
		否
其他		

（8）消费者认知因素影响购买行为的制导模版。

依据前述分析，总结得出的基本结论是：消费者对企业传递信息的认知程度对其购买行为有重要影响。产品的认知是消费者对产品形成的初步印象，会影响消费者对产品的深入了解和购买。调查显示，接收到展露信息的顾客比例达到【　　】，注意到信息的顾客比例达到【　　】，正确理解信息的顾客比例达到【　　】，记住信息的顾客比例达到【　　】。顾客通过【传播媒体】对本企业传递的信息有了一定的认识和了解，而导致顾客注意到信息的因素是【影响因素】，顾客对注意到的信息进行了如下理解【　　】，从而对本产品形成了【某种初步印象】。

5.10 消费者需要和动机因素影响购买行为的操作要点

（1）了解消费者购买本企业产品的主要目的，要把具体内容列出来。

（2）了解本企业产品能满足顾客的哪些需要，要列出 1~3 个具体需要。

（3）了解顾客购买本企业产品的显性动机有哪些？隐性动机又有哪些？需要列出 1~6 个具体的购买动机。

（4）在上述具体动机中，明确顾客的主导动机，并把具体内容列出来。

（5）根据上述要求，完成表 5-10 相关内容的调研、分析、评估、选择。

表 5-10　需要和动机因素对消费者行为的影响分析

<table>
<tr><td>消费者的购买目的（所满足的需要）</td><td colspan="2"></td></tr>
<tr><td rowspan="7">购买动机</td><td rowspan="3">显性动机</td><td>动机 1</td></tr>
<tr><td>动机 2</td></tr>
<tr><td>动机 3</td></tr>
<tr><td rowspan="3">隐性动机</td><td>动机 1</td></tr>
<tr><td>动机 2</td></tr>
<tr><td>动机 3</td></tr>
<tr><td>主导动机</td><td></td></tr>
</table>

（6）消费者需要和动机因素影响购买行为的制导模版。

依据前述分析，总结得出的基本结论是：消费者的购买行为是源于需要并在一定动机的推动下完成的，所以了解和掌握消费者的需要和动机是企业营销策略的基础。而推动消费者购买行为的动机有很多，包括显性动机和隐性动机。在这些动机中，有主导动机和辅助动机，而主导动机才是决定行为的主要动机。调查结果显示，消费者购买这种产品是出于【某种需要】，其购买本产品的显性动机包括【产品质量、包装、品牌声誉、售后服务、特色、别人的经验等】，而购买本产品的隐性动机是【显示身份、地位、财富、权威、象征意义、性感等】。在这些动机中，【　　】是决定其购买行为的主导动机。

5.11　消费者态度因素影响购买行为的操作要点

（1）根据具体需要，列出 1~5 个消费者所关注的产品属性（特征），这些产品属性的内容要具体列出来。

（2）把这些产品属性的表现水平分为 1~7 个等级。1 代表最理想的表现水平，7 代表最差的表现水平。

（3）具体列出消费者对于各个产品属性实际表现水平的信念或看法。

（4）根据消费者的认知，具体列出各个产品属性的理想表现水平。

（5）根据消费者的认知，具体列出各个产品属性的权重。

（6）根据多属性态度模型，确定消费者对本产品总的态度。

（7）根据上述要求，完成表 5-11、表 5-12 相关内容的调研、分析、评估、选择。

表 5-11　产品属性的表现水平

	1	2	3	4	5	6	7	
产品属性 1	—	—	—	—	—	—	—	产品属性 1
产品属性 2	—	—	—	—	—	—	—	产品属性 2
产品属性 3	—	—	—	—	—	—	—	产品属性 3
产品属性 4	—	—	—	—	—	—	—	产品属性 4
产品属性 5	—	—	—	—	—	—	—	产品属性 5

表 5-12　属性权重

属性	重要性（%）
属性 1	
属性 2	
属性 3	
属性 4	
属性 5	
总计	100

（8）消费者态度因素影响购买行为的制导模版。

依据前述分析，总结得出的基本结论是：消费者对本产品的态度对其购买行为有【重要或主要】影响。本企业通过实际调查，了解到消费者购买这种产品时最看重的产品属性为【产品属性，如性能、功能、口味、原料成分、价格、质量、服务、品牌等】；他们认为本产品在这些属性上的实际表现水平为【各个产品属性的表现水平】，而消费者认为各个产品属性的理想表现水平为【各个产品属性的理想表现水平】，消费者认为不同产品属性的重要性不同，分别为【各个产品属性的重要性】。通过多属性态度模型的分析，了解到消费者对本产品的总体态度是【积极、一般或消极】的。

5.12　参照群体因素影响购买行为的操作要点

（1）通过市场调研，判断对消费者行为产生主要、直接影响的参照群体类型。具体操作方法如下：

a. 你是否具有【某个群体】的成员资格？【□是】【□否】

——以此判断【某个群体】是成员群体还是非成员群体

b. 你与【某个群体】联系是否紧密？【□是】【□否】

——以此判断【某个群体】是首要群体还是次要群体

c. 你与【某个群体】的联系是直接的还是间接的？【□直接】【□间接】

——以此判断【某个群体】是直接群体还是间接群体

d.【某个群体】对你是否具有吸引力？【□是】【□否】

——以此判断【某个群体】是渴望群体还是背离群体

（2）根据本产品的性质判断在不同消费情境下参照群体对个人的影响方式和影响程度。具体操作方法如下：

a. 你决定购买【某种产品或某个品牌】是否是因为群体内多数人认为这个品牌不错并选择了这个牌子？【□是】【□否】

——以此判断群体内人们的行为是否会对个人行为产生影响

b. 你选择【某种产品或某个品牌】是否是想得到其他人的认同和赞赏？【□是】【□否】

——以此判断群体规范对消费者的影响程度

c. 你选择【某种产品或某个品牌】是否认为本产品或品牌提供的利益或价值与自己所追求的利益相一致？【□是】【□否】

——以此判断本产品所展现的利益是否符合消费者的价值观

（3）根据上述要求，完成表5-13相关内容的调研、分析、评估、选择。

表5-13　参照群体类型及影响方式

划分参照群体的变量	参照群体类型	影响方式
成员资格	成员群体	信息性影响
	非成员群体	
社会联系强度	首要群体	规范性影响
	次要群体	

续表

划分参照群体的变量	参照群体类型	影响方式
接触类型	直接群体	价值性影响
	间接群体	
吸引力	渴望群体	
	背离群体	

（4）参照群体因素影响购买行为的制导模版。

依据前述分析，得出的基本结论是：参照群体是指消费者作为行为向导而使用的群体。我们可以依据四个变量对群体进行划分，并通过调查了解消费者属于哪个群体。不同的群体对消费者行为的影响程度不同。其中，成员群体、首要群体、直接群体、渴望群体对消费者行为的影响较大，而非成员群体、次要群体、间接群体、背离群体（厌恶群体）对消费者行为的影响较小。而且，参照群体对个人行为的影响方式和程度不同，如果消费者把群体内他人的行为当作有用的信息加以参考并在行为上模仿他人，则说明信息性影响方式对其起作用；如果消费者为了得到群体奖赏而在行为上与他人一致，则说明群体规范性对其影响较大；如果消费者认为企业提供的产品利益符合自己的价值观，就愿意接受产品，说明价值性影响方式对其行为的影响较大。

5.13 家庭因素影响购买行为的操作要点

5.13.1 了解家庭购买决策中的角色划分

比较不同角色的行为特点以及在决策中的作用。

（1）获取角色信息。通过调查了解消费者在家庭决策中扮演的角色，具体操作方法如下：

a. 谁提议购买某种产品？（□父亲 □母亲 □孩子 □其他家庭成员）

——以此判断某种产品购买的倡议者

b. 你从哪里了解到这种产品信息并愿意购买它？（□企业宣传 □代言人 □家人 □朋友 □同事 □销售人员等）

——以此判断某种产品购买的影响者

c. 对于某种产品的购买，谁说了算？（□父亲 □母亲 □孩子 □其他家庭成员）

——以此判断某种产品购买的决策者

d. 谁去购买这种产品?(□父亲　□母亲　□孩子　□其他家庭成员)

——以此判断某种产品的购买者

e. 谁会使用这种产品?(□父亲　□母亲　□孩子　□其他家庭成员)

——以此判断某种产品的使用者

(2)通过调查了解不同角色的行为特点。

(3)了解不同角色在决策中的作用。

表 5-14　家庭决策中的角色划分

角色类型	行为特点	作用
倡议者		
影响者		
决策者		
购买者		
使用者		

5. 13. 2　家庭决策方式

可以把家庭决策方式划分为四种:自主决策、丈夫主导决策、妻子主导决策、共同决策。通过调查了解目标家庭的决策方式及影响因素。

表 5-15　家庭决策方式及影响因素分析

家庭决策方式	影响家庭决策方式的因素
自主决策	
丈夫主导决策	
妻子主导决策	
共同决策	

5. 13. 3　运用家庭决策知识制定营销策略

了解在家庭决策过程中的不同阶段,有哪些家庭成员参与,参与的家庭成员的动机和兴趣、所看重的产品特征以及所追求的利益。

表 5-16　家庭决策与营销策略

决策阶段	涉及的家庭成员	家庭成员的动机和兴趣	营销战略与战术
认识问题			
搜集信息			

续表

决策阶段	涉及的家庭成员	家庭成员的动机和兴趣	营销战略与战术
评价选择			
购买			
使用			
处置			
评价			

5.13.4 了解家庭生命周期对消费者行为的影响

可以把家庭周期分为五个阶段：单身期、新婚期、满巢期、空巢期、解体期。了解在家庭生命周期的不同阶段，消费者行为的特点、所要满足的需要、需要购买的产品种类以及追求的产品利益。

表 5-17 家庭生命周期与消费行为特点

家庭生命周期阶段		行为特点	满足的需要	购买的产品种类	追求的产品利益
单身期					
新婚期					
满巢期	满巢 1				
	满巢 2				
	满巢 3				
空巢期					
解体期					

5.13.5 评估并选择

根据上述要求，完成上述表格相关内容的调研、分析、评估、选择。

5.13.6 家庭因素影响购买行为的制导模版

依据前述分析，得出的基本结论是：家庭对消费者的购买行为有重要影响。不仅家庭收入影响家庭成员的消费水平，父母的价值观、消费行为也影响着孩子的消费观念和行为。不同的家庭成员在购买决策中扮演不同的角色；不同家庭对于不同产品的购买，其决策类型也不同。而且，在家庭生命周期的不同阶段，其消费行为特点也有较大差异。

家庭成员所扮演的角色影响消费者的购买行为。家庭成员的购买角色分为倡议者、影响者、决策者、购买者和使用者。倡议者是提议购买某产品的人，对于本产品的购买，倡议者可能是【某个家庭成员】，其倡议购买本产品的原因可能是【如实际缺乏、别人的影响、企业的宣传、产品使用的效果等】；影响者是对购买决策产生影响的人或事，对于本产品的购买，影响者可能是【如家人、朋友、同学、同事或企业代言人、营销人员等】，他们的行为起到了示范作用；决策者是做出购买决定的人，对于本产品的购买，决策者可能是【某个家庭成员】，他决定购买产品的原因是【如实际需要、减轻家庭成员的劳动强度、提高家庭生活水平、提高家庭成员的能力或技巧或其他】；购买者可能是【如本人、父母或其他家庭成员】，他们的购买行为受现场环境或别人评价的影响较大；使用者或实际消费者是【某个家庭成员】，他的消费体验和评价影响着其下次的购买行为以及其他人的购买选择，从而影响企业或品牌的声誉。

对于本企业产品的购买，家庭决策是由【丈夫、妻子、自己、共同】做出的。影响其决策的因素有【　　】。在家庭购买决策的不同阶段，涉及的家庭成员是【　　】，他们的动机和兴趣是【　　】，注重的产品特征和追求的产品利益是【　　】。

家庭生命周期对消费者购买行为有重要影响。在家庭生命周期的不同阶段，人们选择的产品种类不同、追求的产品利益也不同，消费行为特点也不同。本产品以【某个阶段的家庭如单身期、新婚期、满巢期、空巢期、解体期】作为目标市场，这个市场追求【产品利益，如新颖时尚性、性价比、产品质量、功能齐全、性能优越、安全、舒适、方便、服务等】，其消费行为具有【行为特点】。

5.14　文化因素影响购买行为的操作要点

（1）文化对行为的影响归根结底在于文化价值观的影响。根据不同文化下人们价值观的差异对文化价值观进行分类，列出与消费者行为密切相关的17种具体的文化价值观。

（2）根据文化价值观的差异，每种文化价值观需要列出相反的两种类型并置于两端。调研人员根据产品性质和市场类型选择合适的选项。

（3）根据上述要求，完成表5-18相关内容的调研、分析、评估、选择。

表 5-18 与消费者行为密切相关的文化价值观

他人导向价值观		
个人□		集体□
年轻□		年长□
扩展家庭□		核心家庭□
男性□		女性□
竞争□		合作□
环境导向价值观		
清洁□		肮脏□
绩效□		等级□
传统□		变化□
承担风险□		重视安定□
问题解决□		宿命论□
征服自然□		天人合一□
自我导向价值观		
主动□		被动□
禁欲□		纵欲□
物质性□		非物质性□
勤奋工作□		休闲□
及时行乐□		延迟享受□
宗教□		世俗□

（4）文化因素影响购买行为的制导模版。

依据前述分析，得出的基本结论是：文化通过文化价值观对消费者选择该产品有重要影响。不同文化环境下的人们文化价值观不同。从调查结果来看，本产品的目标顾客的主要文化价值观是【　　】，在行为上表现为【　　】等特点，注重产品的【特征或价值】。因此，本企业在营销策略的设计上要强调【具体的营销策略】。

5.15 社会阶层因素影响购买行为的操作要点

（1）根据沃纳的社会地位特征指数，明确划分社会阶层的标准，包括职业、受教育程度、收入、居住区域（或住房种类）等。

（2）给予每一因素不同的权重。

（3）每一因素下根据实际情况列出若干项目，计算出每一个项目的得分并相加得到一个总分数。

（4）用总分数对照事先规定的标准，就可以确定消费者所属的社会阶层。

（5）根据不同阶层行为的差异性，了解目标阶层具有的一般特征、选择的产品档次、信息搜集途径、渠道偏好、价格敏感度及所从事的休闲活动。

（6）根据上述要求，完成表 5-19、表 5-20、表 5-21 相关内容的调研、分析、评估、选择。

表 5-19　决定社会阶层的主要因素、权重及各种人群的得分

主要因素 各人群得分	职业权重 5	学历权重 4	收入来源权重 3	住房种类权重 2
1	大企业高级管理者□	专业职业培训机关□	大半继承财产□	甲级地的独院住房□
2	中小企业领导干部□	四年制大学本科□	有投资或储蓄□	容易到手的大住房□
3	职员□	专科□	事业收益□	现代公寓□
4	领班□	高中毕业后进职业学院□	月工资□	新建住宅区□
5	月薪工人□	高中毕业□	计时工资□	旧式公寓□
6	不熟练工人□	高中肄业□	经济援助□	破旧住房□
7	临时工□	初中以下□	生活补助□	贫民窟□

表 5-20　沃纳划分阶层的标准

得分	阶层	适用
14~25	上	
26~43	中上	
44~61	中下	中间阶层
62~79	下上	体力劳动者、工人
80~98	下下	

表 5-21　不同社会阶层行为的差异性

社会阶层	上层	中上层	中下层	下上层	下下层
人口特征描述					
渠道选择					
产品选择					

续表

社会阶层	上层	中上层	中下层	下上层	下下层
购买数量					
信息搜集与处理					
对价格的敏感度					
休闲活动					

（7）社会阶层因素影响购买行为的制导模版。

依据前述分析，得出的基本结论是：社会阶层对本产品的购买和使用有重要影响。购买本产品的人群属于【社会阶层】，其基本特征是【即人口统计特征，如年轻、受教育程度高、收入水平高、追求创新、一般为意见领袖等】，他们喜欢【产品类型，如高档产品】，愿意在【渠道类型，如百货商场】购买产品，每次购买量【大或小】，通过【信息渠道如专业杂志】搜集信息，并关注【信息内容，如财经新闻】，对价格【敏感或不在乎价格】，工作之余喜欢【休闲活动，如打高尔夫】。

5.16 消费者购买决策过程问题认知阶段的操作要点

【提示】这是购买决策过程的第一阶段。主要是了解消费者在现阶段存在的现实或潜在的消费问题，分析这些问题产生的原因（或引发消费问题的情境）以及与本品牌产品的联系，为营销策略的制定提供依据。

（1）根据实际需要，识别出1~3个消费者面临的与本产品或服务有关的消费问题，具体内容需要列出来。

（2）根据实际需要，识别出1~5个诱发消费者产生消费问题的情境，具体内容需要列出来。

（3）识别消费问题的方法包括活动分析、产品分析、问题分析。可以选择其中一种或所有的方法去识别消费者存在的消费问题。

（4）根据上述要求，完成表5-22相关内容的调研、分析、评估、选择。

表 5-22　消费问题识别及方法

		具体内容	示例
问题（需要）	问题 1		如需要购买冬装、汽车、电脑、洗洁精、做美容等
	问题 2		
	问题 3		
引发问题的情境	情境 1		消费品用尽吃完；老产品款式过时；经济收入提高，有能力购买；广告的诱导等
	情境 2		
	情境 3		
	情境 4		
	情境 5		
识别问题的方法	活动分析	对与本产品或品牌有关的某一具体活动进行分析，了解消费者存在的消费问题	如女性在护理头发时遇到一个问题——头皮屑，企业可研制一种去头屑的洗发水
	产品分析	了解消费者在购买和使用本产品或品牌时存在的问题	如男士衬衣领口太硬
	问题分析	针对产品或品牌的某一个方面，设计出一系列问题，让消费者指出本产品或品牌是否存在这些问题	如涉及包装的问题：难以开启；难以重新密封；不便于倾倒等

（5）了解问题认知的制导模版。

依据前述分析，得出的基本结论是：问题认知是消费决策过程的第一阶段，问题认知程度直接影响着后面的决策过程能否展开。通过调查，了解到消费者面临的消费问题有【如需要购买某种产品或服务】，而引发这些问题的原因可能是：【消费品用尽吃完】【对老产品不满意，如款式过时、零部件旧了等】【家庭环境的变化，如家庭生命周期的不同阶段会产生不同的消费问题】【经济状况的改变，如收入提高，能买得起这种产品】【参照群体的影响，如出于群体压力而购买产品】【营销人员的诱导，如广告、推销人员、产品包装、产品陈列、促销活动等】【对新产品的需求】【对配套产品的需求，如买了电脑需要购买配套的打印机、扫描仪】等。企划人员可以通过一些识别方法如活动分析、产品分析、问题分析等去了解上述问题，并通过各种营销手段，引起消费者对现状的不满，并启动决策过程。

5.17 消费者购买决策过程信息搜集阶段的操作要点

【提示】 这一阶段主要是搜集对消费决策有用的信息，而搜集的信息量取决于产品类型以及决策的复杂程度。当消费者面临复杂型决策时，就需要搜集大量的信息。所要搜集的信息类型包括解决某个问题的合适的评价标准、各种备选方案及每一种备选方案在每一评价标准上的表现。

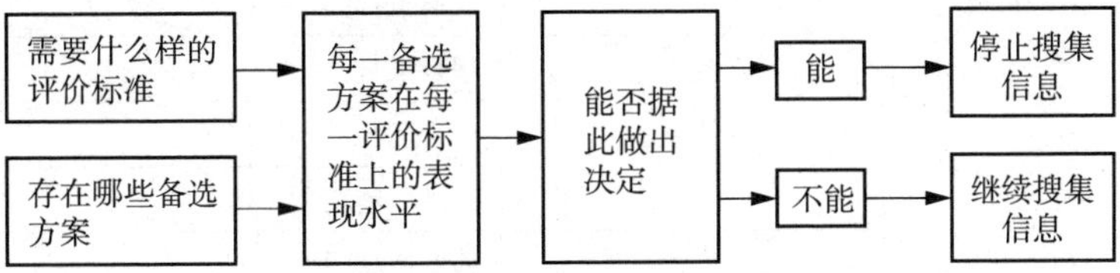

图 5-1 消费者决策中的信息搜寻

（1）消费者使用的评价标准就是他认为的最重要的产品特征。根据产品的性质和消费者类型，识别出 1~5 个解决某个问题的合适的评价标准，具体内容需要列出来。

（2）根据实际需要，确定 1~5 个合适的备选方案（品牌或商店），具体内容需要列出来。

（3）确定每一备选方案在每一评价标准上的表现。

（4）确定消费者从哪些途径搜集信息，即信息搜集途径（信息来源）。

（5）选择基于信息搜集模式的营销战略。

（6）根据上述要求，完成表 5-23、表 5-24、表 5-25 相关内容的调研、分析、评估、选择。

表 5-23 被搜集的信息类型

评价标准	备选方案					每一备选方案在每一评价标准上的表现
	方案 1	方案 2	方案 3	方案 4	方案 5	
评价标准 1						
评价标准 2						
评价标准 3						
评价标准 4						
评价标准 5						

表 5-24 购买决策的信息来源

<table>
<tr><th>内部信息</th><th colspan="2">外部信息</th></tr>
<tr><td rowspan="11">过去积累、个人经验、低介入学习等形成的记忆□</td><td rowspan="3">个人来源</td><td>朋友□</td></tr>
<tr><td>家庭□</td></tr>
<tr><td>其他人□</td></tr>
<tr><td rowspan="3">独立来源</td><td>杂志□</td></tr>
<tr><td>消费者组织□</td></tr>
<tr><td>政府机构□</td></tr>
<tr><td rowspan="3">营销来源</td><td>销售人员□</td></tr>
<tr><td>广告□</td></tr>
<tr><td>产品展销□</td></tr>
<tr><td rowspan="2">经验来源</td><td>检查产品□</td></tr>
<tr><td>试用产品□</td></tr>
</table>

表 5-25 基于信息搜集模式的营销策略

品牌位置	习惯型决策	有限型决策	扩展型决策
激活域中的品牌	保持战略	捕获战略	偏好战略
不在激活域中的品牌	瓦解战略	拦截战略	接受战略

（7）信息搜集的制导模版。

依据前述分析，得出的基本结论是：了解消费者的信息搜集类型和信息搜集途径是企业制定营销策略的依据。消费者需要搜集的信息类型包括评价标准、各种备选方案和每一种备选方案在每一评价标准上的表现。通过调查，营销人员了解到消费者在评价这类产品时使用的评价标准，即消费者认为最重要的产品特征是【重要的产品特征，如对冰箱的评价标准有容量、外观、内部结构、耗电量、价格、品牌、服务等】；目前市场上有如下备选方案【产品、品牌或商店的数目】以及每个备选方案在每个评价标准上的表现【如不同品牌的冰箱在容量、外观、内部结构、耗电量、价格、服务等方面的不同】。据此可以推断，本企业的品牌【在或不在】消费者的选择范围内。

如果本企业品牌在消费者选择范围内，而且消费者采取的是习惯型决策，则企业可以采取保持战略，即保持产品品质的一致，保持适当的库存、强化广告宣传等；如果消费者采取的是有限型决策，那么企业可以采取捕获战略，即选择消费者接触频繁的媒体做广告，提供价格、质量等方面的信息，设计有特色的购物点陈列等吸引消费者的注意和兴趣；如果消费者采取的是扩展型（复杂型）决策，则需要大量搜集信息，企业可以采取偏好战略，即在消费者所重视的产品特征上强调本企业产品的特色或利益，并通过消费者频繁接触的媒体传播这个特色。

如果本企业的品牌不在消费者选择的范围内，而且消费者采取的是习惯型决策，那么企业可以采取瓦解战略，即通过强有力的广告、赠送样品、折价优惠、特色包装盒购物点陈列等方式吸引消费者关注本企业产品，改变消费者现有的决策模式；如果消费者采取的是有限型决策，则企业可以采取拦截战略，即在消费者搜集信息的过程中采用广告、独特的产品陈列、有特色的包装设计、现场促销等手段使消费者注意并试用本品牌；如果消费者采取的是扩展型（复杂型）决策，则企业可以采取接受战略，即除了广告和包装、购物点陈列等手段，还可以通过产品改进、有奖竞赛等手段吸引消费者试用本品牌产品。

5.18 消费者购买决策过程比较评估阶段的操作要点

【提示】比较评估是购买决策过程的第三阶段。企业必须了解消费者从何种渠道搜集信息、如何对这些信息进行分析、比较、评估，从而找到最理想的品牌。

（1）了解消费者最看重的产品属性有哪些，即消费者的评价标准是什么。需要列出具体内容。

（2）了解消费者赋予不同产品属性的权重，并按从最重要到最不重要的顺序进行排序。

（3）了解消费者对不同品牌产品各个属性的信念或评价（如认为哪个品牌在哪个产品属性上表现最好或最差）。

（4）了解消费者心目中的理想产品，即每个产品属性达到何种水平消费者才能接受（如冰箱，耗电量每天不超过 1 度，外观时尚，价格不超过 3000 元，容量不小于 180 升等）。

（5）了解消费者对各个品牌的最终评价，即了解消费者对各品牌产品的态度和对某个品牌的偏好。

（6）根据上述要求，完成表 5-26 相关内容的调研、分析、评估、选择。

表 5-26　比较评估过程

		权重	品牌 1		品牌 2		品牌 3		品牌 4		品牌 5	
			实际表现水平	理想表现水平	实际表现水平	理想表现水平	实际表现水平	理想表现水平	实际表现水平	理想表现水平	实际表现水平	理想表现水平
产品属性	属性 1											
	属性 2											
	属性 3											
	属性 4											
	属性 5											
对各品牌的态度												

（7）比较评估的制导模版。

依据前述分析，得出的基本结论是：消费者最重视的产品属性有【如冰箱的耗电量、容量、外观、价格、品牌……】，不同产品属性对消费者的重要性不同，消费者认为最重要的产品属性是【　　】，其次是【　　】……（以此类推），通过分析比较，消费者对各品牌的每个产品属性形成了初步认识【如认为某品牌冰箱的耗电量低、容量适中、外观时尚、价格高等】，然后确定每个产品属性理想的表现水平是【如冰箱耗电量每天不超过 1 度，容量不小于 180 升，外观时尚，价格不高于 3000 元，品牌声誉高……】，把理想表现水平与各品牌产品属性的实际表现水平进行比较，形成【对各品牌的态度】，并对【某品牌】形成偏好。

5.19　消费者购买决策过程购买行动阶段的操作要点

【提示】这是购买决策过程的第四阶段。在这个阶段，消费者把购买意向转化成购买行为。企业必须了解在这个阶段消费者如何选择品牌和零售店铺。

（1）了解消费者的决策顺序。

a. 先商店，后品牌□

b. 先品牌，后商店□

c. 同时选择商店和品牌□

（2）了解消费者对零售渠道的选择。

a. 实体店购买□

b. 网上购买□

（3）根据上述要求，完成上述相关内容的调研、分析、评估、选择。

（4）购买行动的制导模版。

依据前述分析，总结得出的基本结论是：消费者的决策顺序是【　　】，其选择的零售渠道是【　　】。企业应根据消费者的选择调整营销策略。

5.20 消费者购买决策过程购后过程阶段的操作要点

【提示】这是购买决策过程的最后一个阶段。这个阶段包括三个步骤：产品使用和处置、购后评价和购后行为。企业必须搜集消费者使用产品后对品牌和商店的评价和态度、购后行为等方面的信息，以便为营销策略的调整提供依据。

（1）了解产品的使用情况，消费者是使用还是弃用产品？

（2）了解产品使用后的消费者评价，满意还是不满意？

（3）了解消费者的购后行为。

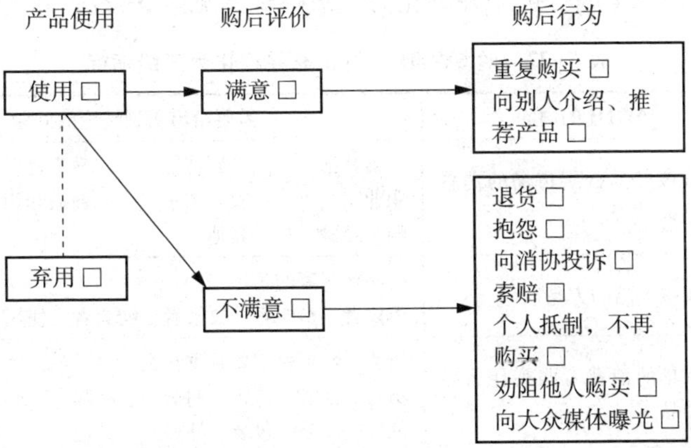

图 5-2　购后过程

（4）根据上述要求，完成上述相关内容的调研、分析、评估、选择。

（5）购后过程的制导模版。

依据前述分析，得出的基本结论是：消费者购买产品后，【使用还是弃用】；通过使用，消费者对产品的评价是【满意还是不满意】；如果满意，其行为是【重复购买；向别人介绍、推荐产品】；如果不满意，其行为是【退货；抱怨；向消协投诉；索赔；个人抵制，不再购买；劝阻他人购买；向大众媒体曝光】。

5.21 6W1H的应用操作要点

【提示】6W1H实际是对上述所有分析结果的归纳和总结。研究消费者行为必须要搞清6W1H：什么人构成购买市场（Who）、消费者需要购买什么（What）、消费者为什么要购买（Why）、是谁在进行购买行为（Who）、在什么地方购买（Where）、在什么时间购买（When）、用什么方式购买（How）。营销学将这些问题的研究归纳为研究消费者市场的“7O”法，即购买者（Occupants）、购买对象（Objects）、购买目的（Objectives）、购买组织（Organizations）、购买地点（Outlets）、购买时间（Occasions）、购买方式（Operations）。

两种模式在表达方式上大同小异。企划人若想对消费者购买行为有清晰准确的判断，就必须对6W1H所包含和涉及的相关问题给出明确的答案。故此，必须对该模式进行改造。

（1）对6W1H进行扩充并细化为三级指标，见表5-27。

表5-27 对6W1H进行扩充并细化为三级指标

6W1H	6W1H的内涵	需要给出明确结论的问题
Who	构成该产品购买市场的消费者是谁	年龄特征 性别特征 教育程度 职业 收入水平 商品知识 购买经验 其他
Who	购买该产品的人是谁	产品购买者的角色？ 倡议者 影响者 决策者 购买者 使用者
What	该市场的消费者购买什么样的产品	消费者购买时主要看重什么？ 功效 性能 口感 制造商 品牌 价位 成分 包装 外观 其他
Why	消费者为什么购买该产品	消费者购买该产品的原因是什么？ 功能多 质量好 品牌知名度高 购买方便 价格低 售后服务好 包装新颖 节省时间 其他

续表

6W1H	6W1H 的内涵	需要给出明确结论的问题
Where	购买地点	消费者购买时选择什么地点购买? 离家较近的地方　价格便宜的地方 服务周到的地方　交通方便的地方 产品种类多的地方　品牌信誉高的地方 其他
When	何时购买	需要时购买　方便时购买　顺便购买 其他
How	如何购买	购买这种产品时消费者喜欢用何种方式购买 现金付款　货到付款 信用卡付款　微信或支付宝 分期付款　其他

(2) 对扩展后的 6W1H 三级指标所列出的每个具体问题，都要能从[5.1] 到 [5.20] 的分析中找到明确答案。否则，分析无效。

(3) 根据 [5.21] 6W1H 的应用操作要点 2，撰写分析报告，以供后续营销决策之用。分析报告范式可根据企划者的个人风格而定。

6　市场调研工作制导

理论参考　市场营销学教科书的“市场调查或市场研究”部分

【导读】市场调研有两个最基本的环节：一是“调查”，是指在科学的世界观和方法论指导下，深入实际，努力全面把握客观情况；二是“研究”，是指对调查所获取的客观情况进行分析综合、抽象概括，从“事”中求“是”。市场调研是市场营销活动的前提，贯穿于市场营销的每一个环节。在市场调研中要注意：立场、认知、方法不同，其结果会有差异甚至迥然有别。因此有效开展市场调研，需要掌握正确的步骤和方法。

6.1　市场调研程序及动作要点汇总

表 6-1　市场调研程序及动作要点汇总

工作程序	具体要求
预调研	模拟调研，并找出需要调研的主要问题
明确调研目的	指出调研的意义、调研服务的对象和需要的信息
编写调研计划	包括调研的主题、方法、时间、地点、人员、预算等
实地收集数据	制定抽样规则、设计调查问卷
数据整理、分析	对数据去伪存真，并做定性与定量分析
撰写调研报告	依据数据分析，做出调研结论，提出解决预案

6.2　预调研及动作要点

预调研没有明确的调研目的和主题，是专题调研的前期工作，要在企业错综复杂的经营管理问题中，抓住主要矛盾专门调研，解决核心问题。

动作要点如下：

（1）查阅企业历史资料，尤其是近五年资料，分析企业理念、市场战略、产品、销售、价格等营销活动连续变化的规律。

（2）查阅近五年国家政策、法律制度、行业技术发展、经济发展状况和社会文化环境变化资料，总结其主要威胁、机会与变化趋势。

（3）查阅企业与供应商、竞争对手和客商联系的相关营销活动资料，分析其变化利弊与发展趋势。

（4）查阅企业高层管理者近五年的讲话精神，了解企业高管的行事风格和战略意图。

（5）与企业管理者乃至高管座谈对话，充分了解管理者的决策意图。

（6）实地走访企业生产现场、消费市场，体察现实环境。

（7）市场初探方法要点汇总。

表 6-2 市场初探方法要点汇总

市场探究的方法	具体要求
查阅资料	企业内部连续累计资料，包括经营、客户、竞争对手、供货商、合作伙伴等资料
	企业外部近五年资料，包括：①所处行业政策法规、技术发展现状；②目标市场经济发展现状，如收入水平、消费结构、消费层次、GDP 指标等；③社会文化现状，如人口、教育、社会阶层、语言文化、宗教信仰等
实地观察	摄录设备、企业网站等观察：①消费形态、消费踪迹、消费痕迹等；②工作现场，如对温度气味等感官的反应、工作气氛等；③市场环境，如秩序、卫生、客流量与构成等
	人员体察：①消费者购物行为，如浏览驻留时间、挑选次数等；②人员暗访，如以消费者、客商身份造访企业；③审计，如对公司财务、工作流程的各个环节加以审计
座谈访问	专家座谈，街头拦截问卷，消费或工作场合留置问卷，微博、微信、淘宝等的消费评论或社会评论等

（8）汇总上述过程收集的数据，通过调研小组讨论找出关键症结。上述过程往往需要往复若干次，直至调研小组意见趋同。

（9）小组讨论各阶段的意见要与企业主管经常保持沟通，不断修正，最终得到企业主管了解并认可的主要问题。

（10）立场、认知有差异，对核心问题的把握也不同。因此，集体讨论不一定会取得一致意见，争论不休也会错失良机。关键是意见趋同并得到主管认可。

6.3 市场调研计划实操要点

市场调研计划的编制，不仅是一项调研工作得以顺利进行的基本保证，也是向有关部门申请调研课题时的前期准备、学术基础和调研实力的证明与表达。调研计划的格式与内容，在具体调研中的要求不尽相同，但其基本逻辑关系是不变的，其动作要点包括：

（1）从研究背景、研究价值、所需信息和服务对象四个方面，清晰表述本次主题调研的目的。

（2）依据研究目的，提炼调研主题，并通过集体讨论、查阅资料的方式界定主题核心词，以此确定调研范围和调研方法。

（3）控制调研质量

a. 依据调研目的确定调研性质是基础研究还是解决本企业具体问题的应用研究；

b. 在此基础上从定性与定量方面明确质控标准；

c. 根据市场调研程序各个环节可能出现的误差，制定质控措施。

（4）选择调研方法

a. 依据质控标准要求、定性要求，配合观察、访谈等具体方法；定量标准，可通过实验方法实现；

b. 依据主题核心词的界定，对于具有较高测量水平的指标，如销售量、销售额、利润、市场份额等，选择市场试销的调研方法。

（5）确定调研范围。依据调研目的中对所需信息的要求确定调研范围。

（6）选择调研对象。在质控标准和调查方法确定的条件下，确定选择对象。

（7）其他。调研计划的其余各项内容，依据具体问题确定。

（8）市场调研计划项目与内容汇总，见表6-3。

表6-3　市场调研计划项目与内容汇总

调研计划项目	项目内容
调研目的	表明本次调研的背景、需要的信息、意义和服务对象
调研主题	界定主题核心词，以此确定调研范围
调研质量控制	确定本次调研性质、有效性标准、质量控制原则和措施

续表

调研计划项目	项目内容
调研方法	依据调研质控要求选择适宜的观察法、询问法或实验法
调研团队	团队职责分工、工作纪律、直接受访人员培训、薪酬
调研范围与对象	依据质控标准确定受访对象（个人/单位）数目与构成
调研时间、地点	调研时间：自明确调研目的与主题开始，到提交调研报告止
	调研地点：依据确定的调研方法选择适宜的调研地点，如人员观察地点、产品试销地点、入户访谈地点等
调研预算	列明符合会计制度的预算项目与费用总额
调研工作安排	将调研整体工作的每一环节按时间顺序安排

微案例一

调研质量控制要点

按要求对每一个调研步骤中可能出现的误差加以有针对性的控制，见表 6-4。

表 6-4 市场调研质量控制措施要点汇总

市场调研程序	可能出现的误差	控制措施
明确调研主题	定性误差	查资料、讨论
制定调研方案	定性误差	查资料、讨论
	样本设计误差	做好统计工作
设计调查问卷	测量工具误差	配合调查方法，验证
收集调研数据	受访、拒访误差	受访信息资料库
	访谈误差	培训、监督、回访
	替代信息误差	强化调研主题
整理、分析数据	处理过程误差	编制数据录入程序
	定量误差	做好统计工作
	定性误差	查资料、讨论
撰写调研报告	定性误差	查资料、讨论、检验

微案例二

调研主题核心词的界定

界定主题核心词，直接关乎准确划定调研范围、正确选择调查方法和设计调查问卷。通过查阅资料、集体讨论等方法界定核心词。以“关于新产品HWMT9可行性调研”这一主题为例，核心词是“可行性”，其核心词的递进界定与相应调研方法的选择动作要点为：

（1）明确表述唯一性的调研主题：“关于新产品HWMT9可行性调研”；

（2）从调研主题中选择有待研究的核心词：“可行性”；

（3）结合调研目的，查资料、集体讨论，对核心词做出定义；

（4）定义中具有测量意义的关键词，便是研究目的中所需要的信息，并以此选择收集数据的调研方法。

表6-5 具有测量意义的关键词及可选调查方法汇总

<table>
<tr><th>主题核心词</th><th>一次界定</th><th>二次界定</th><th>三次界定</th><th>可选调查方法</th></tr>
<tr><td rowspan="9">可行性</td><td rowspan="3">生产可行</td><td>技术可行</td><td>—</td><td rowspan="3">专家座谈</td></tr>
<tr><td>生产可行</td><td>—</td></tr>
<tr><td>财务可行</td><td>—</td></tr>
<tr><td rowspan="6">市场可行</td><td>宏观市场环境</td><td>政法、经济、科技、社会等</td><td>查阅近五年的文献资料</td></tr>
<tr><td rowspan="5">微观市场环境</td><td>供应商</td><td>入户访谈</td></tr>
<tr><td>中间商</td><td>入户访谈</td></tr>
<tr><td>客户</td><td>试销、焦点访谈</td></tr>
<tr><td>竞争对手</td><td>暗访、查阅资料</td></tr>
</table>

微案例三

某产品市场调研的工作计划

表 6-6　某产品市场调研的工作计划

调研时间	调研内容摘要	预算安排	负责人
3 月 1~3 日	讨论、制订调研计划	500 元	赵丽萍
3 月 4~7 日	设计、预演调研问卷	500 元	钱佳琪
3 月 5~10 日	调研团队成立，访谈员培训	8000 元	王志强
3 月 11~12 日	制定抽样规则，完成抽样框	600 元	刘永行
3 月 12~20 日	依据抽样计划，实地调研	14000 元	刘永行
3 月 21~28 日	数据整理、回访	3000 元	王志强
3 月 29 日~4 月 5 日	数据分析	25000 元	钱佳琪
4 月 6~10 日	撰写、制作、提交调研报告	3000 元	赵丽萍
项目合计	调研实际工作 41 天；调研经费预算合计 54600 元整		

6.4　市场调研主要方法实操要点

选择调研方法，要以质量控制标准、市场研究形式为依据，形成质控标准决定研究形式、研究形式决定调研方法类型的严谨调研逻辑。下述主要调研方法所涉及的提纲调查问卷，若干场合或受访人员取决于以质量控制标准而定的样本量。

6.4.1　案头资料

案头资料又称二手资料，判定案头资料有效性的方法如下：

（1）是否符合调研目的需要的信息；

（2）谁收集的原始资料；

（3）收集的时间、地点；

（4）收集信息的方法；

（5）所得资料与其他信息是否趋于一致。

6.4.2　暗访

列出暗访提纲，选择若干暗访时间与场合，如商场、会展中心等，以顾客身份实地体察，完成暗访报告。

6.4.3 消费痕迹观察

（1）列出观察提纲；

（2）选择若干观察场合，如饭店、废品回收站、垃圾箱等；

（3）选择若干观察物，如食品、用品等，记录消费状态，如数量、结构、磨损痕迹、污渍类型、耗电量、用水量等；

（4）提交观察记录。

6.4.4 焦点访谈

（1）选择访谈主持人；

（2）列出访谈提纲；

（3）确定与委托人的联络方式；

（4）选择受访对象；

（5）准备访谈焦点物，如新的产品、广告、服务方式等；

（6）布置访谈工作室；

（7）记录或摄录访谈内容；

（8）提交访谈报告。

6.4.5 留置问卷

设计留置问卷，选择人群易于逗留的场合，如教室、图书馆、商场收款台、餐厅方桌、汽车站台、车站机场码头休息室等，收集留置问卷。

6.4.6 新媒体访谈

发布企业微博、微信公众号，发布所需调查的问题或一般性消息，收集粉丝评论，对有意义的评论追加提问互动，提交报告。

6.4.7 实验室试验

选择一个直接与调研主题相关的实验因素，如新的产品、包装、口味等，确定影响实验因素的可测量变量，如销售量，选择若干竞品，随机选择受访对象并随机分为实验组与对照组，选择实验设计类型，观察记录。

6.4.8 中心控制电话访谈

（1）准备中心控制室；

（2）选择访谈主持人；

（3）编制访谈问卷；

（4）培训若干电话访谈员；

（5）电话联系受访对象接受访谈；

（6）访谈主持人实时监听电话访谈内容，提示访谈员适时追问；

（7）结束访谈后提交访谈记录，整理分析。

6.4.9 投射法之照片归类

（1）列出调研提纲；围绕调研主题准备人物、动物、色彩、风景等类型的图片，平均每组30~50张不等。

（2）布置有投影设备的工作室，邀请受访人员若干名。

（3）调研主持人宣读规则：针对调研主题，受访人员记录自己看到播放图片的第一反应。

（4）调研主持人平均每间隔3~5秒播放一张图片；收集、整理受访对象的记录问卷。

6.4.10 街头拦截

（1）编制调研问卷，注意该问卷回答时间以不超过5分钟为宜；

（2）依据调研质量控制要求选择调研时间、地点和样本结构，如男女比例，注意该调研方法更适于质控要求不高的市场初探；

（3）调研主持人布置街头拦截行人的工作纪律，并分配拦截工作量；

（4）汇总拦截问卷。

表6-7 市场调研方法选择汇总

研究形式	调研方法类型	具体调研方法	适用调研活动
预测性研究	观察法	摄像、网上浏览追踪、人员体察、审计、暗访、内容统计、客服热线、流量计数器、消费痕迹等	（1）不具有对调研总体推断意义； （2）适于对未明问题，如调研主题探究； （3）适于对未来发展趋势的推测
	询问法	入户访谈、中心控制电话访谈、街头拦截、留置问卷、邮寄问卷、自动录音、新媒体访谈等	
	案头资料	公开资料、网站数据、内部资料、自媒体评论等	
	定性调研	焦点访谈、深度访谈、投射（如图片归类、词语联想、故事完型、消费者绘画等）	

续表

研究形式	调研方法类型	具体调研方法	适用调研活动
描述性研究	观察法	摄像、网上浏览追踪、人员体察、审计、暗访、内容统计、客服热线、流量计数器、消费痕迹等	(1) 描述总体特征，进行比较分析； (2) 论证调研主题，服务决策参考
	询问法	入户访谈、中心控制电话访谈、街头拦截、留置问卷、邮寄问卷、自动录音、新媒体访谈等	
解释性研究	实验法	现场试验	(1) 论证调研主题； (2) 说明决策动因
		实验室试验	

6.5 实地抽样调研实操要点

(1) 调研负责人对即将调研的区域进行实地探查，重点了解当地：

a. 人口密度与布局；

b. 城市建设特别是商业、交通现状；

c. 街道分布及特点；

d. 市区行政管理现状甚至各辖区居委会数量与管理范围。

(2) 依据调研目的和质量控制标准要求，制订抽样计划。同时，依据调研区域实地观察，编制与落实实地抽样指导细则，详见微案例一。

(3) 编制实地调研管理者工作说明及现场访谈员督导，详见微案例二。

(4) 编制调研员实地调研管理表，详见微案例三。

(5) 编制调研员工作日志，详见微案例四。

微案例一

实地抽样计划制订要点

(1) 依据调研质量控制标准，确定调研范围（总体），如本校注册本科生。

(2) 依据调研计划，确定数据收集的具体方法，如入户访谈。

(3) 从人事处、居委会、客服部等得到抽样框，如7000名在校注册大学生。

(4) 依据质量控制标准，选择抽样方法，如非概率抽样、配额抽样。

(5) 确定样本容量，概率抽样统计计算；非概率抽样主观估算，如

60 名。

（6）制定选择样本单位的操作程序，需要结合具体调研方法和抽样方法，如通过配额抽样进行入户访谈，需要：编制抽样配额表、联系受访对象、确定访谈的时间地点、如约进行入户访谈。

（7）依据前期对实地调研区域的考察，制定实地抽样工作指导手册，包括面对下述问题的解决对策：发现样本老化和重复、事先确定的样本因故拒访或中途终止、发现一个样本单位内包含若干子样本、发现抽样的街区正在进行拆迁、抽样街区布局复杂或样本分布极不均匀、抽样实施中发生不可抗力等。

具有实地操作性的抽样工作指导手册样板如下：

（1）如果在访问的路线上遇到死胡同，继续沿这条路另一面朝反方向走，在可能的地方右拐，每隔两户访问一户人家；

（2）如果在一个街区走访一圈回到出发点，但没有完成计划所列的样本量，请遵循“右手法则”，按顺时针方向，在下一个街区访问直到任务完成；

（3）如果调研范围所列街区均已按计划调查，仍没有完成需要的样本量，可选择一个未被访问的地址开始，顺时针抽样走访，直到任务完成。

微案例二

《实地调研管理者工作说明》要点与样板

表 6-8 调研管理者对现场访谈员全程督导要点

常见问题	解决措施
（1）访谈员良莠不齐，影响调研质量	建立访谈员筛选机制、督导员与访谈员沟通机制，以考察责任心、诚信和沟通能力
（2）只注重问卷填写的工作培训	主要在调研基本素质、沟通技巧、访问追问技巧、受访对象甄别办法等方面系统培训

续表

常见问题	解决措施
（3）现场访谈过于突出礼品、优惠	管理者加强现场巡查、现场指导、在调研结束 7~10 天后按 10%比例回访
（4）访谈员自己填写，一人多答	
（5）未按要求对受访者进行甄别	
（6）缺乏对受访者的专业引导、追问	在系统培训的基础上，访问前加强演练

《运动饮料口味测试的管理者工作说明》样板

工作要求：保证在计划的调研时间内，完成调研数据的收集工作。如遇各种不可抗力，停止调研工作，接续时间由上一级指令。

调研数据：①确定受试者区分三种样品的能力；②给出对两种样品的意见。

调研区域及受访对象：主城四区，随机拦截受访对象。

调研时间：4 月 7~13 日，共 7 天时间，每天 10：00~16：00。

调研地点：主城四区 6 个购物中心、8 个居民社区，详见访谈员工作表。

工作分配：

（1）14 个访谈小组，每组平均 3 人，具有访谈经验访谈员任组长。

（2）每个访谈小组在一周内，至少完成 200 次访谈，其中不少于 20 个运动饮料使用者。

（3）调研材料，每小组分配 210 份过滤性问卷、70 份研究问卷。

（4）每个小组每天领 3 种类型，每类 10 箱共计 30 箱运动饮料；每箱 24 瓶，每瓶 200mL。领取时记录每箱的编号。

（5）小组成员每人每日工作结束后，填写《工作日志》，组长签字。

（6）每天调研结束，各小组上交问卷和剩余样品材料。

诺安咨询公司二部

二〇一九年四月一日

微案例三

访谈员实地工作管理表样板

表 6-9 运动饮料口味测试访谈员管理表

调研总负责人：公司二部秦小明

<table>
<tr><th>调查地点</th><th>访谈小组信息</th><th>时间安排</th><th>每日领取材料</th><th>督导员签字</th></tr>
<tr><td rowspan="3">新城区
长宁花苑</td><td>组长：隋媛媛
手机号：131……</td><td rowspan="3">4 月 7~13 日</td><td rowspan="3">（1）过滤问卷 30 份
（2）研究问卷 10 份
（3）测试样品三类，每类 10 箱，共计 30 箱
附每日领取样品清单</td><td rowspan="3"></td></tr>
<tr><td>张静海
手机号：132……</td></tr>
<tr><td>刘晨龙
手机号：131……</td></tr>
<tr><td rowspan="3">新城区
百盛广场</td><td>组长：高宏伟
手机号：157……</td><td rowspan="3">4 月 7~13 日</td><td rowspan="3">（1）过滤问卷 30 份
（2）研究问卷 10 份
（3）测试样品三类，每类 10 箱，共计 30 箱
附每日领取样品清单</td><td rowspan="3"></td></tr>
<tr><td>李盛林
手机号：131……</td></tr>
<tr><td>张佳琪
手机号：157……</td></tr>
<tr><td rowspan="3">新华区
万达广场
（其余小组略）</td><td>组长：孙炳昊
手机号：186……</td><td rowspan="3">4 月 7~13 日</td><td rowspan="3">（1）过滤问卷 30 份
（2）研究问卷 10 份
（3）测试样品三类，每类 10 箱，共计 30 箱
附每日领取样品清单</td><td rowspan="3"></td></tr>
<tr><td>刘琳琳
手机号：185……</td></tr>
<tr><td>李静奇
手机号：138……</td></tr>
</table>

微案例四

现场访谈员工作日志及工作说明样板

表 6-10 《运动饮料口味测试访谈员工作日志》样板

访谈员签字：

完成时间	工作内容	完成情况	组长签字
4 月 7 日			
4 月 8 日			

续表

完成时间	工作内容	完成情况	组长签字
4月9日			
4月10日			
4月11日			
4月12日			
4月13日			

《运动饮料口味测试访谈员工作说明》样板

工作纪律：保证在规定时间内完成调研任务。

保证按工作要求甄别受访对象，并完成问卷填写。

保证实地调研的真实性，杜绝一切弄虚作假。

为达到上述要求，承担相应经济责任（详见工作合同）。

调研数据：确定受访对象对测试的运动饮料口味与一般饮料口味的态度。

合格受访对象：在日常生活中，至少有一个运动习惯的消费者。

注意过滤问卷的使用说明。

工作时间：4月7~13日，共7天时间，每天10：00~16：00。

4月13日16：00结束访谈工作，17：00集团行政楼405室集合。

工作地点：新城区中山东路幸福里18号长宁花苑小区。

工作任务：访谈员个人要完成总共70份过滤性问卷、20份研究问卷填写。

每天完成工作后，按要求提交问卷，填写工作记录（详见工作日志）。

诺安咨询公司二部

二〇一九年四月一日

微案例五

实地调研拒访类型与对策

解决受访对象在实地调研中各类拒访的根本措施，是及早建立“样本库”

并定期筛查受访者，确保样本库数量充足、结构合理及非职业化。

表 6-11 实地调研常见的拒访状况及应对措施

实地调研常见的拒访状况	应对措施
联系电话中断或无应答	事前短信预约，避免电话直接骚扰
受访者因故失约	如有意愿，在规定的调研时间内候补
重要受访对象拒访	查明原因，真诚得到对方合作
过滤性问卷确定的不合格受访者	究其原因展开追问，力争获得有效的数据
受访者在访谈中因故中断或拒访	在不影响抽样质量的前提下，更换样本
配额满员，又出现合格受访者	条件允许的话，补充调查，提高有效性
调研中发现是职业受访者	剔除并谨慎留下身份信息，在样本库中标记

6.6 数据整理实操要点

6.6.1 确认

（1）清点问卷，保证与发放问卷数量一致，出现短缺及时补充调研。

（2）检查实地调研工作日志，确保所得数据均按制定的调研方法获得。

6.6.2 编辑

（1）审查问卷是否填写完整。

（2）审查问卷标示的特别要求是否得到遵守。

（3）审查回答问题的合理性，如收入选项与消费行为选项自相矛盾。

（4）按调研质量控制要求，按一定比例抽查回访，对作废的问卷样本，影响质控标准的及时补充调查。

6.6.3 编码

针对同一问题的不同回答，进行归类分组找出关键词，并赋予数字或符号，便于统计分析。

6.6.4 数据录入

按一唱一对的方式手工录入，电子问卷直接录入。

微案例

开放式提问在问卷整理中的编码

卡片问题16：您在家做红酒牛肉时，除了主料还会加些什么？

回答关键词	编码	回答关键词	编码
雪梨	1	葱头	5
奶油	2	胡椒	6
果酱	3	辣椒	7
莴苣	4	橄榄	8

6.7 数据分析实操要点

数据分析包括定性分析与定量分析，常用的基本方法如下：

6.7.1 定性分析之德尔菲法动作要点

（1）筛选受聘专家，依据调研质控要求，数量10~50名不等。

（2）汇总前期整理后的调研数据，结合调研主题提出咨询问题，将调研数据汇总表与咨询主题传递给受聘专家。

（3）受聘专家相互匿名，根据材料提出自己分析意见，反馈至调研组。

（4）调研组整理归纳各位专家的意见，匿名再次传递给各位专家。

（5）往复2~3轮，判断受聘专家的意见趋于一致，终止。

（6）对各位专家的意见，按算术平均、加权平均方法处理后，作为决策参考。

6.7.2 定性分析之SWOT分析动作要点

（1）将前期整理后的有效数据按企业外部机会、威胁，内部优势、劣势对应归类。

（2）调研小组可按诸如头脑风暴法充分讨论：企业内部优势外部机会下的对策；企业内部优势外部威胁下的对策；企业内部劣势外部机会下的对策；企业内部劣势外部威胁下的对策。

（3）针对上述四方面对策，讨论其中带有决定性的对策，作为决策参考。

微案例一

新产品 HWMT9 市场推广决策建议

表 6-12 新产品 HWMT9 市场推广 SWOT 分析

内部 外部		企业内部环境	
		内部优势（Strength） 技术、品牌、销售渠道	内部劣势（Weakness） 资金、人才、发展战略
企业 外部 环境	外部机会 （Opportunity） 政策、行业发展	OS 加大技术创新投入 打造国际知名品牌	OW 利用政策，多方融资 吸引技术、管理人才 实施一体化发展战略
	外部威胁 （Threats） 国际竞争 材料供应	TS 跟进国家发展战略 拓展国际市场 加强材料供应商深度合作	TW 就地建厂，共同开发

结果：围绕一体化发展战略，将 HWMT9 打造成高新技术的名牌产品，推向市场。

6.7.3 定量分析之交叉变量分析动作要点

（1）依据问卷，选择 2~3 个提问指标，如性别、年龄、简洁、实用等。

（2）选择具有测量水平的指标，如地理、人口细分标准均具有不同测量水平；心理、行为细分标准不具有测量水平，必须与地理、人口标准结合。

（3）依据问卷的回答，分别进行指标统计。

（4）编制交叉变量分析表，进行描述性统计分析。

（5）在数据分析中，围绕调研目的所需信息的要求和质量控制标准，一份问卷可以多次交叉分析，以求得有意义的决策信息。

微案例二

交叉列表分析

问卷整理：合格问卷 100 份；选择“年龄”“旅游景点”2 项指标。

表 6-13 “年龄”和“旅游景点”交叉分析

		总数	年龄			
旅游景点	总数	100 人	18~34 岁 15 人	35~45 岁 25 人	46~55 岁 25 人	55 岁以上 35 人
	野三坡	45，45%	5，33%	12，48%	11，44%	10，29%
	白洋淀	37，37%	10，67%	13，52%	14，56%	12，34%
	其他	18，18%	0	0	0	13，37%

分析结果：

（1）18~34 岁年龄段，更愿意选择白洋淀；

（2）35~55 岁及以上，两处景点选择几乎没有年龄差异；

（3）55 岁及以下“其他”选项均为零，具体原因需进一步分析，而 55 岁以上在该选项比例明显增高，也许应结合其他问题进一步分析。

6.8 调研报告内容要点

6.8.1 题目

包括调查主题、报告日期、为谁而准备、撰写人或报告人。

6.8.2 目录

包括报告所分章节及相对应的起始页码。

6.8.3 调查目的

说明这次调查的背景、所需信息、研究意义和服务对象。

6.8.4 研究方法

对调研过程中所使用的研究方法、抽样方式、样本类型与数量及调研得到的研究结果等做非技术性的简要说明。

6.8.5 结果和局限性

调研结果是报告正文的重点，要占据最大篇幅，并紧扣研究目的，按一定的逻辑顺序提出。调研结果用叙述形式表达，配以直观性的总括性图表。调研报告中要适当合理地指出调研的局限性，为报告使用者在决策参考中留有余地。

6.8.6 结论与建议

这是调研报告最实质性的部分，是在调研结果的基础上，综合提炼出的具有指向性信息。同时，针对调研结果和结论，提出对策建议。

6.8.7 附录

翔实的调研资料统一编入附录。主要收录了问卷样式、抽样技术、编码表、参考文献、详细的统计表等。

7　问卷设计应用制导

理论参考　市场营销学教科书的“市场调查或市场研究”部分

问卷设计是市场调研工作中一项比较重要的工作，也是常用的调研工具，本部分单独进行制导。

7.1　问卷结构设计要点

7.1.1　表头

（1）问卷编号，有利于问卷整理、统计。

（2）问卷题目：依据调研主题表述。

（3）问卷填写说明；依据不同调研情况，留置问卷可能还需要有详细的填写说明。

7.1.2　表体

（1）基本情况提问，以人口统计指标，如年龄、性别、收入等和地理指标，如籍贯、城镇、气候等进行封闭式提问。

（2）主题问题提问，以心理指标（如偏好、个性、兴趣等）和行为指标（如购买频率、忠诚度、追求利益等）进行封闭式、开放式或量表式提问。

7.1.3　表脚

（1）调研员签名。

（2）调研地点。

（3）调研时间。

7.2　问卷提问编排的动作要点

（1）运用过滤性问题识别合格应答者。

微案例

用过滤性问题识别合格应答者

卡片问题1：过去3个月中您接受过关于产品或广告的访谈吗？

是/否　　　　继续/终止

卡片问题2：过去一个月中您使用过下列哪些洗护发用品？

A. 保湿　B. 去头屑　C. 柔顺　D. 营养

（展示产品卡片，应答不是C、D内的产品终止；选D跳到问题4，选C接续问题3）

卡片问题3：近一个月以来您用过柔顺洗发液吗？

是/否　　　　继续/终止

卡片问题4：您的年龄属于下列哪一组？

18岁以下　18~24岁　25~34岁　35~44岁　45岁以上

卡片问题5：您或您的家人有在广告公司或销售个人护发用品吗？

是/否　　　继续/终止

（2）在得到合格应答者后，以一个能引起应答者兴趣的问题开始访谈。

（3）先问一般性问题，多为人口统计问题。

（4）将需要思考的问题放在问卷中间，多为反映心理、行为的问题，并多以量表式提问为主。

（5）在关键点插入提示。

（6）把敏感性问题、威胁性问题和开放式提问的问题放在最后。

7.3　量表设计动作要点

（1）围绕调研主题选择提问指标（实词），注意提问指标的测量水平。

（2）以选择的指标进行提问，并制定测量规则。包括：

a. 选择量级层次偶数或奇数；

b. 量级层次一般为3、5、7；

c. 注意量表的非强迫性，补充“其他”这一选项；

d. 规则之下，对应数字或符号，有利于统计分析。

（3）主要量表类型的选择与运用：

a. 顺序量表

卡片问题：您对玉兰油洗面奶的感受是什么？注意左侧按确定性排序。

完全同意　同意　不同意　完全不同意

（　　）除污垢

（　　）防污垢

（　　）无刺激

（　　）使用方便

（　　）感受清新

（　　）使人自信

b. 满足感量表

卡片问题：请您对客房整体感受打分。

100　90　80　70　60　50　40　30分以下

非常满意　　　　　　　　　　　　极不满意

c. 固定总数量表

卡片问题：作为碧浪洗衣液消费者，请您将100分分配给如下这些碧浪的特性。每一特性得分，能代表您认为其相对的重要程度。分数越高，这个特性越重要。若您认为这个特性不重要，则可以不给分。填完后请检查，以保证总分为100。

碧浪洗衣液特性	分数
去污力强	——
绿色环保	——
易漂洗	——
有香味	——
刺激性小	——
不掉色	——
合计分数	100

d. 定格评分量表

	满意度	权重	满意 80 分	一般 60 分	不满意 40 分
1. 产品功能完善		0. 3			
2. 产品是优质名牌		0. 2			
3. 售后服务有保障		0. 15			
4. 产品购买便利		0. 1			
5. 产品宣传适度		0. 1			
6. 产品定价合理		0. 15			

e. 语意差别量表

形容词 1	每对形容词均值 1 2 3 4 5 6 7	形容词 2
现代		传统
积极		消极
热情		冷漠
可靠		担忧
素质高		素质差
交通便利		交通不便
智能机先进		无智能机
保证车位		无车位

甲商业银行 vs 乙商业银行

f. 社会距离量表

卡片问题：测试您对肯德基的态度，请做出肯定或否定回答。

——您愿意让肯德基进驻中国吗？

——您愿意让肯德基进驻您所在的城市吗？

——您愿意让肯德基进驻您所居住的社区吗？

——您愿意让您的孩子经常吃肯德基吗？

7.4 问卷设计要避免的提问方式

（1）不应该超越受访者的能力与经验。
（2）不应该用特例来代表普遍状况。
（3）涉及的细节不应超出受访者的记忆能力。
（4）不应该涉及推断与猜测。
（5）不应该询问过多的无关问题。
（6）不应该使用夸张词语。
（7）不应该使用有歧视性的词语。
（8）不应该将两个问题合并为一个。
（9）不应该诱导受访者回答特定答案。
（10）不应该具有暗示性。
（11）不应该有较复杂的计算。

7.5 问卷提问语句中避免出现的词汇

表 7-1 问卷提问语句中避免出现的词汇及原因汇总

不适宜的词汇	原因
仅仅	含糊其词
知道	“知道”在程度上有很大的区别
较少的	表述不具体，受访人理解也不统一
像	用其引导提问，忽略实证的中心点
最多	没有确定性，进行数据处理时会引起不必要的麻烦
没有人	谁会信任“没有人”如何的东西或事情
现在	其实表述很不具体、清晰
这、那等	难以保证它们的指代非常清楚
旅行	需要进一步描述清楚，即还需进一步界定
所有	过于空泛，使受访者难以回答
任何人	带有明显的不确定性

续表

不适宜的词汇	原因
坏	以鼓励为主，并且“坏”存在不同角度、立场的认识
最好	几乎没有谁能做到或拥有“最好”
每天	很难说是“五天的每一天”还是“七天的每一天”
主餐	难以确定究竟是指哪一顿饭
曾经	其时间概念无限之长
很少	没有明确的限制量
他（她）	并不是总能确定“他”到底是指什么

问卷设计好之后一般要进行预先测试，然后检查一下问题：问卷是否对调查目的所需信息进行了提问；所提问题是否有实际意义；提问表述是否太长，影响受访者的理解判断；对开放式提问，是否留足表述空白；问卷中所有说明，是否用醒目的字体标示；问卷结构是否完整，包括：表头的问卷编号、问卷题目；表体的提问编号与排序；表脚的时间、地点和调查员签字处等。在没有问题后，确定最终问卷文本，选择纸质文本或电子文本。

微案例一

某品牌手机消费状况调查问卷

编号：1002

关于手机消费状况调查表

您好！本问卷旨在为提高企业管理水平的研究收集资料，其背景是纯调研（学术）性的。所有个案绝不公开，您的回答对此项调研很有帮助，特此致谢！

1. 您的性别是（　　）。

A. 男士　　B. 女士

2. 您居住地在（　　）省（　　）市（　　）县（　　）。

3. 您的年龄是（　　）。

A. 18 岁以下　B. 18~25 岁　C. 26~35 岁　D. 36~45 岁　E. 46 岁及以上

4. 您的家庭月收入在（　　）。

A. 2500 元及以下　　B. 2500~5000 元

C. 5000~10000 元　　D. 不低于 10000 元

5. 您目前使用手机的品牌是（　　）。

A. 华为　B. 苹果　C. 三星　D. 小米　E. 其他

6. 您一般看重手机的哪些方面？（　　）下列选项按重要性排序多选。

A. 服务　B. 外观　C. 品牌　D. 价格　E. 其他

7. 您对正在使用的这部手机整体评价是：________。

调查员：

调查地点：

调查时间：

微案例二

暗访调研问卷示例

精品体验店服务状态评价

店名：　　　　　　日期：

服务员：（若没看到胸牌请描述）

暗访人员签字：

进入便利店时间：　　　　离开便利店时间：

1. 等候服务员多长时间？
2. 是否微笑服务？
3. 是否主动询问？
4. 是否至少提一个附加问题帮助顾客？
5. 是否带领顾客到相应的购物区？
6. 是否向顾客介绍两种以上的新服务项目？

微案例三

焦点访谈主持人访谈提纲示例

开场：简介焦点访谈法并宣读规则（预计5分钟）

1. 没有正确答案，只有您自己的观点。
2. 要倾听别人的发言。
3. 有自动录音或录像，观察人对您的观点极感兴趣。
4. 请逐个发言，以便记下您的重要观点。
5. 请不要向主持人提问，因为您的想法和感受才是最重要的。
6. 若对我们的讨论问题了解不多，没关系，重要的是让我们知道；我们不要求在座所有人的观点一致，除非英雄所见略同。
7. 我们要讨论一系列话题，所以主持人会适时推进下一个论题，请不要把这当成冒犯。各位没有问题我们开始吧。

正式焦点讨论提纲（预计15分钟）

我对你们使用信用卡的态度和使用信用卡的情况很感兴趣：

1. 您知道有多少种主要信用卡？您使用什么信用卡？什么时候拥有信用卡？
2. 为什么要得到这些信用卡？您又是如何得到的？
3. 您最常用的是什么信用卡？用卡的目的是什么？
4. 大学生是否很难得到一张“称心如意”的信用卡？
5. 您目前对信用卡使用的态度如何？拥有专属大学生的信用卡，你的态度是否会改变？

微案例四

观察法调研问卷

表 7-2　学校图书馆流量观察表

			周一	周二	周三	周四	周五	周六	周日
早晨	学生	男生							
		女生							
	教工	退休							
		在职							
中午	学生	男生							
		女生							
	教工	退休							
		在职							
晚上	学生	男生							
		女生							
	教工	退休							
		在职							

8 市场细分方法应用制导

理论参考 市场营销学教科书的“市场细分”部分

消费者需求的差异性是市场细分的基本标准，而影响消费者需求的差异性因素是多种的。影响消费者需求的各种因素都可以作为市场细分的标准，由于这些因素是变动的，因此市场细分的标准又叫市场细分变数。细分消费者市场所依据的变数有很多，可以概括为四大类：地理环境因素、人口环境因素、消费心理因素、购买行为因素。

8.1 按地理环境变量进行市场细分的操作要点

（1）按照教科书有关市场细分的理论，从地理因素变量的角度划分企划所需的市场，是比较通用的细分手段。需要将教科书上细分变量表中的地理变量拆分出来，进行调整并进一步细化，形成如下基本形式（见表 8-1）。

表 8-1 教科书上细分变量表中的地理变量细化

地理因素	对区域进行二次（不限于）细分
地理区域	东北、华北、西北、华南、华东、西南
气候	南方、北方、亚热带、热带、温带
密度	都市、郊区、乡村、边远地区等
城市规模（人口）	特大城市，大、中、小城市等；或：0.5 万人以下、0.5 万~2 万人、2 万~5 万人、5 万~10 万人、10 万~25 万人、25 万~50 万人、50 万~100 万人、100 万~400 万人、400 万人以上

（2）由于消费习惯、地理环境、气候条件、社会风俗和文化传统的差异性，在进行地理细分时，从理念角度而言，要按照营销企划的需要，将“地理变量”划分到最小“区域单位”，而该最小“区域单位”的消费者可以被视为具有相似的消费需求。例如：如果以一个省为目标市场，则该市场地理变量的最小“区域单位”在理论上应该划分到县。

（3）根据市场特点、营销规划，确定与营销企划规划目标相符合的市场细分地理因素变量中地理区域、气候变量、密度、城市规模的最小区域单位。根据需要，对其描述得越具体、越清晰越好。

8.2 按人口环境变量进行市场细分的操作要点

（1）按照教科书有关市场细分的理论，从人口因素变量的角度划分企划所需的市场，需要将教科书上细分变量表中的人口变量拆分出来，进行调整并进一步细化，形成如下基本形式（见表 8-2）。

表 8-2　教科书上细分变量表中的人口变量细化

人口因素	对人口因素进行二次（不限于）细分
年龄	婴儿、学龄前儿童、学龄儿童、少年、青年、中年、老年
性别	男、女
民族	汉族、满族、维吾尔族、回族、蒙古族、藏族、瑶族、土家族、白族等
职业	职员、教师、科研人员、文艺工作者、企业管理人员、私营企业主、工人、离退休人员、学生、家庭主妇、失业者等
家庭收入（年）	5000 元以下、5000~10000 元、10000~20000 元、20000~30000 元、30000~50000 元、50000 元以上等
家庭人口	1~2 人、3~4 人、5 人以上等
家庭生命周期	年轻单身、年轻已婚无小孩、年轻已婚小孩 6 岁以下、年轻已婚小孩 6 岁以上、已婚儿女 18 岁以下、中年夫妇、老年夫妇、老年单身等
教育程度	小学程度以下、小学毕业、初中、高中、大学、研究生以上等
宗教	佛教、道教、基督教、天主教、伊斯兰教等
种族	白色人种、黑色人种、黄色人种等
国籍	中国人、美国人、英国人、新加坡人等

（2）消费需求因人而异，千差万别。在进行细分时，按照产品特点、目标客户、市场战略以及营销企划的其他需要，对“人口因素”中的各个分要素进行取舍或添加，然后，对每个分要素细化到“最适宜测度单位”。

（3）对最适宜测度单位，给出具体而清晰的消费特性的描述。

8.3 按消费心理变量进行市场细分的操作要点

（1）按照教科书有关心理细分变量的理论，从心理因素变量角度划分企划所需的市场，是一项最为困难的工作。需要将教科书上细分变量表中的心理变量拆分出来，进行调整并进一步细化，形成如下基本形式（见表8-3。）

表 8-3 教科书上细分变量表中的心理变量细化

心理因素	对心理因素进行二次细分
生活方式	平淡型、时髦型、知识型、名士型等
人格特征	外向型或内向型、理智型或冲动型、积极型或保守型、独立型或依赖型等
社会阶层	上上层、上下层、中上层、中下层、下上层、下下层等

（2）研究心理因素的目的是试图在消费者特征和营销行为之间建立起某种因果关系。所以，仅仅对心理因素继续进行二次细分并不是最终目的，只停留在把心理因素深入分成外向型或内向型、平淡型或时髦型或其他别的什么型等也于事无补，下一步操作最为根本。

（3）对所选择的每一种类型的消费者，要进行消费特征素描（并进行背书），将该消费者群的消费特征凸显出来。

8.4 按购买行为变量进行市场细分的操作要点

（1）按照教科书有关行为细分变量的理论，从行为因素变量角度划分企划所需的市场，是一项最为复杂的工作。需要将教科书上细分变量表中的行为变量拆分出来，进行调整并进一步细化，形成如下基本形式（见表8-4）。

表 8-4 教科书上细分变量表中的行为变量细化

行为因素	对行为因素进行二次细分
购买时机与频率	日常购买、特别购买、节日购买、规则购买、不规则购买等
追求的利益	廉价、时髦、安全、刺激、新奇、豪华、健康等
使用者情况	从未使用者、曾经使用者、潜在使用者、初次使用者、经常使用者等
使用率	很少使用者、中度使用者、大量使用者
忠诚程度	完全忠诚者、适度忠诚者、低度忠诚者、无品牌忠诚者
态度	热情、肯定、无所谓、否定、敌视等

（2）以市场的消费行为为基础进行的细分，是市场细分中最重要的方法。行为因素是消费特性与消费者购买行为相关度最大的变量。

（3）对消费行为要素细分后，要采集足够大的样本数量进行研究，对行为进行刻画，直到能准确回答出 6W1H 的所有问题。

8.5　将前述细分变量进行合成

合成后的基本格式见表 8–5。

表 8–5　市场细分变量合成

一级	二级	三级（可增减取舍）	四级（可根据企划需要进行细目调整）					
市场	地理细分	地理区域	国家	区域	省	城	乡	
		地形	山区	平原				
		气候	寒冷	湿润	温暖			
		人口密度	大	中	小			
		生产力布局						
		交通条件	便利	不便	很不便利			
		通信条件	便利	不便	很不便利			
		其他						
	人口细分	消费者年龄	婴幼儿	少年	青年	中年	老年	
		家庭生命周期	单身	初婚	生育	满巢期	离巢期	空巢期
		性别	男	女				
		消费者收入水平	高	中	低			
		消费者职业	工	农	商	学	兵	自由
		消费者受教育程度	文盲	小学	初中	高中	大学	硕士、博士
	心理细分	消费者的生活态度	紧跟潮流者		享乐主义者		进取、守旧	
		消费者个性	坚强	懦弱	内向	外向	依赖	竞争性
		消费者的购买动机	耐用	经济	安全	自尊		
	行为细分	消费者的购买时机	平常	节日	假日			
		消费者追求的利益	功效	价格	品牌	包装	服务	
		消费者使用状况	曾经使用者		潜在使用者		初次、经常使用	
		消费者的使用频率	少量使用者		中量使用者		大量使用者	
		品牌忠诚度	铁杆品牌忠诚		几种品牌忠诚者		转移忠诚、忠诚	

（1）合成表中的一级列和二级列是固化的，是进行市场细分时的规定动作，不可忽视或偏废任何一项。

（2）合成表中的三级列，可以进行与企业市场营销实际相结合的增减取舍调整。建议合成表的基本格式继续保留。

（3）合成表中的四级列，是根据营销策划的具体需要，必然要进行调整的动作，但建议合成表的基本格式继续保留。这会为下一步选择目标市场的操作提供方便。

9 目标市场选择方法应用制导

理论参考 市场营销学教科书的“目标市场策略”部分

9.1 在传统市场细分基础上选择目标市场的操作要点

（1）准备一份“市场细分方法应用制导”部分给出的市场细分变量合成表；

（2）对合成表 9-1 中的四级列逐行选择一个子项并标注上颜色；

表 9-1 标上颜色后的市场细分变量合成表

一级	二级	三级	四级					
市场	地理细分	地理区域	国家	区域	省	城	乡	
		地形	山区	平原				
		气候	寒冷	湿润	温暖			
		人口密度	大	中	小			
		生产力布局						
		交通条件	便利	不便	很不便利			
		通信条件	便利	不便	很不便利			
		其他						
	人口细分	消费者年龄	婴幼儿	少年	青年	中年	老年	
		家庭生命周期	单身	初婚	生育	满巢期	离巢期	空巢期
		性别	男	女				
		消费者收入水平	高	中	低			
		消费者职业	工	农	商	学	兵	自由
		消费者受教育程度	文盲	小学	初中	高中	大学	硕士、博士
	心理细分	消费者的生活态度	紧跟潮流者		享乐主义者		进取、守旧	
		消费者个性	坚强	懦弱	内向	外向	依赖	竞争性
		消费者的购买动机	耐用	经济	安全	自尊		
	行为细分	消费者的购买时机	平常	节日	假日			
		消费者追求的利益	功效	价格	品牌	包装	服务	…
		消费者使用状况	曾经使用者		潜在使用者		初次、经常使用	
		消费者的使用频率	少量使用者		中量使用者		大量使用者	
		品牌忠诚度	铁杆品牌忠诚		几种品牌忠诚者		转移忠诚、忠诚	

（3）将每个子项连接，每条连线就构成一个子市场；依此方法，继续划分出更多的子市场；

（4）有时候可能会对每一行的子项进行多项选择，但这并不改变问题的本质；

（5）由于前期的市场细分部分，已经对每一个细分变量都进行了明确清晰的描述，所以，连线而成的细分市场的轮廓是清晰的；

（6）对各个可分的细分市场进行可测量性、盈利性、可进入性评判，发现市场未被满足的需求即为本方案的可能市场空白点；

（7）对所有可能的市场空白点进行分析，确定与企业实力相匹配的能进入的、有可能进入的、准备首先进入的市场，就是选择出来的目标市场。

9.2 从社会阶层角度选择目标市场的操作要点

（1）依照社会学理论，将市场分成10种社会消费群体，这些社会消费群体对社会组织资源、文化资源和经济资源的拥有程度不同，如图9-1所示。

国家与社会管理者阶层: 拥有组织资源
经理人员阶层: 拥有文化或组织资源
私营企业主阶层: 拥有经济资源
专业技术人员阶层: 拥有文化资源
办事人员阶层: 拥有很少量的文化或组织资源
个体工商户阶层: 拥有很少量的经济资源
商业服务员工阶层: 拥有很少量的二种资源
产业工人阶层: 拥有很少量的三种资源
农业劳动者阶层: 拥有很少量的三种资源
城乡无业、失业、半失业阶层: 基本没有三种资源

图9-1　10种社会消费群体

（2）将上述 10 种消费群体再次划分为 5 种不同的层次：社会上层、中上层、中中层、中下层及底层，如图 9-2 所示。

社会上层： 高层领导干部 大企业领导干部 高级专业人才 大私营企业主
中上层： 中低层领导干部 大企业中层领导 中小企业经理人员 中级专业技术人才 中等私营企业主
中中层： 初级专业技术人才 小企业主、办事人员 个体工商户
中下层： 个体劳动者 一般商业服务人员 工人、农民
底层： 生活处于贫困状态并缺乏就业保障的工人、农民和无业、失业、半失业人员

图 9-2　5 种消费阶层

（3）判断 10 种消费群体与 5 种消费阶层之间有如下对应关系，如图 9-3 所示。

（4）依据企业战略、产品特性、营销策略和企业综合实力，在上述 5 种社会阶层中，选择最容易接受本产品并最可满足上述要求的群体，作为目标市场。

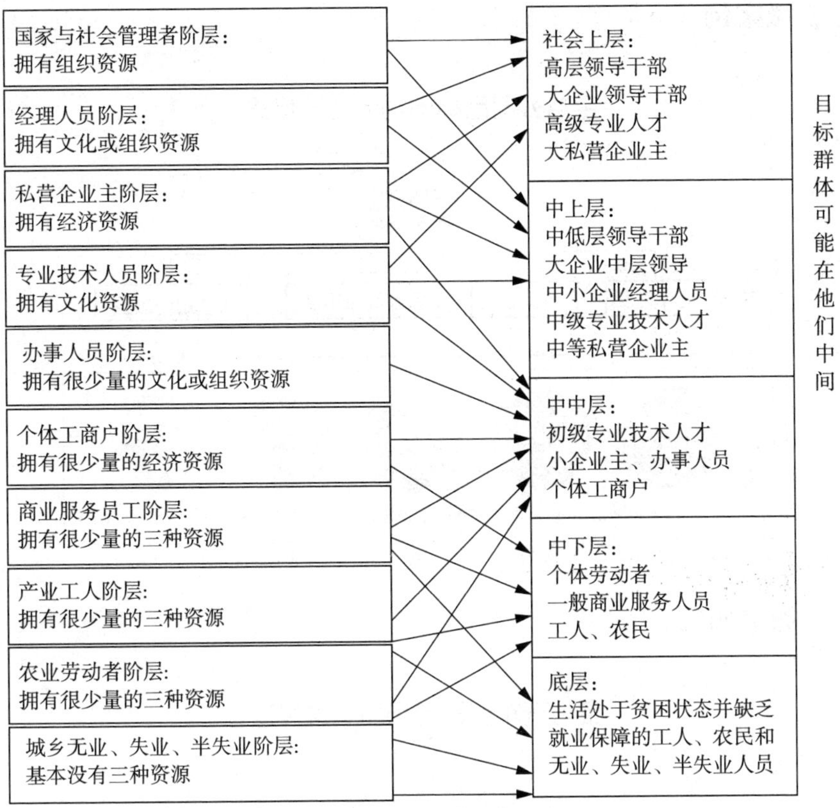

图 9–3　10 种消费群体与 5 种消费阶层之间的对应关系

9.3　目标市场品类选择法

（1）品类是一类产品的简称，是从客户视角出发进行的分析和选择，是面对客户的语言，对应了客户和产品之间的关系。

（2）从需求一端来看，品类和目标客户紧密相连；客户不一样，品类归属也会不一样。

（3）品类是个弹性概念，它可以是单一品，也可以是多品的组合。

（4）品类选择方法比较通俗，故以微案例说明如何应用此方法。

微案例一

宝洁公司目标市场品类选择法

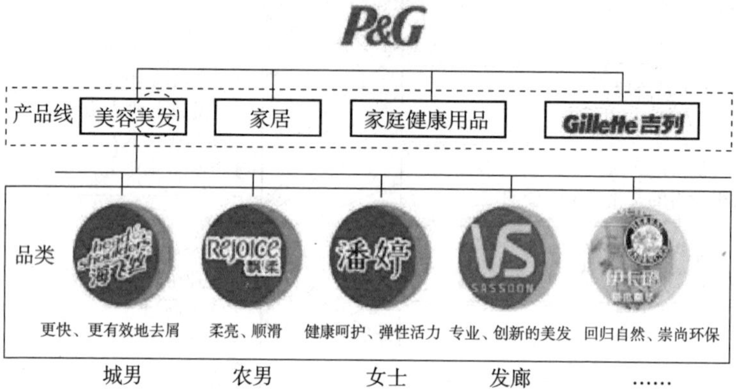

微案例二

宝马汽车目标市场品类选择法

3系（青年人、运动） 5系（普通商用兼顾家用） 7系（奢侈豪华的客户）

微案例三

万科的目标市场品类选择法

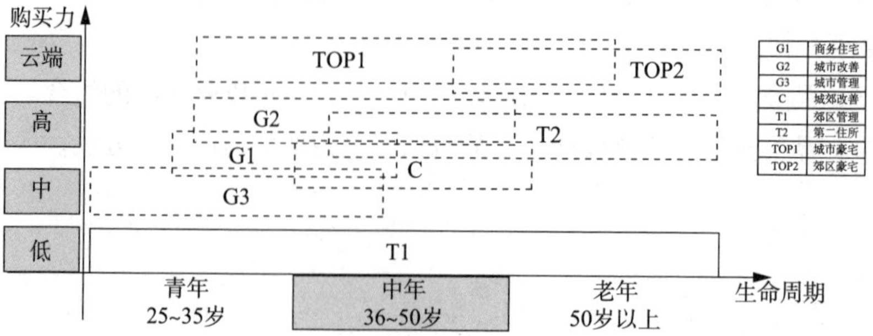

9.4 几点说明

（1）目标市场的选择及其方式方法多种多样，企划者在了解本部分所介绍的方法之外，还可以广泛借鉴其他的方法。

（2）在完成市场细分工作之后，本部分把侧重点集中在怎样选择目标市场的操作制导方面。而对如何进入目标市场，是采取集中化策略、产品专业化策略、市场专业化策略、选择性专业化策略、无差异化策略不进行赘述。

（3）在营销实战中，目标市场的选择方法，更多可能是采取综合方法，利用多种方式，对目标市场进行选择。企划人应当尊崇科学，要比其他非专业人员更早睁开逻辑的眼睛。

10　市场定位方法应用制导

理论参考　市场营销学教科书的“市场定位”部分

10.1　关于市场定位的几个重要说明

（1）定位类型有多种，本部分只讨论产品的市场定位。通俗来说，产品的市场定位是指产品形象特征在消费者心中的位势。作为完成时，定位是指已经留在消费者心里的位势。作为将来时，定位是指企划方案如何更有效地使产品形象特征在消费者心目中占据独特位势。我们选择后者。

（2）产品是提供给消费者的，消费者是需求者或与需求者相关的人，因此，只有从消费者的心理出发才能够准确地找到产品的定位点。可见，有效的定位方法必须借用消费心理和消费行为的研究成果。

（3）消费者购买产品是为了获取某种产品的最大价值，价值由产品、服务、功能等利益组合实现，利益由不同的产品和服务属性实现，属性由产品自身的可触觉因素提炼而出。因此，在进行定位的企划过程中，宜遵循从属性到利益再到价值的逻辑步骤去探寻定位点。

（4）不同的消费者对产品和服务有着不同的利益诉求，这给产品市场定位的创新提供了可能。定位以利益作为基础，其要义是将产品的属性特征转变成目标顾客的价值利益。换言之，定位点也是目标顾客购买产品的最大痛点。通过确定产品定位点，企划方案可以使产品明显而确切地区别于竞争对手，凸显自身优势，从而在方案设计上做到使消费者在众多产品中选择本产品。

（5）消费者在购买所需产品（包括服务）时，其初始目的是实现一定的价值。而价值的实现则需要一定的利益作为保障。消费者要取得利益就需要购买一定的商品属性。所以，产品市场定位点包括价值定位点、利益定位点和属性定位点三个层级。

（6）由此，定位也是探寻和发现定位点的过程。完整的定位企划过程是一个从产品的属性定位到产品的利益定位再到产品的价值定位，从三个层面、三个角度，渐次推进、由表及里的研究过程，如图 10-1 所示。

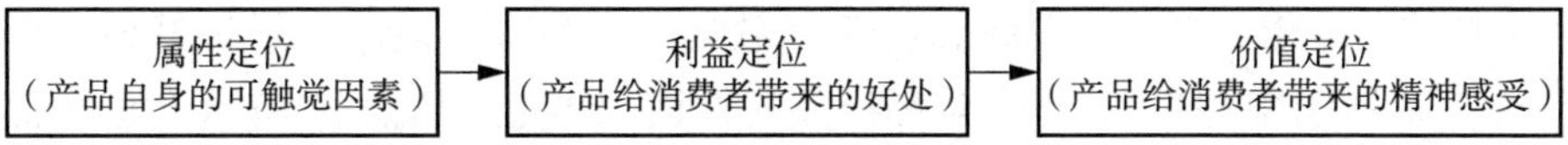

图 10-1 三元定位分析路径示意

（7）从三个层面选择多少定位点为宜，数量上没有固定的要求，并且在实践中发现，三个层面的定位点不一定需要同时存在。定位的根本目的是更好地展现产品的差异化优势。如果产品的属性定位点体现出了产品的差异化优势，那么利益定位点和价值定位点就可有可无了。如果产品的属性定位点和利益定位点体现出了产品的差异化优势，那么价值定位点也就不重要了。而对于每个层面的定位点选择，由于利益是由产品和属性决定的，因此利益定位点决定了属性定位点的数量。实战中发现，由于人们的不特意记忆容量有限，所以利益定位点通常为 1~3 个，价值定位点为 1~2 个，否则定位点就很容易被人们忘记。

（8）定位点选择的标准。企划的最终目标是通过正确地选择定位点来强化产品自身优势，从而拉开与竞争对手的距离。因此，定位点应该是与竞争对手相比最有优势的点。定位点要区别于竞争对手，这是定位点的独特性标准；定位点必须是目标消费者的关注点，这是定位点的必要性标准；定位点选择要保障可行可靠，这是定位点的可信性标准。并非所有的产品属性、利益和价值都可以作为定位点。竞争优势、目标关注、真实可信，三者缺一不可。为加深对产品属性、产品利益、产品价值的理解，读者可参阅产品整体概念及产品卖点提炼部分的相关内容。

10.2 三元定位之属性定位方法的操作要点

10.2.1 初始概念界定

产品属性包括内部属性（原材料、形态、制造过程等元素）和外部属性（服务、品牌、包装、价格等元素）。属性由产品的可触觉因素总结或提炼出来。针对产品某一个或某几个内部属性或外部属性特征的定位，便是属性定位。

10.2.2 生产销售流程切割

挖掘、搜集、筛选、总结、提炼可触觉的产品属性点。为了更好地找到消费者关注的属性特征，可以依照产品属性概念界定，仿照表 10-1（但不照搬），将与该产品生产销售有关的整个流程切割为原料的采购、生产、包装、物流、品牌等若干个环节，从中总结出若干个相关节点。

表 10-1 生产销售流程切割

切割环节	产品属性元素（举例，但不限定）
采购环节	原材料品质
生产环节	含量、工艺、养分、是否易板结、均匀度、颜色、按期交货
物流环节	发货速度、发货质量
品牌环节	品牌知名度、品牌美誉度、名人代言
包装环节	外观设计、包装材质、包装形状、包装规范
宣传推广环节	广告投入、促销力度、售后服务、终端建设
价格环节	价格高低、性价比、价格灵活性
经销商环节	经销商商誉、终端商意见、购买便利、终端售点
客户环节	客服、客情、保证
使用环节	效果大小、用户认可度

10.2.3 产品属性评估

对所挖掘、筛选、总结、提炼出来的产品属性分别给出评估分，以满分 10 分计。

表 10-2 产品属性评分表

分值	不同得分点的产品属性（举例）
9 分及以上	效果、用户认可度
8~9 分	工艺、按期交货、性价比、经销商意见、含量
7~8 分	原料品质、名人代言
6~7 分	发货速度、发货质量、品牌美誉度、价格、经销商商誉、购买便利、性能
5~6 分	颜色、外观设计、包装材质、包装形状
5 分以下	品牌知名度、包装统一规范、广告、促销力度、售后服务、终端建设、价格灵活性、其他

10.2.4 依据属性定位

选择得分最高的产品属性作为属性定位点。

微案例一

杰茜牧场的属性定位（续一）

杰茜牧场产品自身特点包括娟姗牛珍稀奶源、3.6 克高含量天然乳蛋白、全产业链生产模式等。对比发现，杰茜牧场的蛋白质含量明显高于竞品，且高品质乳蛋白又是娟姗牛这种珍稀牛种的产奶特点。调查得知，目标顾客在关注乳制品营养价值的同时更关心乳制品的安全性，而杰茜牧场的全产业链生产模式能够有效保证奶源安全。故此，杰茜牧场将产品属性定位为全产业链生产模式、3.6 克高品质乳蛋白和珍稀奶源娟姗牛。

微案例二

经典品牌三元定位之属性定位举例

表 10-3　经典品牌三元定位之属性定位

品牌	属性定位点	利益定位点	价值定位点
佳洁士	含氟牙膏		
可口可乐（一般）	碳酸饮料		
百事可乐（典雅）	碳酸饮料		
他+她饮料	饮料分男女		
加普服装	休闲时装/前卫时装		
联想电脑	完善的售后服务		
都芳漆	高环保性		
双星连锁店	物美价廉		
《超级女声》节目	唱歌赛事		
香奈儿香水	合成香水		
当代商城	尊贵的品牌和服务		
沃尔玛超市	每日低价		
家乐福超市	低价格		
宜家	北欧风格的家具		
国美电器	商品齐全、低价销售		
麦当劳	便捷的标准化快餐		
星巴克	第三生活场所		
女十魔力卡	女性卡		
蒙牛特仑苏	高品质、高营养		

10.3 三元定位之利益定位方法的操作要点

10.3.1 初始概念界定

利益就是好处，是带给消费者的好处，包括功能利益、体验利益、财务利益和心理利益等在内的元素定位都属于利益定位。利益是由产品和服务的属性决定的。

10.3.2 提取和挖掘利益

根据产品属性和产品属性定位，对该产品该属性能够带给消费者的好处或利益进行提取、挖掘、创意。

10.3.3 依据利益定位

从产品和服务中提取、挖掘、创意出本产品利益点的方法，参见产品卖点提炼和FABE模式部分。

微案例一

经典品牌三元定位之利益定位举例

表10-4 经典品牌三元定位之利益定位

品牌	属性定位点	利益定位点	价值定位点
佳洁士	含氟牙膏	防止蛀牙功能	
可口可乐（一般）	碳酸饮料	解渴提神	
百事可乐（典雅）	碳酸饮料	解渴提神	
他+她饮料	饮料分男女	增加体力，解渴提神	
加普服装	休闲时装/前卫时装	休闲时尚/新潮	
联想电脑	完善的售后服务	省心	
都芳漆	高环保性	健康的家庭	
双星连锁店	物美价廉	低成本地享受舒适	
《超级女声》节目	唱歌赛事	想唱就唱	
香奈儿香水	合成香水	独特的典雅体验	
当代商城	尊贵的品牌和服务	尊贵的体验	
沃尔玛超市	每日低价	省钱	

续表

品牌	属性定位点	利益定位点	价值定位点
家乐福超市	低价格	获得更多价值	
宜家	北欧风格的家具	以较低价格享受北欧风格	
国美电器	商品齐全、低价销售	以最低价格放心购买	
麦当劳	便捷的标准化快餐	独特体验	
星巴克	第三生活场所	独特体验	
女士魔力卡	女性卡	魅力体验	
蒙牛特仑苏	高品质、高营养	健康	

微案例二

杰茜牧场的利益定位（续二）

杰茜牧场的目标顾客价格敏感度相对较低，对乳制品的需求不局限于基本功能的满足，更多向往高品质轻奢侈带来的心理满足，尤其是要满足该产品作为礼品时应具备的特点。因此，挖掘利益点，除了要体现产品品质、口感，还要体现个人生活品质、个人价值、产品形象、礼品档次等。另外，将杰茜牧场及其市场竞争对手在目标顾客关注的品牌形象、奶源、营养成分、口感、包装这五个方面进行比较，综合访谈结论，绘制出多维感知定位图。

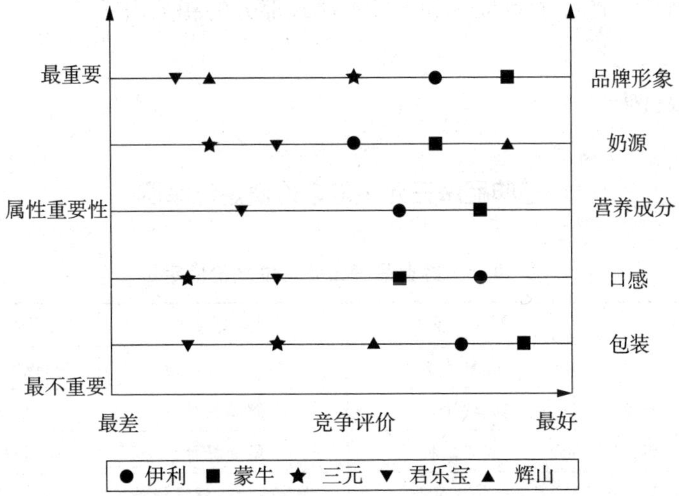

图 10-2　多维感知定位

结合杰茜牧场产品的主要优势：（1）稀缺奶源。杰茜牧场所用牛乳源自珍稀牛种娟姗牛，此牛种国内不足1%。（2）杰茜牧场的蛋白质含量≥3.6%。（3）全产业链模式建立了从田间到餐桌的食品安全监控体系和可追溯的管理体系，能够有效确保产品安全、可靠。最终，杰茜牧场的利益定位点方案之一为：安全、放心和健康。

10.4　三元定位之价值定位方法的操作要点

10.4.1　初始概念界定

价值是人们追求的终极目标，是精神层面的收获感，包括爱、自尊、成就感、社会认同、归属感、享受、安全和快乐等在内的元素定位都属于价值定位。此价值由产品和服务带来的利益升华而来。

10.4.2　将利益升华为价值

根据产品或服务的利益定位点，对该产品该利益点能够贡献给消费者的产品价值进行升华。

10.4.3　依据价值定位

根据产品或服务的利益，升华为该产品或服务的价值定位的方法，参见产品整体概念、产品卖点提炼和FABE模式部分的相关内容。

微案例一

经典品牌三元定位之价值定位举例

表10-5　经典品牌三元定位之价值定位

品牌	属性定位点	利益定位点	价值定位点
佳洁士	含氟牙膏	防止蛀牙功能	做个好妈妈
可口可乐（一般）	碳酸饮料	解渴提神	传统正宗
百事可乐（典雅）	碳酸饮料	解渴提神	突破渴望，敢于第一
他+她饮料	饮料分男女	增加体力，解渴提神	浪漫
加普服装	休闲时装/前卫时装	休闲时尚/新潮	认同感
联想电脑	完善的售后服务	省心	自由、随意、高端

续表

品牌	属性定位点	利益定位点	价值定位点
都芳漆	高环保性	健康的家庭	幸福生活
双星连锁店	物美价廉	低成本地享受舒适	休闲舒适的生活
《超级女声》节目	唱歌赛事	想唱就唱	自我实现
香奈儿香水	合成香水	独特的典雅体验	自由
当代商城	尊贵的品牌和服务	尊贵的体验	愉悦
沃尔玛超市	每日低价	省钱	好管家
家乐福超市	低价格	获得更多价值	开心购物
宜家	北欧风格的家具	以较低价格享受北欧风格	小资情调
国美电器	商品齐全、低价销售	以最低价格放心购买	成就品质生活
麦当劳	便捷的标准化快餐	独特体验	快乐
星巴克	第三生活场所	独特体验	浪漫情怀
女士魔力卡	女性卡	魅力体验	令人羡慕
蒙牛特仑苏	高品质、高营养	健康	享受高品质生活

微案例二

杰茜牧场的价值定位（续三）

杰茜牧场三元定位点确定为：属性定位点是全产业链生产模式、3.6克高品质乳蛋白和珍稀奶源娟姗牛；利益定位点是安全、放心和健康；价值定位点是专属特供。据此，分阶段设计与此对应的营销策略。

杰茜牧场在奶源和营养成分方面有一定的优势，但是目标顾客感知中营养成分差距并不大，只有奶源与竞争对手有一定的差距。蒙牛特仑苏和伊利金典的利益定位均为健康，因此在利益定位点难以与对手形成明显的差异化，加之目标顾客在购买高端乳制品时有价值诉求，所以要通过价值定位点突出产品差异化。

杰茜牧场的目标顾客对乳制品的需求不局限于基本功能的满足，更多地向往高品质轻奢侈带来的心理满足，尤其是要满足该产品作为礼品时应具备的特点。蒙牛特仑苏作为杰茜牧场的主要竞争者和高端液态奶的开创者，其价值定位为享受高品质生活；伊利金典价值定位为天生尊贵。综合评估后，杰茜牧场的价值定位点方案之一为专属特供。

10.5 实战案例——河北联丰肥业公司产品定位分析路径

河北联丰肥业有限公司是复合肥专业制造商，是行业内比较知名的企业。我们从接触本案开始发现，联丰复合肥没有形成自己系统的营销定位点。联丰复合肥产品效果不错，得到了客户认可。客户中有许多是十几年的老客户，销售人员也认为产品不错。但是，公司、销售人员、客户之间对该产品并没有形成统一的认识，产品没有一个统一的卖点。总的来说，联丰复合肥产品定位点发散，且主要定位在产品的属性层面，在利益层面和价值层面缺失。这也正是联丰复合肥出现“有理说不出、说了传不开、传了叫不响”的根本原因。本案企划人员按以下路径进行了产品市场定位策划。

10.5.1 要素筛选

为了更好地找到消费者关注的属性特征，将与复合肥生产销售有关的整体流程分为原料的采购、生产、包装、物流、品牌等环节，总结出相关节点，逐一分析如下：

（1）采购环节。采购是企业生产加工的前期工作，采购的质量决定了企业产品的质量。把原料品质作为复合肥需求的影响要素之一，正是因为原料是产品质量有保障的基础，是生产优质产品的必要条件。

（2）生产环节。生产环节中，选择 8 个节点作为影响要素。其中，微量元素可以提高复合肥的肥效，脲醛工艺所生产的缓控释肥料可以保证作物增收增产 20%左右，这两项都关系着复合肥的肥效。养分含量是复合肥有效性的关键，养分含量越高，复合肥对作物越有效。板结是由于复合肥在存放期间吸收空气中的水分，从而造成板结成块状的现象，好质量的复合肥在存放过程中不易吸潮、板结。农户在选购复合肥时，常会根据颗粒的大小和均匀度来判断肥料的好坏，同时，颗粒形状也最简单最直接地反映了生产厂家的技术水平，因此，好质量的复合肥应当是颗粒大小适中、均匀，呈粉末状，颗粒硬度与颜色是产品品质的表面特征，根据销售人员和各地经销商们的反馈意见，也将其列入影响要素内。按期交货作为企业产品服务的一项，也是消费者所需的基本保障条件。

（3）物流环节。产品发货速度与质量关系着消费者的基本利益，及时供货、保障质量是企业与产品可信度的一种表现。

（4）品牌环节。品牌知名度是指品牌被消费者知晓的程度。它反映的是品牌的影响范围或影响广度，影响着一部分消费者的购买行为。美誉度是品牌在消费者心中的良好形象。美誉度是以知名度为前提的，没有很好的知名度，更不用说有很好的品牌形象。品牌知名度是美誉度的基础，而品牌美誉度才真正反映了品牌在消费者心目中的价值水平，二者都是衡量品牌价值外延度的重要指标。

（5）包装环节。包装是产品的外部表现形式，是产品给消费者的第一印象。在包装环节，我们把外观设计、包装材质、包装形式和包装的统一规范列入了影响消费者需求的要素。

（6）宣传推广环节。宣传推广是企业推销产品最直接的方式。它包含很多种方法，在这里我们选择了广告、促销、售后服务和终端作为影响要素是由于这些都是被消费者熟知的宣传方法。

（7）价格环节。由于复合肥所面向的消费者大多是农民，他们的收入相对有限，对价格的敏感度相对较高，所以，我们从价格高低、性价比和价格灵活性三方面研究价格对消费者需求的影响程度。

（8）经销商环节。经销商是企业在各地的销售代表，是最了解当地市场的人，与消费者最熟悉，因此，经销商的商誉和意见都在消费者心里有着一定的影响。终端售点与购买便利也关系到消费者的选择。

（9）客户环节。好用户的意见和邻居影响对消费者来说更可信。示范田是企业通过实地种植施肥来展示产品的有效性和实用性。

（10）肥效环节。复合肥的作用就在于帮助作物增收，肥效与作物增收成正比。溶解性是指农户在施肥时，最常用的方法还是先将复合肥颗粒溶于水后，再采用喷施的方法，这就要求复合肥产品能够很快地溶解于水，并且不留残渣。因此，肥效的大小、肥料的溶解性能与用户对肥效的认可都对复合肥需求有影响。

10.5.2 对比分析

根据销售人员和经销商的意见，总结出复合肥需求的影响要素，但由于企业不可能把所有的需求要素都做到优于竞争者，所以，对需求要素进行精细筛选。为此，通过问卷调查的方式对影响要素进行对比，如图 10-3 所示。

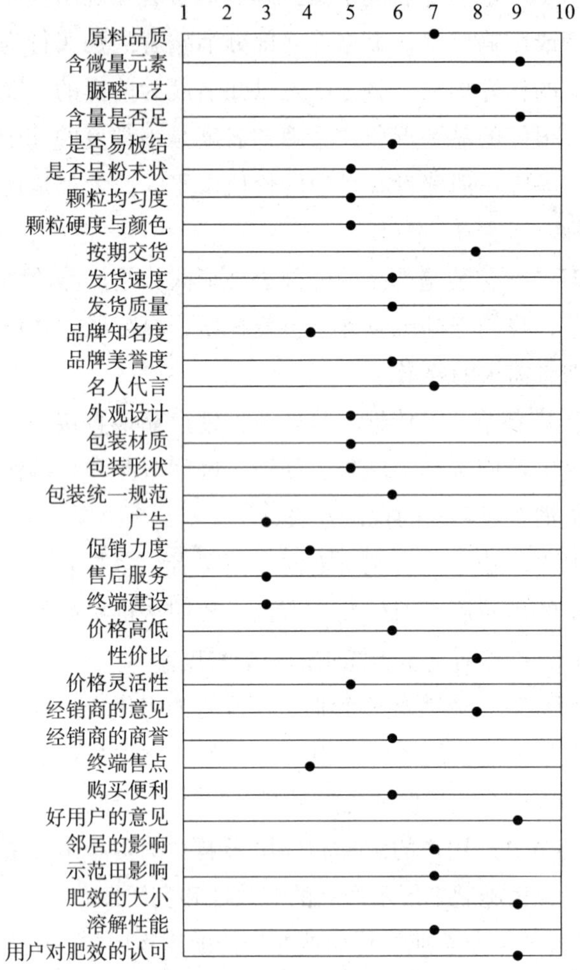

图 10-3　复合肥需求的影响要素对比分析

10.5.3　打分排序

对各要素进行打分，满分为 10 分，见表 10-6。

表 10-6　复合肥需求影响要素得分汇总

要素得分	影响要素
9 分及以上	微量元素、养分含量、好用户的意见、肥效的大小、用户对肥效的认可
8~9 分	脲醛工艺、按期交货、性价比、经销商的意见
7~8 分	原料品质、名人代言、邻居的影响

续表

要素得分	影响要素
6~7 分	是否易板结、发货速度、发货质量、品牌美誉度、价格高低、经销商的商誉、购买便利、示范田效应、溶解性能
5~6 分	呈粉末状、颗粒均匀度、颗粒硬度与颜色、外观设计、包装材质、包装形状
5 分以下	品牌知名度、包装统一规范、广告、促销力度、售后服务、终端建设、价格灵活性、终端售点

10.5.4 了解竞品

分析业内知名品牌的定位情况，汇总各品牌的三元定位信息，见表 10-7。

表 10-7 复合肥行业代表性品牌的三元定位信息汇总

	属性定位点	利益定位点	价值定位点
中化美农	质量、绿色环保	安全健康	美好农业，美满人生
中化	品质保障、行业领导品牌	放心使用	和谐中国，安全农业
金正大	缓控释肥专家	科技增收	为中国大农业服务
史丹利	大品牌、优质、环保	高效、省心	创造美好农业
施可丰	质量保真	放心	传播正能量
鲁西	金牌品质	产品品质可溯	真诚为农
撒可富	优质产品和服务	增收	富饶中华大地造福中国人民
芭田	高质，生态	强地保粮	营养植物，关注健康
九禾	高技术高质量、测土配肥	丰产增收	未来美好的生活

对表 10-7 分析可以看出，各个品牌的属性定位点数量略有不同，但除了中化、金正大分别以品牌知名度和专业技术为属性定位点，其他品牌都将产品质量作为属性定位点，表明行业内属性定位点差异小。因此，各个品牌在产品属性定位的基础上寻求了利益定位，且在利益定位点上各个品牌的差异化凸显出来。很明显，利益定位点的差异化比较大，从而演绎出特点各异的价值定位点。

10.5.5 方案构思

按照三元定位方法操作要点，依据联丰复合肥自身的属性特征与目标客户的关注点，结合经销商、销售人员和现有客户的意见反馈，参考行业内竞品的定位点，企划人员经过头脑风暴，形成了几种定位草案，见表 10-8。

表 10-8 联丰复合肥三元定位草案

	属性定位点	利益定位点	价值定位点
方案 1	原料好	质量放心	全心全意为农民
方案 2	添加微量元素	增产	富裕的生活
方案 3	脲醛工艺	缓控释肥	科技创丰收
方案 4	高效	增收、提高收入	幸福的生活
方案 5	滋养作物，修复土壤	增收保地	安心

10.5.6 方案决策

接下来需要对五个草案逐一进行分析对比，形成决策。

方案一：属性定位点为原料好，利益定位点为质量放心，价值定位点为全心全意为农民。原材料是产品质量的重要保障因素之一。优质的原材料并不一定能生产出优质的产品，但优质的产品一定离不开优质的原材料。企业把原材料作为产品的属性定位点意在强调产品质量源头有保障。因此，更进一层的利益定位点则为质量放心。而价值定位点强调以消费者为中心，全心全意为农民提供高品质复合肥。

方案二：联丰公司将添加微量元素作为产品的属性定位点来突出产品的特性。微量元素的作用是促进养分吸收，提高肥效。把添加微量元素作为联丰复合肥的属性定位点意在体现产品肥效好，能使粮食增收增产，提高农民收入。因此，属性定位点为添加微量元素，利益定位点定为增产，价值定位点为农民提高收入，即富裕的生活。

方案三：脲醛肥料是一种缓控释肥料，可以保证养分速效中效加长效，控制养分流失，并且旱涝同效，一季都有效。脲醛工艺保证了该复合肥的高效性，为农民增收提供了保证。因此，脲醛工艺为该复合肥的属性定位点，缓控释肥作为利益定位点，价值定位点为科技创丰收。

方案四："高效"一词简洁、通俗，易于农民理解与记忆，且直接地描述了该复合肥的特点。将增收、提高收入作为利益定位点，迎合农民使用复合肥的心理。而增收、提高收入则意味着农民一年的付出得到了超出预想的回报，从心理上有了成就感，从物质上也有了保障，从而生活质量也得到提高，因此，属性定位点为高效，利益定位点为增收、提高收入，价值定位点为幸福的生活。

方案五：该复合肥的属性定位点为滋养作物、修复土壤，利益定位点则在属性定位的基础上定为增收和保地，而产品的价值主要是从产品的安全和对土地的养护这两个方面来体现，强调该复合肥对农民长远收益的帮助，因此，价值定位点定为安心。

五个属性定位点都是结合产品自身属性和目标消费者购买时的关注点来选定的。属性定位点分别为原料好、添加微量元素、脲醛工艺、高效和滋养作物，修复土壤。总体来看，所有的定位点都围绕着产品的同一个属性——肥效。因此，该产品最终的属性定位点必然最佳地体现肥效好这一属性。原料好、添加微量元素、脲醛工艺、滋养作物都从不同的角度说明产品的肥效好，但是，这些定位点都不够突出。与其他四个草案相比，“高效”作为该复合肥的属性定位点更简洁直观，能准确迎合消费者关注的利益点，更容易给消费者留下深刻印象。

复合肥作为消费者投入的生产成本，所有的消费者都希望物有所值或者物超所值。从利益的角度来看，他们使用复合肥的目的就是提高作物产量，从而提高收入。因此，在以“高效”为属性定位点的基础上，将联丰复合肥的利益定位点确定为增收、提高收入。

在确定了属性定位点与利益定位点之后，企划主持认为，在激烈的竞争中，属性定位点和利益定位点还不能够使该复合肥做到明显地区别于竞争对手，因此，在产品的属性定位和利益定位的基础上，准确把握消费者的利益诉求，将富裕的生活作为联丰复合肥的价值定位点。因为复合肥的使用最重要的目的就是提高农民的收入，富裕更接近消费者的消费心理。

最后，通过再三地讨论分析，企划人从五个方案中选定了方案四为最适合联丰复合肥的定位方案，即“高效”为联丰复合肥的属性定位点，“增收、提高收入”为联丰复合肥的利益定位点，“幸福的生活”为联丰复合肥的价值定位点，并据此策划了后续支持和保证性营销策略。

11　产品卖点的提炼应用制导

实操参考　市场营销学教科书的“产品策略”部分

11.1　营销视角的产品

（1）企划人要真正理解“产品是提供给市场并引起人们的注意、获取、使用或消费，以满足某种欲望或需要的一切东西，包括各种有形物品、服务、地点、组织和想法”的真正含义。无论企划对象的业务范围是实体商品和服务，还是物质和文化等，都把它们认定为“产品”。

（2）市场营销理论把产品设定为“层次”，每个层次包含不同的内容。实战中，可把“层次”理解为“类型”，把现有每种产品类型所包含的每个要素列表展示出来（见表11-1）。

表11-1　产品类型所包含的要素列表

类型	构成要素（尽最大可能细化到具体品名）	
核心类		
形式类		
延伸类		
其他（略）		

（3）企划实战中，当对产品生命周期做出判断以后，策划方案必须根据所要进入市场产品生命周期的特征对上述“构成要素”中的任何一个或几个要素做出相应的调整。同样，对上述“构成要素”中的任何一个或几个要素做出相应的调整改变以后，就意味着对该产品进行了创新或开发了新产品。

（4）产品策略及产品概念提醒企划人，在企划文案设计中，一以贯之的思想是：企业销售的不仅仅是产品本身，而是它能带给顾客的好处或利益。而好处或利益是多种多样的。这样，问题的重点就聚焦在：此产品能带给顾客什么好处？此产品如何使顾客避免损失？此产品能帮助顾客解决什么问题？此产品能满足顾客什么需要？此产品能带给顾客心理上的何种满足等问题。

（5）企业应该卖什么？问题很简单，但并不是所有企业主都能给出准确的答案。调查一下身边的企业界朋友，答案可能会令你大失所望。所以，企划者要帮助企业主在理念上实现突破。企业主实现不了理念突破，企划后果就不会乐观。企划人必须要拿出时间与企业主交流，让企业主认识到，企业不应该是只卖产品，而应该是卖产品之外的东西。这是与对手错位营销的不二法则。企业不是卖衣服，而是卖“流行、吸引力、设计、风度、潇洒、时髦”；不是卖家具，而是卖“舒适、整洁、享乐的家庭生活”；不是卖工具、机械，而是卖“产量、效率、质量、利润”；不是卖地毯，而是卖“舒适、温馨、高贵、地位的象征”；顾客也不是买胶卷，甚至不是买相片——他买的是“回忆、幸福的记忆、捕捉珍贵的一瞬间并永远拥有它的能力”；不是买机油，买的是“机械保护、更长的机械寿命、更少的维修”；不是买戏票——买的是“娱乐、欣赏、享受，是逃避现实，是能够忘记外部世界两三个小时，是松弛”。只有当客户相信他的想法和需要能够得到满足时，他们才会购买。

（6）产品构成要素多而繁，不容易制造差异。要把产品最突出的优点、亮点、卖点挖掘出来，让消费者的注意力聚焦。这个发现焦点的过程，就是卖点提炼。

（7）卖点提炼的结论要与前述产品市场定位部分的理念相符。同时，产品卖点的提炼，也要和产品定价策略、通路管理策略、实效促销策略的内容相协调。

11.2 产品的卖点提炼

以下提炼方法可供参考。企划者可以根据自己产品的特点和策划，借鉴其中的某一种或某几种卖点提炼角度，创新性地进行文案的设计。

11.2.1 从产品的原料方面进行提炼

如果产品在生产原料方面有明显优势，则可以在产品卖点上进行挖掘。

【例如，河南宛西制药的“药材好，药才好”，让该公司的一些传统中药制剂焕发出生机；丽珠集团的“迪巧”钙诉求的“来自美国的精制钙”，在原料上昭示了与竞争品不同的价值】

11.2.2 从产品的工艺方面提炼

如果产品在生产工艺方面有优势，则可以从此角度进行卖点提炼。

【例如，乐百氏纯净水的“27层净化”核心概念，虽然所有的纯净水都是27层净化工艺，但是乐百氏最先挖掘出来。这一诉求充分体现了产品纯净至极的属性】

11.2.3 从产品的作用机理角度进行提炼

如果能挖掘出有特质的产品作用机理，则可以从此角度在产品卖点上进行开发。

【例如，从对产品的作用机理出发进行核心概念挖掘，“排毒养颜胶囊”属典型代表】

11.2.4 从产品的功能角度进行提炼

如果产品在功能方面有明显优势，则可在产品卖点上对此进行挖掘。

【例如，千金药业公司从功能出发提炼出了“养阴清肺糖浆”“专治干咳”的核心概念，对整个咳嗽市场进行直接切取，意图改变人们对咳嗽不加区别地选用药品的消费习惯，专治干咳】

11.2.5 从产品包装的角度进行提炼

这是具有创意挑战性的提炼角度。

【例如，酒鬼酒的包装，意在给人独特的形象，成为产品一种独特的象征物，让人们一提起酒鬼酒，那个类似布袋的包装就展现在眼前；还有哈药六厂的“蓝瓶的”，也是此道理】

11.2.6 从产品的使用方法角度进行提炼

企划者于平常处发现不平常，可能的话，应在使用方法方面制造差别优势。

【例如，白天服白片，晚上服黑片；早一粒，晚一粒】

11.2.7 从产品的价格角度进行提炼

从价格角度制造优势，需要与竞争战略和价格策略有机衔接。

【例如，家电行业的“价格屠夫”格兰仕集团成功的秘诀就是价格武器，价格一直是它永远的诉求，还有天天平价和老百姓大药房】

11.2.8 从产品的技术领先性角度进行提炼

一个含有高度技术含量的产品本身就能向人们展示它无与伦比的优越性。

【例如，伟哥】

11.2.9 从消费者心理角度进行提炼

如果可能从消费心理方面扩大自己产品的优势，则可以在产品卖点方面对此进行挖掘，这种方式带有显著的人文关怀特点，更能引起消费者的共鸣和好感。

【例如，具有“改善睡眠”功能的太太静心口服液，从目标消费者的心理需求出发，提炼出“女人40要静心”的诉求，道出了40岁渐渐进入更年期女人的心声。而千金药业妇科千金片的“有千金是福气”，则表达出一种“健康是福”的人文观念】

11.2.10 从服务方面进行提炼

从服务方面“死磕”，以扩大本产品的优势，在产品卖点上对此进行挖掘，是一种合算的选择。

【例如，真诚到永远】

11.3 FABE模式操作要点——给消费购买的天平上再添砝码

从企划的角度来说，仅仅了解产品策略是不够的。即便是对产品卖点进行了提炼，离企划落地也还有很大的距离。企划人要明白，如果现在不知道消费者的需求，将来广告、促销有多少都是白搭；如果产品的卖点不与消费者建立关联，消费者不能认识到购买该产品的好处，就是在做无用功。

FABE模式是能解决上述问题的实用价值很高的一种手段、工具，它是企划者能让客户认识到该产品的好处并有可能产生购买动作的一把钥匙。

11.3.1 梳理F（Feature，属性或特点）

本产品的属性或特点，包括产地是哪里、由什么材料制造、用什么工艺、有什么功能、有什么样的特点、是个什么样的产品、具备哪些特征、产品参数、产品数据、产品信息等。

微案例一

表 11-2　×××冰箱的属性或特点

FABE 含义	F（Feature）	A（Advantage）	B（Benefit）	E（Evidence）
	属性或特点	优势或优点	好处或利益	举证
举个例子	这款冰箱最大的特点是省电			

一个产品有很多属性或特点，不可能全部介绍给市场，而是要介绍其中的关键属性或特点。那么，哪些属性或特点是关键性的，哪些是独占性的，哪些是具有竞争优势性质的，这就需要梳理。

现实中，产品属性或特点是最熟悉的部分，企划人也会比较容易地给出带有明显产品属性特点的市场推广语言。这些产品的特征当然要告诉消费者，可是仅仅做到这一点是不够的。有不少企划方案热衷于罗列产品功能，但实际结果却不能打动消费者，为什么呢？因为他们没有继续进行下一步工作。

对属性或特点的梳理，要和前面卖点提炼的相关内容相对接。

11.3.2　延伸 A（Advantage，优势或优点）

在完成了要点 1 的属性梳理和确定之后，紧接着要对所选择的属性或特点（F）进行逻辑引发并延伸，向消费者传递这样的信息：因为该产品具有这样的属性或特点，所以它具有了【　　　　】优势或优点。该优势或优点能给消费者回答该属性究竟将发挥什么功能；或将会让消费者拥有什么样的优势或优点；或向消费者证明“购买的理由”；或告诉消费者该产品与同类产品的比较优势；或该产品有什么独特的地方。

微案例二

表 11-3　×××冰箱的优势或优点

FABE 含义	F（Feature）	A（Advantage）	B（Benefit）	E（Evidence）
	属性或特点	优势或优点	好处或利益	举证
举个例子	这款冰箱最大的特点是省电	（这样）每天只耗 0.8 度电		

企划者要深刻发掘该产品的潜质，努力找到竞争对手忽略的、没有想到的特性。当企划方案给市场一个“情理之中，意料之外”的诉求时，就会有不同的结果。

在从属性到优势的延伸过渡步骤中，通常使用的陈述语句包括：更管用、更高档、更温馨、更保险、更安全、更节省等。

11. 3. 3　带给 B（Benefit，好处或利益）

该部分的工作具有挑战性。要点 2 阐述的是产品的优势或优点，接下来要告知消费者该优势或优点会带给消费者什么样的好处或利益，帮助消费者虚拟体验这个产品。

既然消费者购买的是某种需求，企划方案强烈地向消费者传达出的信号是：消费者的这种需求正是该产品或服务本身所具有的优势或优点可以满足的。利益的陈述一定要与消费者的需求有关，否则就不是利益陈述，而只是属性陈述或优势陈述。

微案例三

表 11-4　×××冰箱的好处或利益

FABE 含义	F（Feature）	A（Advantage）	B（Benefit）	E（Evidence）
	属性或特点	优势或优点	好处或利益	举证
举个例子	这款冰箱最大的特点是省电	（这样）每天只耗 0. 8 度电	（对您来说）一个月省 36 元钱，一年省 400 多元钱，20 年能省 8000 元钱	

利益因人而异。产品的同一个优点，可能对甲是利益对乙就不一定。所以，某产品某利益的确定要与市场细分与定位关联。

11. 3. 4　列举 E（Evidence，举证）

尽管企划方案梳理了属性，延展了优势，列举了利益，但是，消费者还是会将信将疑。他们常常会有“谁这样说的?”“还有谁买过?”这样的问题。所以，要尽快消除消费者的怀疑或敏感心理，在完成要点 3 以后，企划者要有意识地用包括技术报告、顾客来信、报刊文章、照片、示范等在内的手段，通过演示、相关证明文件、品牌效应来印证前面所言真实。所有作为“证据”

的材料都应该具有足够的客观性、权威性、可靠性和可见证性。

微案例四

表 11-5　×××冰箱的举证

FABE 含义	F（Feature）	A（Advantage）	B（Benefit）	E（Evidence）
	属性或特点	优势或优点	好处或利益	举证
举例	这款冰箱最大的特点是省电	（这样）每天只耗 0.8 度电	（对您来说）一个月省 36 元钱，一年省 400 多元钱，20 年能省 8000 元钱	（您看），这是我们的专利证书，这是我们本小区的客户档案

从哪些方面举证？一般来说，硬件方面的证据可选择：权威机构认证、各类证书、技术证据、功能认证、行业排名等；软件方面的证据可选择：信誉证据、服务证据、演示证据、情感证据等。总之，要让事实说话、让数字说话、让专家说话、让荣誉说话、让客户说话、让市场说话。

12 定价策略应用制导

理论参考 市场营销学教科书的“定价策略”部分

【提示】合适的产品开发、分销以及促销播下了成功的种子，有效的定价则是收获。公司今天面临着一个残酷和多变的定价环境。经营业绩的下滑使许多公司陷入一个“定价困境”：“不能提高价格，而降低价格的压力与日俱增。”似乎各行各业的公司都在疯狂降价，而这正不断减少其利润。

降价并不总是一种好方法。不必要的降价可能会引起利润损失甚至价格战。这也可能会向消费者传递错误的信息，让他们觉得价格比品牌更重要。事实上，公司应该销售价值而不是价格。

在营销企划工作中，定价策略是企划人面临的一种最为困难的策略。企划人面临的挑战是如何寻找一个合适的价格让公司收获它创造的顾客价值从而获得适当的利润。这个问题并不难理解，但实战中却非常困难。

狭义地看，价格（price）是一种产品或服务的标价；广义地看，价格是为了换取获得和使用产品或服务的利益而支付的价值。历史上，价格是影响消费者购买的主要因素。而今天，在较贫困的国家里，较贫穷的消费群体中，或是在普通商品中，情况依然如此。不过，几十年来，非价格因素对购买者行为的影响变得越来越重要。

历史上，价格是买方和卖方讨价还价的结果。固定的价格政策——给所有顾客只定一个价——是更为现代的做法。但是，一些公司现在正在扭转固定价格趋势。他们要求企划方案中侧重于使用动态定价，也就是根据不同的个体顾客和情况制定不同的价格。

12.1 根据定价目标制定价格预决策操作要点

在市场营销组合中，价格是唯一直接产生收入的因素，其他因素都代表成本。价格也是市场营销组合策略中最富有弹性的因素。与产品特色与分销渠道约定不同，价格可以被迅速地调整。同时，价格也是许多公司主管面对的首要问题。不过，许多公司并不能处理好价格问题，一个人最普遍的问题就是公司太容易为了销售而降价，而不是对消费者说他们的产品值这个价。其他一些共同的失误包括太多的成本导向而不是顾客价值导向；定价时不考虑其他市场营销组合策略；有时候也会出现来自公司高层的、提供给顾客的贡献价值很小却定价很高的浪漫主义幼稚要求。

（1）公司是否已选定了自己的目标市场？如是，拟定与目标市场相符的价格策略；如否，重新去做确定目标市场的工作。

（2）公司是否已经完成产品市场定位？如是，检查该价格策略与市场定位是否相符；如否，重新去做市场定位的工作。

（3）公司产品策略是否已经确定？如是，检查该价格策略与产品策略是否相符；如否，重新去做产品策略工作。

（4）公司分销策略是否确定，分销渠道结构是否已经或开始搭建？检查该价格策略是否与分销策略及渠道结构相符合，渠道成员是否有合理的利润空间。

价格策略与企业追求的目标相一致。从要点（5）到要点（11），企划人必须逐条进行分析，从中选择一个或某几个目标前提下的价格策略。

（5）如果本定价策略是以企业生存为目的，则在特定目标层面定低价。这样做，既可以阻止其他竞争对手进入，也可以保持市场的稳定性，还可以保持经销商的忠诚和支持，最终实现短期低价促使一种产品热销。

（6）如果本定价策略是以获取理想利润为定价目标，则可以估计不同价格下的需求和成本，选择能够创造最大利润、获取最多现金和投资回报的价格水准。由于对利润的期望水平不同，利润定价目标又分为适当利润定价和最大利润定价。适当利润定价是企业对某一产品和服务的定价足以保证其达到一个既定的目标利润额或利润率。采用这种定价，一般是根据投资额规定利润率，然后计算出单位产品的利润，把它加在产品的成本上，就成为该产品的出售价格。最大利润定价就是企业期望通过制定较高的价格，以迅速获取最大利润的定价目标。采用这种定价的条件之一是，产品多处于绝对有利的地位。

（7）如果企业以扩大销售为定价目标，则应将定价目标主要着眼于产品销售量的扩大，此时就不应将利润目标定得太高，而是要通过市场能够接受的价格迅速打开市场。如果是在产品的成熟期乃至衰退期，为了迅速清偿出货，进行产品结构的变换，可以以能促进市场销售的价格策略来吸引广大消费者。

(8) 如果企业以市场占有率为定价目标，想要获得市场占有率的领先定位，为了成为市场占有率领先者，可以尽可能制定低价格。

(9) 如果企业以质量领先为定价目标，获得产品质量领先地位，就要制定高价格，补偿高品质和研发的成本支出。

(10) 如果企业以改善形象为定价目标，把价格作为确定企业特定形象的表现手段，那么，企业就要向消费者提供与其价值协调的服务，以期在消费者心目中树立诚实可信的形象。

(11) 如果企业通过服从竞争需要来制定价格，那么，力量较弱的企业就可以采用与竞争者的价格相同或略低于竞争者价格出售产品的方法；力量较强又要寻求市场占有率的企业，可采用低于竞争者出售产品的方法；资历雄厚并拥有特殊技术或产品品质优良或能为消费者提供较多服务的企业，可采用高于竞争者的价格出售产品的方法。

要点 (5) 到要点 (11) 中，定价目标应该集中不易分散。然后，根据定价目标做出高价或低价或其他水准的价格预决策。

12.2 根据市场营销组合策略进行价格预决策要点

(1) 价格是公司实现市场营销目标时所使用的市场营销组合策略中的一个因素，其他相关市场营销组合策略也会影响定价策略。

(2) 公司常常根据价格为产品定位，然后确定其他市场营销组合策略，此时，价格成为产品市场定位的主要因素。

(3) 有时候，一些公司不强调价格，而使用其他市场营销组合工具形成一种非价格定位。在这种情况下，最好的策略不是追寻最低的价格，而是以差异化营销获取较高的定价。

(4) 企划人必须考虑市场营销组合的整体策略。如果产品实施非价格定位，质量、促销和分销方面的决策对价格的影响就很大；如果价格是定位的主要因素，价格就会对其他市场营销组合因素有很大的影响。但是，即使价格是主要因素，营销人员也要记住，客户不是单单在意价格，而是根据所付价格，寻找带来最大收益的产品。

12.3 在定价预决策时需要考虑的其他因素操作要点

12.3.1 企划决策必须仔细地关注其成本

如果公司的生产和销售成本比竞争对手高，公司必须制定较高的价格或接受较低的利润，以使自己处于有利的竞争地位。

12.3.2 组织考虑

管理部门必须决定组织内部由谁来决定价格。公司定价的方式有多种，在小公司里，价格是由最高管理层而不是由营销部门决定，在大公司，价格一般由分部经理或产品线经理确定。在产业市场上，推销员被获准在一定价格范围内和客户还价。尽管如此，高层领导常常设立定价目标和政策，批准由下级或销售人员提出的价格。

在那些定价是一个关键因素的领域，如航空、铁路等，公司常有一个定价部门制定价格或帮助其他部门制定价格，这个部门要向最高管理层汇报。

12.3.3 市场与需求

成本决定价格的下限，市场和需求决定了价格的上限。消费者要在产品价格和产品能带来的利益之间进行比较。因此，在制定价格之前，企划者必须懂得价格和产品需求之间的关系。

（1）如果是完全竞争市场，购买者和销售者交换同质的商品，市场上的买卖双方对于商品的价格均不能产生任何影响力。在此种市场上，买卖双方都只是价格的接受者，而不是价格的决定者。如果价格和利润上升，新的销售者可以很容易地进入市场。在一个完全竞争的市场里，市场营销研究、产品开发、定价、广告和营销推广的作用很小或干脆不起作用。

（2）如果是完全垄断市场，市场上只有一个销售者，垄断企业有完全自由的定价权力，则可以通过垄断价格获得高额利润。

（3）如果是垄断竞争市场，市场上有许多的销售者和购买者，他们的交易价格在一定范围内有多种，而不是一种，价格的不同与销售者产品和服务的差异有关，或是产品的质量、特征、式样不同，或是公司的服务不同。购买者可以看到产品和服务的差别，并愿意付不同的价格来购买。因为有许多公司参与竞争，各家公司受竞争对手定价策略影响的程度要低于寡头市场。

12.3.4 消费者对价格和价值的看法

消费者会衡量产品的价格是否合适。定价决策像其他市场决策一样，必须要以顾客为导向。当消费者购买一个产品时，便完成了产品价值和使用价值的交换。有效的顾客导向定价策略，能够反映消费者所获得的利益价值，并使价格和价值一致。

公司常常发现很难测量顾客感知到的市场价值。例如，计算在高档宾馆里住宿一天的成本是很容易的事情，但如果估计对环境、氛围、休闲、服务的满意程度就比较难。这些价值根据不同的情况和不同的消费者会有所变化。顾客还会用这些价值来评估产品的价格。如果顾客认为价格高于产品价值，他们就不会购买，反之亦然。

12.3.5 公司制定的每种价格都可能导致不同水平的需求

产品的最高价格取决于产品的市场需求，而需求又受价格与收入等的影响。研究需求有必要了解需求弹性的要领。任何一本教科书都会讲述弹性系数之类的专用术语。

12.3.6 公司制定价格时考虑外部环境因素的操作要点

公司制定价格时，还要考虑外部环境因素的操作要点，请参考营销环境及其评估部分。

微案例

合理的价格提示

将标价和过去的价格、竞争品牌的价格以及其他店内同类产品的价格进行比较，通过有意或无意的方式，零售商给顾客提供信号（或者说价格提示），告诉他们一个给定的价格相对来说是高还是低。

（1）善用销售信号

多数直接零售价格提示是销售信号，它可能采取以下几种常见的形式："热卖！""降价！""最新低价！""折扣价！"或者"现在两件只要……！"这种信号在提供给消费者低价信息和提高零售商的销售方面非常有效。研究者对零售店和邮购目录的研究显示，在标价旁边注上"热卖"的字样（即使没有实际价格比较）能使需求增加50%多。

销售信号很有效，使用过度和滥用现象破坏了销售商的诚信，也影响了其业绩。不幸的是，一些零售商总是不能正确地使用这种信号。消费者为什么相信销售信号？“因为它们多数时候是准确的，”研究者说，“而且顾客不是容易欺骗的。”当销售信号使用不当时，他们很快就会产生怀疑。

（2）尾数为9的定价法

像销售信号一样，尾数为9的定价常常是便宜的象征，你到处都能看到这样的价格。例如，浏览塔吉特、百思买（BestBuy）这样的折扣商的网站，几乎找不到一个不是以9为尾数的价格。（真的，你可以试一下！）“事实上，这种定价策略太普遍了，”研究者说，“你认为顾客会忽视它，再想想，对这种价格暗示的反应是很明显的。”一般来讲，当价格上涨的时候你对该商品的需求会降低。然而在一项对女装的研究中发现，当一件衣服的价格从34美元涨到39美元时，这件衣服的需求增加了1/3。比较起来，价格从34美元涨到44美元时，需求则基本没有变化。

但是尾数为9的价格作为价格提示是否准确呢？“答案不止一个。”研究者回答，“有些零售商确实为那些打折的商品预备了尾数为9的价格，例如，J. Crew和Ralph Lauren一般使用00美分作为正常价格商品的尾数，而以99美分作为折扣商品的价格尾数。主要百货商店中的价格比较显示，这是一种常见的形式，尤其在服装业更是如此。但是在有些商店，尾数为9的价格是一种滥用——它们被用在所有商品上，不管这个商品是否打折。”

（3）路标价格（或者叫损失引导者价格）

和销售信号或者尾数为9的定价不同，路标价格经常被用在那些消费者很容易知道准确价格水平的商品上。例如，当你看到一包12瓶包装的可口可乐时，你可能知道它的合适价格。新父母通常知道应该为一次性尿布支付多少钱。研究表明，顾客用这种“路标”商品的价格来衡量一个商店的总体价格水平。如果一家商店的可口可乐、帮宝适或者汰渍有着合理的价格，那么他们就会认为，这家店的其他商品价格也应该比较合理。

零售商很早就知道路标价格的重要性，常把它称为“损失引导者价格”。他们经常将所选的“路标”商品以等于甚至低于成本的价格出售，以吸引消费者光顾商店，希望在购物者其他的购买行为中赚钱。例如，百思买经常以低于批发价若干美元的价格销售最近发行的DVD光盘，顾客确实能得到实惠的交易。尽管百思买在光盘销售上有一定的损失，但是光盘的低价增加了商店的顾客流量和高利润商品的购买量，如DVD播放机。

（4）价格比较保证

另一种广泛使用的零售价格提示是价格比较，即商店承诺比任何竞争者的价格都要低。例如百思买声称："我们保证低于或等于任何本地竞争对手的价格!"如果你在30天内发现你在百思买购买的商品在别处有更低的价格，零售商会退还价格差，再加上10%的价格补偿。新英格兰的一家消费电器零售商Tweeter甚至提供自我实施式的价格比较政策。当Tweeter发现竞争对手更低的价格后，会给前30天内在Tweeter支付较高价格的所有顾客邮寄一张差额支票。

证据显示，顾客认为提供价格比较保证的商店比竞争对手整体上具有更低的价格，尤其是在那些他们认为价格比较相对容易的市场。但是这种感觉是否正确?"证据是相互矛盾的。"研究者说。消费者通常相信自己用最低的价格买到了合适的商品。但是，一些制造商通过引进"品牌差异"使得价格比较政策的优势难以发挥——将细微差别的产品以不同的型号给不同的零售商。研究者指出："当Tweeter引进它的高效率的自动价格比较政策时，只有6%的交易真正符合赔偿的条件。"从更广的层次上来讲，一些定价专家认为价格比较政策实际上不是以顾客为对象的。相反，他们更像是一种对竞争者的警告："如果你降价，我们也会。"如果这是真的，那么价格比较政策实际上也许减少了价格竞争，从而导致整体价格的偏高。

（5）注意你的价格提示

价格提示如果利用得当，对消费者会很有帮助。仔细的购物者确实可以利用销售信号、尾数为9、损失引导者价格和价格保证这些价格提示来定位合适的交易。但是，如果使用不当，这些价格提示就会误导消费者，毁掉一个品牌或者破坏顾客关系。

13 通路管理应用制导

理论参考 市场营销学教科书的“分销策略”部分

【提示】实战中习惯把分销渠道管理称作通路管理。本书把分析的重点放在消费品的通路管理问题上。即便是在电子商务发达、网店销售方兴未艾的今天，一些规模化的企业也依然离不开“陆地”上的通路。很少有制造商会单独依靠直销的方式直接将它们的商品卖给终端客户，相反，大多数情况下企业会通过“中介”在市场上销售产品，逐步建立起顺畅的通路。为企业设计科学、合理、高效、创新的通路及通路体系，是企划人员不能回避的一项重要内容。

销售的构成极其复杂，但由于它具有强有力的执行能力，能够帮助企业把商品转移到消费者手里，弥合产品、服务与其使用者之间的缺口，因此通路对所有的企业来说都是不可缺少的。不过，现实生活中有些公司常常不怎么注意通路问题，因此，有时会带来破坏性的后果。相反，许多公司使用了创造性的通路系统获得了竞争优势。

13.1 通路方案设计前的预热动作要点

在市场营销学教科书中，分销策略与产品策略、定价策略、促销策略被并称为营销组合。像销售促进动作设计一样，在营销企划实战中，四者的地位不可等同视之，也就是说，仅有适销的产品、适当的价格、足够的促销策略是远远不够的，还必须通过构建通路，才能将产品或服务送到消费者手中，实现理想的销售。

在设计通路方案之前，企划人需要对以下问题进行抉择：

（1）该企业所处的行业为何；该行业所决定的通路特点如何；

（2）该企业是新建通路还是改造原有通路；如果是后者，该企业现有通路的价值评价结果如何；

（3）该企业的实力如何、影响力如何，企业是否具有能支撑其做局部市场抑或是做全国市场或更大广度市场的能力；

（4）与该企业的市场定位、品牌形象相适应的通路特征如何；

（5）该企业的生命周期处在哪个阶段，逻辑上应该选择哪种与此相适应的通路方式；

（6）该企业在市场上的市场占有率如何，市场地位如何，实力排位如何，行业影响力如何；

（7）企业决策者布局市场的战略规划如何，是渗透式占领市场还是突进式占领市场；

（8）企业人力资源状况如何；

（9）行业内竞争对手采用何种通路方式；

（10）企业差异化营销战略是否包含了通路差异化的内容；

（11）企业决策者对通路创新的意识和胆识如何；

（12）高科技、大数据、智能化对本行业的通路有无影响；

（13）本行业消费需求变化对未来通路发展趋势的影响如何；

（14）影响本通路设计的市场因素状况如何，包括市场规模、市场在地理上的分散程度、市场的主要购买方式；

（15）影响本通路设计的产品因素状况如何，包括产品的价值和重量、产品的耐腐性、产品标准化程度、单位产品的价值、产品的技术特性、产品的创新程度；

（16）影响本通路设计的公司其他因素状况如何，包括公司的基本目标和政策、管理的专业水平；

（17）影响本通路设计的中间商因素状况如何，包括中间商的能力、利用中间商所花费的成本、中间商的服务能力；

（18）对市场特点、企业实力、产品性质、企业追求等因素综合考虑，拟定选用直接通路还是间接通路抑或是两者并用的方案。如果两者并用，则要确定以哪种为主。

在设计通路方案的时候，如果以上问题（不限于）不能确定，或模棱两可，就不要先急于设计方案，而是要和决策者深入沟通，取得共识。否则，强行设计出来的通路方案，是低效的，也是不可行的。

13.2 通路管控方式分析与选择的动作要点

13.2.1 松散联系的通路形式

这种通路形式由独立的生产企业、批发商、零售商等组成。在这种通路网络系统中，生产企业与中间商及各中间商之间联系松散，没有一个渠道成员能控制其他成员，他们从各自的利益角度出发讨价还价，互不相让。在这种通路形式中，制造商、批发商和零售商为了自己的利益松散地走在一起，相互之间进行不亲密的讨价还价，对于销售条件各执己见，互不相让，各行其是。企划人要对以下问题做出判断和评价：

（1）市场开发刚起步，没有通路资源可以利用；

（2）企业规模比较小，实力不济，也没有影响力；

（3）产品同质化程度高；

（4）产品科技含量和差异化程度低，对中间商没有吸引力；

（5）企业通路创新方面的能力缺失，人力资源匮乏。

如果企业具备以上特征中的某一点或某几点，则说明该企业在通路问题上缺乏话语权。尽管这种以松散联系为特征的通路形式基础比较脆弱，一旦某一方利益受到损害，整个通路网络就会随之破裂，存在不少缺点，但是，企业也需要退而求其次，选择该方式是不得已而为之的无奈之举。

反之，如果以专业化管理和集中执行为特征，事先规定要达到的经营规格和最高市场效果，并且企业有能力以一定方式将通路中的相关环节成员联合起来，采取共同目标下的协调行动，以提高分销活动的整体效益，则选择以下通路形式就是明智之举。

13.2.2 契约型纵向联系形式

企划人要对以下问题做出判断和评判：

（1）不同层次的独立生产商和中间商，能否为了谋求单独经营所达不到的分销效果，而愿意以契约的形式结成联合体。

微案例一

福特汽车公司、麦当劳公司（饮食公司）、肯德基炸鸡公司（饮食公司)、艾维斯·荷尔兹汽车出租公司、罗玛达旅店（汽车旅客旅馆业）等素享盛名的大制造商、大饮食公司、服务公司和一些独立零售商签订合同，授予经营其流行商标的产品或服务项目的特许权。可口可乐公司（清凉饮料制造商）与某些“装瓶者”（即批发商）签订合同，授予其在某一地区分装和向广大零售商发运可口可乐的特许权。

（2）通路系统中各环节的成员是否均能以契约的形式，共同为通路系统整体利益的实现承担相应的义务，采取统一行动。

微案例二

德国的自愿连锁，由一个独立批发商和一群独立中小零售商组成；英国、比利时的自愿连锁，由一个或一个以上的独立批发商和一群独立中小零售商组成。这些独立批发商为了和大制造商、大零售商竞争，维护自己的利益，帮助与其有业务往来的一群独立中小零售商组成自愿连锁，统一进货，推销批发商经营的商品。

微案例三

荷兰中小零售商组成“采购联营组织”，直接向国外订购货物，并有自己的仓库，形成中小零售商联合经营进口批发机构；瑞典的ICA是由5000多家零售商联合形成经营性的批发机构。

（3）各成员之间保持着某种形式的长期合作关系，但每个成员具有仍能保持相对独立经济实力的能力。

如果上述条件都能满足，那么，相对于松散联系的通路方式而言，这种契约型方式便是一种可以优先考虑的方案。

13.2.3 紧密型纵向一体化通路形式

企业人对以下问题做出评估和判断：

（1）如果企业有实力和能力拥有和统一管理若干工厂、批发机构、零售机构等，控制通路的若干层次，甚至整个通路系统，综合经营生产、批发、零售业务，即可实现自营通路系统，直接向市场销售产品。

微案例四

美国胜家公司，在美国各地设有缝纫机商店，自产自销并经营教授缝纫等服务项目。

微案例五

美国火石轮胎和橡胶公司，在利比里亚拥有橡胶种植园，在美国橡胶工业中心俄亥俄州阿光伦拥有轮胎工厂，其下属的批发机构和零售机构遍布全美国。

（2）企业有能力联合分销系统、制造商同中间商联合，共同投资建立统一的产销联合体，负责商品的产销活动。

如果企业符合上述两种特征中的任何一个，就可以判断企业有能力以自营、延伸、兼并等方式建立统一的产销联合体，使其具有生产和营销的全部功能，从而实现对分销活动的全面控制，那么，就可以考虑这种紧密型纵向一体化通路。

（3）管理式纵向联合通路系统。如果该企业是一家实力强、声誉高、管理先进、影响力大的企业（通常是生产商），能够组织、管理、协调产销各环节的关系，且大量中间商自愿参加，那么无疑，这种形式的杀伤力最强。

微案例六

宝洁公司麾下聚集着众多中间商，中间商乐意与其通力合作，并在商品陈列、广告宣传和定价等方面接受宝洁的指导、安排。

温馨提示：纵向联合并不一定以制造商为主体形式，一些大型商业企业也往往会通过生产领域渗透而建立起各种形式的产销联合体。

微案例七

西尔斯公司出售的商品中，有50%来自它拥有股权的制造厂；假日旅馆正在形成一个自我供应的网络，包括地毯厂、家具制造厂，以及大量为其所控制的再分销机构。

13.2.4 横向联合的通路形式

企划人对以下问题做出评估和判断：

（1）有可能进入该通路系统的企业都有自己的通路网络；

（2）各企业都有各自不同的分销技术优势；

（3）联合可实现资源共享，扩大各企业产品的市场覆盖面；

（4）联合能在一定程度上减少各自在分销渠道方面的投资，并降低各自的经营风险，提高分销活动的整体效益。

具有以上特征的企业，可以横向联合两个或两个以上的相关企业开发共同的分销渠道。为了共同开发一个市场机会，各有关企业联合起来，共同实施有助于抓住这一市场机会的通路策略，叫暂时的松散型联合；集中各有关企业在分销方面的相对优势，建立同时为各有关企业开展分销活动的销售公司，叫长期固定型联合。

微案例八

美国百万市场报纸公司是为 5 家报纸实施分销业务，并为它们所共有的销售公司。

微案例九

美国克拉夫特食品公司为了实现战略计划，积极改善产品包装，在销售促进、库存供应、定价、商品陈列、购销业务等问题上与零售商协商一致，或予以帮助和指导。

企划方案中通路形式的选择，可以在以上几种方式中选择某一种，也可以在一个或几个市场同时使用两种或两种以上的通路形式。现代企业越来越多地采用复式通路策略，因为这种复式形式可以迅速扩大市场面，提高竞争力，需要注意的是，如果协调不好，也可能加剧不同通路之间的竞争，造成混乱。

13.3 “长与短”“宽与窄”通路选择的动作要点

在通路设计中，是选择分销过程中经过两个或两个以上中间环节的“长”

通路方案，还是选用一个中间环节或直接销售产品的“短”通路方案；是选择在分销过程中使用同类中间商较多、分销面较大的“宽”通路方案，还是选择企业分销过程中使用同类中间商很少、分销面狭小甚至一个地区只由一个中间商独家销售的“窄”通路方案，这是一个很关键的环节。评估要点如下：

（1）单位产品价格高的商品，宜采用短通路，尽量减少流通环节，降低流通费用，而单位产品价格低的商品，则宜采用较长和较宽的分销渠道，以方便消费者购买。

（2）重量和体积直接影响运输和储存费用。因此，对于体积和重量较大的商品，宜采用短渠道，以减少商品损失，节约储运费用；体积和重量较小的商品，可采用较长通路。

（3）产品的时尚性。对于时尚性强、款式花色变化快的商品，应选用短通路，以免商品过时；而款式花色变化较小的商品，通路则可长一些。

（4）产品本身的物理化学性质。凡是易腐、易毁商品，如鲜活商品、陶瓷制品、玻璃制品及有效期短的商品，如食品、药品等，应尽可能选择短而宽的渠道，以保持产品新鲜，减小腐坏损失。

（5）产品的技术服务要求。技术复杂、售后服务要求高的商品，宜采用短渠道，由企业自销或由专业代理商销售，以便提供周到的服务。相反，技术服务要求低的商品，则可选择长渠道。

（6）产品的通用性。通用产品由于产量大、使用面广，分销渠道一般较长、较宽；定制产品由于具有特殊要求，最好由企业直接销售。

（7）产品所处的生命周期阶段。产品处于生命周期的不同阶段，对分销渠道的要求也不同。处于投入期的产品，其分销渠道是短而窄的，因为新产品初入市场，许多中间商往往不愿经销，生产企业不得不直接销售；处于成长期和成熟期的产品，消费需求迅速扩大，生产者要提高市场占有率，就要选择长而宽的渠道，扩大产品覆盖面。

（8）市场范围大的商品，消费者地区分布较广泛，企业不可能直接销售，因而渠道较长、较宽；若目标市场范围较小，则可采用短渠道。

（9）市场比较集中的产品，可采用短渠道；若顾客比较分散，则需要更多地发挥中间商的分销功能，采用较宽、较长的渠道。

（10）每次销售批量大的商品，交易次数频繁，则需要采用较长、较宽的渠道。

（11）消费品中的便利品，消费者要求购买方便，随时随地都能买到，因此需要通过众多中间商销售产品，渠道长而宽；消费品中的特殊品，消费者习惯上愿意花较多的时间和精力去挑选，生产者一般只通过少数几个精心选择的中间商销售其产品，因此渠道窄而短。

（12）季节性商品由于时间性强，要求供货快销售也快，因此应充分利用中间商进行销售，渠道相应地就宽一些。

（13）出于市场竞争的需要，企业有时会选择与竞争对手相同的分销渠道。因为消费者购买某些商品，往往要在不同品牌、不同价格的商品之间进行比较、挑选，这些商品的生产者就不得不采用竞争者所使用的分销渠道；有时则应避免“正面交锋”，选择与竞争对手不同的分销渠道。

（14）市场繁荣、需求上升时，生产者应考虑缩小其分销渠道，而在经济萧条、需求下降时，则需减少流通环节。

（15）企业规模大、声誉高、资金雄厚、销售力量强，具备管理销售业务的经验和能力，在渠道选择上主动权就大，甚至可以建立自己的销售机构，渠道就短一些，反之就要更多地依靠中间商进行销售。

（16）企业市场营销经验丰富，则可考虑较短的分销渠道。反之，缺乏营销管理能力及经验的企业，就只有依靠中间商来销售。

（17）如果生产企业有能力为最终消费者提供各项服务，如安装、调试、维修及操作服务等，则可取消一些中间环节，采用短渠道。如果服务能力有限，则应充分发挥中间商的作用。

（18）企业控制分销渠道的意愿各不相同。有的企业希望控制分销渠道，以便有效控制商品价格和进行宣传促销，因而倾向于选择短渠道；而有些企业则无意控制分销渠道，因此采用宽而长的渠道。

（19）国家有关商品流通的政策法令也限制了分销渠道的选择。如由国家或主管部门实行严格控制的产品、专卖性产品，其分销渠道的选择必然要受到制约。

无论是创建通路还是对原有的通路进行变更，企划者都必须把公司的通路设计目标设置出来，将达到的目标与执行的各项任务（一般包括购买、销售、沟通、运输、储存、承担风险等）明确列示出来。这比言传意会更有效。

13.4 通路区域划分动作要点

新企业在开始经营时，一般是在有限的市场上进行销售，随着时间的推移，一旦经营成功，就可能会向其他市场扩展，此时的销售渠道就要随之调整。企业需要对产品进入的城市和区域进行合理划分，以便根据城市的级别配置相应的销售人员和中间商的类型和数量。

区域市场的划分动作要点：

（1）市场区域的划分，要与通路策略、通路高效、管理需要以及与整体的组织机构设置要求相一致。

（2）根据行政区划，可以把中国市场划分为华北大区、西北大区、东北大区、华东大区、西南大区、华中大区、华南大区。也可以在实操过程中根据管理的需要进行调整，并非一定要严格按照行政区划进行划分。

（3）在大区之下，按直辖市、省（自治区）划分，并通常在省会设立省级公司或办事处。

（4）省级以下，可根据具体情况，按照必需和必要原则，划分地市、县域与乡镇等，并建立相应的管理机构，配置相应的人力、物力资源。

（5）根据人口数（指常住与流动人口数的总和）、居民年人均的消费单位数及目标产品品类的整体市场销售额指标将城市划分为：

a. 甲区（人口多，人均消费量大、市场大，发达的大城市）；

b. 乙区（人口少，人均消费量大、市场中，发达的小城市/县）；

c. 丙区（人口多，人均消费量小、市场中，不发达的大城市）；

d. 丁区（人口少，人均消费量小、市场小，不发达的小城市/县）。

（6）根据划分区域和分工，确定每个市场区域的经销商层级如何构建，每个区域每个层级选择多少经销商等。

13.5 通路成员选择动作要点

当企业把产品和市场交给一个经销商后，也就等于把自己的前途和命运交给了经销商。如果企业选择了一个好的经销商，产品占领市场就有了极大的保证，销售工作也会变得比较顺畅，管理工作也会变得比较容易；如果企业选择了一个不好的经销商，就大大增加了销售的风险性，不仅市场很难打开，而且经销商会给企业造成很多的麻烦，如倾销、串货、欠款不还等。

选择经销商是一个决定企业产品能否占领市场的重要一环，所以企业不可掉以轻心。

企业在选择经销商时，要确定好自己的标准，然后按照标准来选择。企业选择经销商的标准包括经销商的销售能力和合作意愿两方面，具体操作要点如下：

13.5.1 经销商的销售网络能否覆盖目标市场

（1）经销商在目标市场是否拥有其销售通路（如是否有分店、分公司、会员单位或忠诚的二级分销商）；

（2）是否在目标市场拥有销售场所（如店铺、营业机构）；

（3）如果暂时没有，是否具备布点能力。

13.5.2 经销商的经营实力如何

（1）经销商商品吞吐的绝对规模有多大，相对于最大竞争对手的相对规模有多大；

（2）经销商在市场开发的投入能量上有多少潜力。

13.5.3 经销商的内部管理水平如何

（1）管理是否井井有条；

（2）是否杂乱无章；

（3）分工是否明确；

（4）制度是否健全。

13.5.4 评估经销商的道德水准和信誉能力

（1）是否信守合同；

（2）尤其是能否如约归还货款及货物；

（3）是否有优质的售前、售中、售后服务，以满足消费者的多种需要。

13.5.5 经销商是否有经销该产品的历史和成功经验

13.5.6 评判经销商与厂家的合作意愿

（1）是否认同产品，重视产品；

（2）是否与公司拥有共同愿望和共同抱负原则。

微案例

穗宝公司经销商选择评价实操方法

表 13-1 穗宝公司经销商选择评价实操方法

评判指标		10 分制打分
合作吸引力	经销商发展意识	急于发展，有学习习惯，已有一定理念，自己投资开始促销、物流扩张、铺货、广告、服务工作
	合作意愿	在合作条款及前期市场开发投放等问题上合作意向真挚并认真讨论；主动维护市场销售秩序；有忠诚度
	剔除竞品的意愿	把主要竞品剔除出同一卖场的意愿十分积极
	在当地的口碑	其他厂家销售代表对其评价很好，不经营假冒伪劣产品、不赖账
	当地的知名度	调查相关群体，其知晓率达 90%以上
	同类产品品牌数	在该经销商经营的产品中，该类品牌的数量不超过（　　）种
	品类占比	产品占其经营产品的比率（品种、销售量或销售额）
	服务态度	对客户不仅送货，而且是订货、送货、陈列、库存、客服一条龙服务
	对当地市场及自身的熟悉程度	对当地的市场规模、行政区划、基础资料、市场特点有较好的理性认识；不是凭感觉进、销、存
企业业务实力	销售额	销售额在你分析的市场区域或经销商类别中名列前茅
	销售增长率	比上期相比，市场销售增长率超过 10%
	本品经营面积	经销商经销产品的经营面积超过（　　）平方米
	管理能力	对营业员管理有方
	客情关系	客情关系良好；在人员、车辆等方面保证给客户提供稳定的服务
	售点气氛	卖场人气足
	在当地排位	同业中销售量在当地排位前 5 名
	覆盖市场区域	在所负责的市场区域内没有死角和空白
	物流管理水平	有无库房管理制度；由于其原因造成的断货、过期、破损、丢货等每年不超过 2 次
	企业自身促销力	年度自身促销投入不少于（　　）

13. 6 通路成员激励动作要点

13. 6. 1 奖项设置操作要点

厂家对经销商的奖励有物质的和精神的两种，如奖金、奖品、锦旗、奖杯、奖状、旅游活动等，奖励对象包括经销商及其店员。根据评奖基准的不同，可以参考设置的奖励包括：

（1）目标奖：经销商完成企业设定的销售目标后得到的物质奖励。

（2）成长奖：销售业绩与上年同期相比增长一定幅度后给予的一定比例的奖金。

（3）专售奖：经销商不销售同类竞品，专门销售本企业产品应得到的奖励。

（4）抵押奖：经销商按企业规定交付抵押金后而给予一定的价格优惠。

（5）热心奖：经销商积极参加各种培训和联谊活动，企业给予一定的嘉奖。

（6）合作奖：依据经销商的铺货情况而给予的一种奖励。

（7）付款奖：企业依据经销商的回款及时情况给予一定的奖励。

13.6.2 对经销商进行综合评价

进行奖励的操作要点如下：

（1）销售额增长：比上年的销售额增长情况（结合市场成长状况，本公司商品的平均增长情况来分析比较）。

（2）销售目标完成情况：经销商完成公司分配的销售目标的情况。

（3）铺货率：经销商铺货率高低，反映出该经销商的生意是否覆盖了公司所要求的目标市场。

（4）经销商占有率：本公司商品的销售额占经销商销售总额的比率。经销商如能专售本公司的产品，那是最好的。

（5）费用比率：对经销商所支出的销售费用与经销商销售本公司产品的销售额的比率（经销商在公司促销时进货，促销停，进货也停，是不良行为）。

（6）配送力度：经销商是否对批发商、零售商定期拜访，送货上门？

（7）销售品种：经销商销售的产品是包括了公司的全部产品，还是只是一部分？有的经销商只销售好销的产品，对于公司希望促销的商品、利润较高的商品、新产品，却不愿意或不积极销售。

（8）产品陈列情况：经销商陈列的种类、规格、数量是否足够？产品的陈列位置是否明显，且具有好的陈列形式、陈列面？

（9）商品库存情况：经销商是否维持合理库存？是否发生缺货、断货现象？

（10）货款回收：经销商按公司政策付款的情况如何？

（11）促销情况：经销商是否对二批商、零售商、消费者开展促销活动？

（12）促销配合力度：经销商是否在公司举办促销活动时给予支持和配合？

（13）新品推广：经销商能否积极推广公司上市的新产品？

（14）新客户：经销商能否不断开发新客户？

（15）转单服务：经销商是否有效地进行转单服务？

（16）助销品情况：经销商使用的助销品是否数量充足、品种齐全？

（17）价格执行情况：经销商能否执行公司的价格政策？

（18）守区销售：经销商是否在规定区域市场上销售，没有发生窜货现象？

（19）信息反馈：经销商能否常向公司反馈市场信息，并提出合理化建议？

（20）服务水平：经销商能否对二批商、零售商提供良好的服务？

13.6.3 进货附赠

“进货附赠”是指经销商在特定期间，购进若干数量商品，即可获得厂家赠品。“进货附赠”的奖励方式包括：

（1）进货附赠。例如，购进2箱商品，即随货赠送经销商“果汁机一台”。或是一次购进20箱，随货多赠送2箱，即一共出货22（22=20+2）箱，而只需付20箱的货款。

（2）展览附赠。例如，在特定场合展览（如经销店内），参展结束后，只要经销商愿意下订单进货，则相关的展览设备一并给予经销商。

（3）销货附赠。经销商在店头出售商品时，给消费者的赠品，如消费者一次买一箱饮料，可向经销店索取赠品玩具一只，而该赠品玩具由厂家事先向经销店提供若干个。

（4）陈列附赠。为方便经销商进货后的产品陈列，该陈列架由厂家提供。

13.6.4 商品陈列奖励

通常展示补贴或奖励常以产品在零售点所占的展示位置大小，及每一展示的平均费用作为标准，厂家再给予一定的折扣或产品补贴。

13.6.5 广告激励

针对全体经销商所做的支援活动。在特殊情况下，也可对个别的经销商进行广告补助：

（1）展示补助。经销商为生产厂家产品做特别的展示活动，由厂家支付展示补助，如花费较大成本，举办产品展示，争取销售机会。

（2）广告补助。经销商替生产厂家的产品做广告，厂家给予补助。如经销商在当地的区域性报纸上，为厂家产品做广告。

（3）特别促销补助。经销商在其广告或展示活动中，特别强调某一生产厂家的产品，而厂家给予补助。

（4）合作广告补助。当经销商进行产品宣传广告时，厂家可视双方事先的约定，针对此种“合作广告”给予补助。例如，一些生产厂家每季按进货总额的1%，支付给经销商作为广告补助费。

合作广告还包括厂家向经销商提供详细的产品技术宣传资料和设备，用来做各种宣传活动，如联合利华向经销商提供的图片、产品宣传册、海报等宣传资料，宝洁公司向经销商提供电视、音响、投影仪等设备用于宣传产品促销活动。

（5）对经销商的宣传。生产厂家在做广告时，附上经销其产品的经销商名称。其目的是告知消费大众可购买到该产品的地方。这种方式提供给经销商一个吸引顾客的方法，在新产品的上市阶段，或是开发新的经销商时，此种“列名广告”有相当大的效果。

（6）汽车宣传广告补助。厂家送给经销商的送货车，也是一个活动的产品广告载体，若能善加利用，可增加产品曝光机会。

13.6.6 销售竞赛

销售竞赛是厂家鼓励经销商在一定条件下开展竞赛，对成绩最优的经销商给予奖励的促销方法。经销商的销售竞赛有以下方式可供选择：

（1）销量竞赛。在规定时间内，各经销商销售业绩方面的竞赛，是最流行的竞赛方式。如果厂家仅以销售量的绝对数额作为基本标准的竞赛，得奖的经销商通常也就是那几家。因此，为了提高竞赛的效果，有些厂家以与上年比、与竞品比或者是以目标达成率等作为竞赛标准。销售竞赛的效果在很大程度上取决于奖励数额的多少。对经销商促销而言，销售竞赛是一种最直接而且最有效的方法。

（2）陈列竞赛。包括陈列“质的竞赛”——产品陈列的创意、陈列艺术等方面的竞赛；陈列“量的竞赛”——如何使产品陈列到货架等方面的竞赛。

（3）促销竞赛。侧重于促销手段、水平和效果方面的评价、比较。

（4）销售技术竞赛。销售量竞赛和陈列竞赛都以经销商为对象，销售技术竞赛则以经销商的销售人员为对象。销售技术竞赛既可以提高经销商销售人员的销售能力，又可沟通厂家与经销商销售人员的感情。

（5）创意竞赛。在经销商中开展对新产品的命名、功能、使用方法、促销方法等方面的竞赛。此类创意竞赛，与其说是较量创意，不如说是要使经销商的销售人员自己思考如何促进销售。

（6）服务竞赛。服务竞赛是服务水平方面的竞赛。

为促进销售而开展销售竞赛的厂家有很多，每到促销季节，各经销商的店铺就成为竞赛运动场。销售竞赛一定要符合经销商的兴趣，鼓励更多的经销商参加，如果只是少数经销商参加，竞赛活动就无法收到成效。厂家除了在经销店内张贴宣传单或标语，对每一店员发给 DM 及赠送小礼品等方法，关键是要让业务员巡回拜访各个经销商，详细说明参加竞赛的意义和方法。

销售竞赛要有广告及其他促销措施配合，才能产生乘数效应。业务员应指导各经销商争取获奖机会，借以提高经销商素质及与经销商的关系。此时业务员能否发挥指导能力至关重要。

13.6.7 培训激励

厂家对经销商进行激励，不仅要提高经销商的销售意愿，还要对经销商进行培训，以提高其销售能力。经销商培训的目的在于提高其营销水准，扩大企业产品的销售，增强经销商对企业的信任度，与经销商建立稳定、持久的战略伙伴关系。

13.6.8 赠送经销商企业刊物

企业刊物是厂家与经销商间沟通意见的工具，也是指导经销商的重要手段。通过企业刊物的联系，经销商和用户可以了解企业的新产品研究、开发及投产情况。企业也可以了解经销商和用户对企业产品的满意程度、偏好以及使用效果等最新动向，并对经销商进行经营管理方面的指导。

13.7 通路精耕工作动作要点

公司为了达到全面掌握零售终端，使产品的市场价格稳定，对市场资讯及时掌握，新品上市及时、快速铺货到位的目的，会创新性地设置相应的通路模式，架设相应的组织架构，缩短产品流通渠道，对通路客户进行精细化过程管理。

通路精耕的关键点之一是在合适的时间、合适的市场结构下，用合适的组织及终端操作方式掌控市场。通路精耕的核心内容是对通路的量化管理，强化服务，提高产品的覆盖率和流通效率。

通路精耕管理与通路粗放放任相对应。对那些具有快消、量大、面广、有保质期、经销商缺乏主动、铺货率难以增长、货流管控不力、通路层次多、价格难控制、新品推广不易等产品特征的市场来说，通路精耕无疑是必要的。

通路精耕的核心内容是对通路的量化管理，强化服务，提高产品覆盖率和流通效率。

13.7.1 通路精耕的商圈分级（城市分级）

商圈分级的目的是确定不同产品在不同区域的上市推广；把有限资源区别投入，以便更好地进行精准行销；建立有针对性的通路架构，确保合理利润；配置合理人力，实现最大效益。

微案例一

康师傅的六级商圈划分

（1）将大商圈划分为核心城市、精耕城市、外埠片区三种类型；

（2）核心城市商圈进一步划分为核心城区商圈（定为一级）、精耕城区商圈（定为二级）、准精耕城市商圈（定为三级）、区郊A级商圈（定为四级）、区郊B级商圈（定为五级）、郊区/县A级商圈（定为四级）、郊区/县B级商圈（定为五级）、郊区/县C级商圈（定为六级）；

（3）精耕城市商圈细化为精耕城区商圈（二级）、准精耕城市商圈（三级）、区郊A级商圈（四级）、区郊B级商圈（五级）；

（4）外埠片区商圈细化为准精耕城市商圈（三级）、外埠A级商圈（四级)、外埠 B 级商圈（五级)、外埠 C 级商圈（六级)、外埠 D 级商圈（七级)；

(5) 依据商圈分级及客户规模，划分客户经营模式，制定不同的销售目标。

13.7.2 通路精耕的区域划分

通路精耕区域划分并不意味着呆板和教条，而是要随机调整。

微案例二

康师傅通路精耕的区域划分

(1) 某些核心城市行政区域相对较散，会被一些特定地理/地貌（如江/河）切割，这类核心城市之核心城区可切割成几个精耕城区经营，如重庆市。

(2) 如某核心城市下辖之县级市相对发达，距离很近，可采用分成几个精耕城市或下辖几个核心城区连成一个大的核心城区经营，如泉州市下辖泉州晋江市、石狮市。

(3) 如地级市下辖为乡镇（如东莞），如几个镇够规模连在一起，也可以变成核心城区模式经营。

(4) 核心城市下的准精耕城市（县为最多)，多为短期过渡。如规模变大升级后，就会被切割成精耕城区+城郊模式经营。

13.7.3 通路精耕的通路普查

这是收集、汇总、评估和分析一个区域在某一时间段内通路资料和数据的全部过程，目的是为实施营业架构发展规划与人力配置提供依据。

包括：售点名称、地址，店主名称，细分形态，营业面积，货架数量，本月销量，月均销量等。

13.7.4 通路精耕的人力布建

根据通路精耕要求，确定人员配备比，以确保人工高效。例如，依据通路复杂程度和人力实际状况，确定士多组长管理 6~10 名业代，其他组长管理 5~8 名业代；例如，设立机动组，设置机动组长/机动业代（1∶5~8)，以利于人员请假/离职时快速补位，持续对通路服务；城区组 10 名业代以下的组架设1名机动业代；10名业代以上的组，每10名业代架设1名机动业代（如机动业代不足5人则不编列组长，由所属组长直接管理）等。

13.7.5 通路精耕的拜访路线与频次（略）

13.7.6 通路精耕的工作内容量化（参见销售动作制导部分）

13.8 卖场陈列动作要点（以强生为例）

13.8.1 卖场陈列实操要点

（1）选择和构建一个通道宽敞、品类齐全的产品销售区域；

（2）有明显的销售区域指示标识；

（3）该标识在门店各处都清晰可见；

（4）产品销售区域靠近连带性强的其他类产品销售区；

（5）所有品类集中陈列。

13.8.2 品类间清晰划分实操要点

（1）靠近高客流通道，以吸引客流；

（2）相邻品类要有高关联性，以便于购物者找到相应的区域和货架。

（3）根据品类使用习惯及顺序进行货架陈列，简化顾客的选择过程；

（4）货架陈列应相对集中在一个区域内，以便给消费者带来最大购物便利；

（5）争取在本区外区域进行产品陈列，拦截和抓住部分冲动购买者；

（6）按照购物者使用顺序及购买决策树陈列；

（7）确保在各品类区域内外都有品类指示标识。

13.8.3 让购物者易于找到品牌实操要点

（1）将优先品牌置于视线区域；

（2）产品陈列在视平线位置；

（3）主打单品陈列在热点位置；

（4）用交叉陈列吸引更多没有购买计划的顾客；

（5）增加相关品牌的可见性以减少购物者因为找不到想要的产品而失望离店的可能性。

13.8.4 产品线聚焦卖场陈列实操要点

（1）确保不同渠道提供最适合其顾客群的产品线；

（2）按不同功能陈列并提供适合的产品信息；

（3）有可能的话，可设立独立的货架；

（4）确保产品线能最大化满足消费者的购物需求。

13.8.5 促进单品产生增量的卖场陈列实操要点

（1）确保产品在货架上按照一定的价格带进行陈列；

（2）确保产品的建议零售价与品牌定位及货架上的价格带位置一致；

（3）高档产品陈列在货架的右端以强调其附加价值；

（4）价格标识要清晰；

（5）可通过单位产品的折扣来鼓励购物者购买更大包装的产品。

13.8.6 创造顾客让渡价值的卖场陈列实操要点

（1）避免不清晰和复杂的促销策略；

（2）在促销海报突出的位置登载主力产品促销信息；

（3）用明确的促销策略提供给消费者与众不同的价值；

（4）确保顾客在该门店购买产品并满意于他们的购物经历；

（5）倾听购物者的声音，根据他们的反馈做出相应改变，确保购物过程相关且有趣；

（6）时刻关注购物者的满意度。

14 销售促进应用制导

理论参考　市场营销学教科书的“促销策略”部分

基于突出重点的考量，本部分只讨论销售促进动作制导，人员推销动作制导部分留在后文阐述。本书不讨论促销策略中的广告和公共关系部分的制导问题。

14.1 销售促进方案设计前的预热动作要点

在市场营销学教科书中，促销策略与产品策略、定价策略、分销策略一起，被称为营销组合。在营销企划实战中，四者的地位不可等同视之，也就是说，仅有适销的产品、适当的价格、合理的分销渠道是远远不够的，还必须通过促销手段和方式刺激消费者的需求，才能实现理想的销售。从整合营销方面来讲，销售促进活动不应该是随意发生的事情，而应该与企业的整体营销规划相一致。例如：

（1）根据该企业的市场营销观念，该促销方式的侧重点放在哪里，是广告还是人员推销，是宣传还是公关，是营业推广还是新媒体，是单一手段还是组合手段？

（2）产品生命周期处在何种阶段，该阶段适合采用什么样的促销手段？

（3）产品的价格定位如何，适宜的促销方式是什么？

（4）产品的市场广度如何，分销体系如何，与之相适宜的促销方式如何？

（5）营销环境适合何种促销方式，该市场对大众传媒的控制程度如何，与该产品相关联的政策法令是否限制某种促销方式的应用？

销售促进活动策划的关键环节包括：促销活动主题、促销活动目标、促销活动产品、促销活动范围、促销活动对象、促销活动工具、促销活动时间、传销活动人员、促销活动整合、促销活动预算、促销活动预估等内容的具体分析和选择确定。

在以上动作没有完成、以上问题不能确定之前而设计的促销方案是没有实施意义的。

在设计促销方案的时候，如果以上问题（不限于）不能确定，或模棱两可，就不要急于设计方案，而是要和决策者深入沟通，取得共识。强行设计出来的促销方案是不可信的，更是不可操作的。

14.2 可供选择的实效促销方式举要（本部分文案中所列举的数字，仅为说明问题用）

14.2.1 赠品促销法

（1）酬谢包装。酬谢包装是以标准包装的原价格，供给比标准包装更大的包装，或以标准包装另外附加商品的方式来酬谢购买者。此种方法在食品、保健及美容品类别中广为使用。

微案例一

某品牌维生素丸，在其100粒瓶装中增加另外的25粒，但每瓶单价仍与100粒装相同。

（2）包装赠品。包装内赠品、包装上赠品、包装外赠品以及可利用包装，都属于包装赠品的促销方式，在激励消费者尝试购买方面特别有效。大多数消费品都可选择此类促销方式，配合产品特质适时使用。

微案例二

某化妆品公司优惠政策：购化妆品达某一金额的顾客，赠送精美化妆包；某香烟公司：买一条香烟附赠打火机；某速食连锁店：收集成套的玻璃杯后有奖励；某麦片厂商：于包装内附玩具或游戏式赠品；某儿童食品公司：在包装外附赠玩具、游戏式赠品或智力测验拼图。

（3）邮寄赠品。通过邮寄为消费者提供赠品或礼物。

微案例三

某公司规定：凡把已购买产品凭证（如购买发票、包装上的小标志等）寄回公司的顾客，我公司再免费邮寄赠品给顾客。

14.2.2　免费样品法

免费样品法是将产品直接送达消费者手中的一种促销方式，是指针对预期顾客，分发商品样品的活动。对新科技有关的新产品，经过示范或试用后能激起购买意愿的产品适宜使用该方式。大包装商品、易腐烂商品不宜采用该方式。

（1）直接邮寄。直接邮寄样品是将样品通过邮寄，或利用专门的快递公司和促销员，直接送到潜在消费者手中。要点是：

根据市场调查结果，确定产品对象阶层；

样品按照地址名录寄给消费者；

利用电脑资料库，将客户的习性、兴趣、品牌喜好等背景资料详加分类归档，使精确地将样品投递给目标消费者成为可能。

（2）逐户分送。将样品由专人送到消费者家中，通常通过专门的运送公司或者由专业的样品促销和直销服务公司执行。一般将样品放在门外、客户信箱内或是交给应门的消费者。

（3）定点分送及展示。直接将样品交到消费者手上，通常选用的地点为零售店、购物中心、重要街口、转运站或其他人潮汇集的公共场所内。此外，另一种较具选择性也是效果最好的做法，是挑选某商圈内的一家零售店附近进行免费样品活动，如在商场旁或购物中心内设点分送样品，以吸引消费者的兴趣。将样品分送给消费者，并同时告知有关奖励，效果会更加突出。

（4）联合或选择分送。专门营销服务公司规划了各种不同的分送样品方式，以便有效地将样品送到各个精选的目标消费者阶层手上，如新娘群、军职人员、中学生、新妈妈群或其他特定的消费群等，视具体需要将相关性强却不是竞争商品集成一个样品袋送给他们。

微案例四

某公司推出“新娘礼品袋”，在婚后立即送到新娘手中。

（5）媒体分送。将消费性商品经由大众媒体，特别是报纸、杂志，免费送给消费者。因为样品体积小而薄，附在或放入纸媒体里分送给各订户。

（6）零售点分送。在零售店内销售试用样品。厂商生产小号装产品，以低价供零售商贩卖给消费者，零售商由此获得的利润往往比销售其他竞争品高。

（7）凭折价券兑换。消费者凭邮寄或媒体分送的折价券，可到零售店兑换样品，或是将折价券寄给厂商，以换取样品。

（8）入包装分送。选择非竞争性商品来附送免费样品，此时该样品常被视为赠品。这是一种效果低但省钱的方式。

（9）免费方式延伸之 A 卡方案：比如一次充值 50 元以上，充值当天 10 元以下的消费销售免单；当天给卡充值，5 元以下的消费免单；持此卡，本公司礼品包装除外的所有制品终身享受 8.5 折优惠。

（10）免费方式延伸之 B 卡方案：比如 80 元一张卡；凭此卡消费，本公司某某包装除外的所有制品终身 8.2 折；买卡的这 80 元，可以折抵 100 元充值到卡里消费。

（11）免费方式延伸之 C 卡方案：比如本次消费 20 元以上的，赠送 4 倍于消费额面值的贵宾卡；持此卡，常年享受 8.3 折。

（12）免费方式延伸之月卡方案：210 元一张月卡；凭此卡消费，每卡每天限购××单位数量的产品；此卡只限当月使用。

（13）免费方式延伸之半价卡方案：比如本半价卡售价 88 元一张；购买卡片的当日，送××单位数量的半价券，半价券有时间限制，在一个月以内消费有效；持此卡，每周三是半价日，凭此卡吃店里所有的东西全部都是半价，但这个半价享受的折扣最高只能为 40 元；持卡人在生日的当月来消费，全部都是半价，这个半价最高限额是 150 元。

（14）免费方式延伸之亲情卡方案：比如亲情卡 68 元一张，里面有 68 元；持卡人来了以后，如果他购买任意面额的充值卡，就送××单位数量的产品给亲情卡持卡人；只要有这个卡，只要带人来充值，持卡人就可以免费消费一定数额的产品；持卡人需要购买产品时，持本卡可以享受 8.3 折，并可从卡里扣除，直到扣完为止。

14.2.3 赠品印花法

赠品印花法是指在活动期间，消费者必须收集积分点券、标签或购物凭证等这一类证明（即印花），达到某种数量时，则可兑换赠品。或是消费者必要重复多次购买某项商品，或当光顾某家商店数次之后，才得以收集成组的赠品，如餐盘、T 恤或毛巾等。

（1）零售商型印花。运用时有两种方式可供选择：

a. 零售商积分赠送。根据顾客在零售店购物的一定消费金额作为赠送的基准，当消费者收集积分券达到某种数量时，即可依赠品目录兑换赠品。

b. 零售店集点赠送。在零售店或专卖店举办的集点赠送活动，目的是吸引消费者的光顾。食品店及超市采用这种促销方式最普遍，它们经常利用成组的赠品来广泛地招揽生意，诸如以整套盘碟、炊具、珠宝首饰、草坪设备作为赠品等。

（2）厂商型印花。厂商应用印花促销时也有两种形式：

a. 厂商型集点赠送。指以厂商的立场推出积分券、折价券或其他可供证明的购物凭证等的集点赠送。这种集点促销方式，主要是厂商鼓励消费者多购买他们的产品，以收集某特定数量的点券，即可兑换不同的免费赠品，或是凭此点券再买商品时可享受折价优惠。

b. 包装集点赠送。指要求消费者必须在某一限定的时间内收集必要的标签或购物凭证并提交，方可兑换赠品。这种有时效性限制的集点赠送，比持续不断的积分赠送更受包装性商品的厂家青睐，规则是消费者可以通过购买不同的包装收集到成组的赠品，故又称包装集点赠选。选用此种方式促销，能使公司有机会建立起消费者对产品的兴趣，进而达到吸引新消费群及潜在顾客的目的。

14.2.4 折价券法

采用邮寄、附于商品或广告中赠送的方式，向潜在顾客发送小面额有价证券，持券人可凭此在购买某种商品时享受优惠。

折价券有两大类方式可供选择：

（1）零售商型折价券。零售商型折价券规定，只能在某一特定的商品或连锁店使用，通常此类型折价券由总经销或零售店策划推出，并运用在平面媒体广告或店内小传单、POP 上。零售商型折价券是零售商与厂商绝佳的合作组合，其目的在于给消费者提供动人的诱因，以吸引他们到特定的商店购买特定的商品。

（2）厂商型折价券。由产品制造商的营销人员规划和散发，通常可在各零售点兑换，并获得购买该品牌商品的折价或特价优惠。

在两种折价券中，厂商型折价券应用得更为广泛，根据散发方式的不同，主要分为 5 类。

a. 直接送给消费者的折价券。采用挨家挨户的递送，或由邮寄方式直接寄送到消费者手中。

b. 媒体发放的折价券。通过媒体发送，在报纸杂志、周末或周日附刊或其他印刷媒体上，均可经常看到中外公司各类折价券的踪迹。

c. 随商品发放的折价券。通过商品发送，以吸引消费者在下次购买时享受优惠。

d. 特殊渠道发放的折价券。将折价券印在收银机列出的发票背面、商店的购物袋上、蛋盒上、冷冻食品包装袋上、街头促销宣传单上等各个可利用之处。

e. 通过网络途径发放折价券。通过网络让顾客直接下载自己需要的电子版折价券。

14.2.5 折扣优惠法

其实就是调低商品售价，即减低利润以优惠顾客。此种促销方式因最能与竞争品牌的价格相抗衡而深受大多数厂商的喜爱。

（1）消费者减价优惠。又称商品特卖，是指零售店在特定期间将特定的商品于特定的市场，将特定数量以特别低廉的价格，向消费者出售的活动。

（2）经销商折扣。对经销商实行的折扣方式通常是在限定期间，给中间商以正常购买折扣更大的特价折让。零售商或中间商可能会受到约束，要履行特定的行为，如比平常增加购买量，购入几种大小、口味或颜色不同的产品等。

a. 减价。减价常被称为发票外或价目单外减价，是指在一定期间对某种产品提供比一般正常厂商的纯折扣。这种折扣常以津贴方式，或最低买多少数量，或依口味或大小买一定数目或在某一定期间内购买即给予折让。

b. 津贴。津贴是一种给零售商减价一定金额的折扣方式。通常以每箱为单位，作为其在当地所做推广活动的津贴。最常用的方式为广告津贴和陈列津贴。广告津贴是给中间商或零售商一笔钱，作为厂商的产品在当地媒体做广告的费用。

陈列津贴是指所促销产品制作零售陈列品而付给零售商的一项预先已决定的津贴。而陈列品的指导方针应事先制定。例如，陈列品一定要采取何种尺寸，或最少应容纳多少盒产品，或一定要占多大空间才合格，为证明陈列品确已建立，必须要摄影给厂商查阅。

14.2.6 自助获赠促销法

又称自偿赠品或付费赠送，是所有促销术中被用得最广泛也最长久的一种，常被戏称为“老而可信的促销方式”。它是指顾客将来购买某种商品的证明上以少量的现金换取赠品的形式。通常附上的现金金额低于赠品的零售价。在激烈的市场竞争条件下，面对同等级产品的竞争时，这种自助式的商业活动最常被采用。

14.2.7 退款优惠促销法

退款优惠促销法是指在消费者提供了购买商品的某种证明之后，就退还其购买商品的全部或部分价款。退款优惠的做法是，只要符合诸如提供购买证明的必要条件，就退还购买产品的全部或部分价款。例如，可以根据收回标签的数目或购买某品牌的首位数目提供不同退款金额；可以根据所购产品的价值、一组价额或基于其他因素的不同金额而制定退款的条件。

最风行的方式有以下 5 种：

（1）单一商品的退款优惠。单一商品的退款优惠适用于个人的理性购买型商品，或高价位的食品、药品、家用品以及健康和美容用品等。

（2）同一商品重复购买退款优惠。消费者两次或两次以上购买同一种商品时才有条件领取退款，这是市面上常用的退款优惠方式。

（3）同一厂商多种产品的退款。消费者必须买同一厂商不同的产品时方可获取的退款优惠。通常，此种退款优惠的购买商品数量仅限于 6 种。

（4）相关性商品的退款优惠。为了节省费用，有时几家企业会联手合作，规定顾客必须同时购买了几家企业的产品后，才能得到退款优待。将相关性商品并在一起提供退款优惠，是产品促销技巧中较常使用的一种。

（5）升级式退款。这种办法是随着顾客购买量的增加，退款金额不是均匀增加，而是越往上退款的额度越高。而要求购买的数量相对越多。这种办法能刺激顾客扩大购买量，适用于促销单价低、使用期短、购买频率高的日常生活消费品。

14.2.8 合作广告促销法

合作广告促销法是指制造商通过合作和协助的方式，赢得经销商的好感和支持，促使他们更好地推销本公司的产品。如与经销商一起进行广告宣传、提供详细的产品技术宣传资料、帮助经销商培训销售技术人员、帮助建立有效的管理制度以及协助零售商进行店面的装潢设计等。如果说，消费者和经销商从前述的优惠 SP 促销工具（折价券优惠、折扣优惠、自助获赠、退款优惠）中获得的是金钱或物品的优惠，那么经销商从合作广告中获得的优惠则来自制造商技术协助方面的优惠。经销商通过这些技术与其他优惠条件使店面服务、产品质量、装潢都有所提高，有利于降低彼此的成本和风险，增加利润，强化双方的合作伙伴关系。

14.2.9　以旧换新促销法

以旧换新促销法是在一些大件的耐用消费品如家电、厨具等领域，厂家为了扩大消费，免除消费者“旧的不去，新的不来”的心理，采取厂家或商家按一定的金额回收处理旧品，消费者按旧品折扣金额来购买新品的促销行为。

14.2.10　商业展览促销法

商业展览促销法又称博览会、展销会、交易会，就是通过某种形式把各个厂商或公司汇集到某个地方，如展览大厅、会议中心等，由厂商或公司向来参观的顾客演示、介绍自己的实物产品。商业展览在国际上已成为一项非常重要的商业活动。作为生产厂商来讲，利用商业展览的形式，不仅可以保持与老客户的关系，而且有利于发展新客户，对扩大公司影响、树立企业形象、发展公共关系都有好处。如让消费者有更多的选择机会；也可以组织商品的展销，如多种节日套餐销售等。在这种活动中，各厂商之间通过相互竞争，促进商品的销售。

14.2.11　竞赛与抽奖促销法

竞赛与抽奖促销法是一种请消费者运用和发挥自己的才华去解决或完成某一特定问题的活动，是融动感性与参与性为一体的促销活动，由比赛来突显主题或介绍商品，除了可打响商品的知名度，更可以增加销售量，如喝啤酒比赛等。此外，还可举办一些有竞赛性质的活动，如卡拉OK比赛等，除了可热闹卖场，也可借此增加顾客对零售店的话题，加深顾客对零售店的印象。

“抽奖”是一种极有效果的促销活动。因为，抽奖活动一定会有一大堆奖品，如彩色电视机、洗衣机等，这样的奖项，是极易激起消费者参与兴趣的，可在短期内对促销产生明显的效果。通常，参加抽奖活动必须具有某一种规定的资格，如购买某特定商品，购买某一商品达到一定的数量，在店内消费达到固定金额，或回答某一特定问题答对者。需要注意的是，办抽奖活动时，抽奖活动的日期、奖品或奖金、参加资格、如何评选、发奖方式等务必标示清楚，且抽奖过程需公开化，以增强消费者参与的热情和信心。

14.2.12　促销游戏法

游戏活动能满足人们对快乐的心理需要，在参加活动中感受欢乐高亢的情绪，使人们的身心得以放松、舒缓压力甚至忘却烦恼。营销人员常将枯燥简单的商业促销变得丰富多彩、妙趣横生、引人注目。在促销表现形式上，促销游戏不拘一格、新颖有趣。能否激发人们的热情与兴趣是促销游戏的关键。有趣的“促销游戏”能引起消费者较多的注意，激发消费者反复购买的冲动，加深对品牌的记忆与印象。

14.2.13 融资促销法

融资促销，是指金额较大的大件商品实行分期付款的优惠促销行为。如现在消费者购买商品房或私家车时，开发商或厂商一般会采用此促销方式。分期付款是厂商在销售高档耐用消费品时常采用的促销方法，既可使厂商减少库存又可扩大知名度，但是采用分期付款，将占用厂商较大的资金，这就要求厂商有较大的资金实力。

微案例五

某年某月海尔电器开展“购海尔大家庭系列”分期付款活动，由于海尔电器产品线既宽且长，新婚之家或乔迁之喜之类用户要购买的电器种类较多，但购买全系列产品占用资金额度较大，因此，推出了分期付款的方式。

14.3 促销活动主题动作要点

通过对下面（不限于）系列动作要点给出确定的文案描述，来确定促进销售主题。

（1）企业的战略如何？本销售促进主题与企业发展战略、营销战略一致吗？

（2）企业决策者是保守型决策风格还是冒险型决策风格？

（3）企业决策者是喜欢以人员推销为主的“推”式促销策略，还是喜欢以广告为主的“拉”式促销策略？

（4）企业决策者倾向于什么样的传播媒体？

（5）该企业所处的行业适合何种形式的促销方式？

（6）该市场竞争特性决定适合采用合作方式还是其他形式的促销？

（7）对手的促销方式是什么？有什么特征？

（8）该企业的定位策略决定的促销策略是差异化的还是无差异化的？

微案例

某火锅店开业促销活动主题："聚缘七星，星星相映，买一送一"。开业活动除常规的喜庆仪式外，拟将火锅品牌的推广融入活动之中，给消费者营造一种"缘分天空"的体验，增大其火锅店的亲和力。在开业7天内，每晚实行"买一送一"，以示"七星"的颗颗赤诚之心。

14.4 销售促进活动目标的动作要点

（1）企业促销目标是短期速效目标还是追求长期效果目标？

（2）本促销的目的是否具体明确？是否有衡量促销效果的具体指标？

（3）本次促销是减价还是增值目标？

（4）该产品的目标消费者的特性决定的该促销媒体的选择是什么？

促销活动目标清晰明确，才具有可实现性和挑战性，进而起到激励作用。

微案例

某连锁超市即将开业。其具体促销活动基本目标为：庆祝本店开业及端午佳节到来之际以低价让利物美价廉的产品、优质的服务来赢取顾客，扩大商场知名度，树立良好的企业形象；短期促销目标：通过各项活动提高顾客的活动参与度，拉动销售增加商场效益并通过娱乐营销的方式增加企业利润；长期目标：提高销售额，扩大市场占有率，最终实现经济效益和社会效益的统一。

14.5 销售促进的产品动作要点

（1）促销活动是针对整个产品系列，还是单独某个型号的产品？

（2）促销活动是针对某个系列的产品还是针对产品系列之外特别设计包装的产品？

（3）促销活动是针对价格高一些的产品还是价格低一些的产品？

（4）该企业产品的卖点或诉求方案准备好了吗？

（5）该产品是低值易耗或性能简单的产品，还是高值耐用、技术性较强、使用方法复杂的产品？是生活消费品还是工业品？

（6）产品生命周期处在何种阶段？该阶段适合采用什么样的促销手段？

（7）产品的特征是什么？适宜的促销方式是什么？

微案例

2018年9月24日是中秋节，距离10月1日仅仅6天，又值9月28日某商场五周年店庆，这种扎堆效应，潜在消费群体相对于单个节日来说要多很多。为了提前引爆并释放消费高潮，此次促销应该做到参与促销的商品面广、数量多、力度大，利用节日的双重性，促进商品的连带销售。

14.6　确定促销活动范围（对象）动作要点

（1）本次销售促进的市场范围如何（行政大区以上市场范围要具体到省市；省级市场范围要具体到地市；城市范围要具体到区；农村范围要具体到县和重要乡镇）？

（2）本次销售促进活动是面向目标市场上的所有人，还是有针对性地选择某类群体？

（3）该类群体的基本居住信息及特征如何？

（4）参与本次销售促进活动对象的大致数量？

微案例

元旦是我国的重大节日，也是青年男女结婚首选的吉日佳期。每年在元旦期间结婚者占全年其他时间的1/3左右。北方人都喜欢在婚礼上大摆宴席，款待宾朋。这是一个巨大的商机，既能提高产品的知名度和美誉度，又能为公司带来销量。凡是元月、二月结婚者均可凭结婚证购买结婚用酒，享受买一箱送一箱这种“好事成双”的优惠，并且公司会负责把酒送到婚庆地点。

14.7　促销活动工具准备动作要点

（1）本次销售促进是否采取免费促销方式？具体方式如何？

（2）免费促销的预算方案和财物何时到位？

（3）本次销售活动是否采取优惠促销方式？具体方式如何？

（4）优惠促销的预算方案是否做完？是否进行了推演？

（5）本次销售促进是否采取竞赛促销方式？具体方式如何？

（6）竞赛促销的预算方案是否做完？支援性人财物资源何时到位？

（7）本次销售促进是否采取组合促销方式？是哪些促销工具的组合运用？

（8）本次销售促进设计方案的创新点如何？

微案例

某公司五一期间在全国搞了一次五重惊喜抽奖活动。消费者购买冰箱一台即可刮卡一次，一等奖儿童冰箱一台（中奖率0.1%，价值1499元），二等奖冷柜一台（中奖率0.5%，价值899元），三等奖数码相机一部（中奖率1%，价值599元），四等奖科龙电饭煲一台（中奖率20%，价值299元），五等奖送“养鲜魔板”一块（中奖率50%，价值99元），由于活动策划适时，组织严密，取得了较好的效果。

14.8 促销活动时间（流程）动作要点

（1）何时开始促销？

（2）何时宣布促销？

（3）促销持续时间及频率如何？

微案例

初夏，饮料类产品的销售旺季已经来到，饮料市场上群雄逐鹿：康师傅、娃哈哈、乐百氏、可口可乐等竞争对手纷纷摩拳擦掌、重拳出击，实行新的促销策略。如何在对手有市场动作之前发挥现有优势，抢先发力，抢占市场份额，巩固市场地位成为本公司的头等大事。夏季也是面类产品销售的淡季，如何让淡季不淡，而不因为淡季而让夏季变成销售的“盲区”，组织一场以部分热销产品带动全线产品的畅销成为必要之举。

14.9 确定促销参与人员动作要点

（1）投入本次销售促进的队伍组建方案、领导机构、职责分工如何？

（2）企业可动员的、能投入市场的人力资源准备程度如何？

（3）人员培训方案如何？

（4）绩效考核指标如何？

（5）奖惩办法或措施如何？

微案例

大学生勤工俭学临时做促销不仅仅是为了挣钱，他们也希望通过社会实践提高自身能力。相对于每天几十元的报酬，他们更希望得到企业对他们的一纸评语为就业增加砝码。让正式促销员和业务员每天按照“五个星级”评定临时促销员。对于获得三颗星以上的50%表现好的予以表扬，次日继续留用，对于获得两颗星以上的50%表现不好的临时促销员，当日结清报酬。严格的考评，严明的纪律，保证了执行力度。

表 14-1　临时促销人员评议表

姓名		性别		学校		
所在手机卖场						
临时促销员每日表现星级评定						
级别	最差	较差	一般	较好	优秀	促销员签名确认星级
星级	☆	☆☆	☆☆☆	☆☆☆☆	☆☆☆☆☆	
5月1日						
5月2日						
5月3日						
5月4日						
5月5日						
5月6日						
5月7日						
业务经理综合评议（工作态度、劳动纪律、促销效果、能力展现） 业务经理签名：						
营销专家签名			公司（盖章）			

14.10 促销活动预算动作要点

（1）本销售促进周期内，企业可以承受或预算促销资金最大额度是多少？

（2）企业决策者是保守型决策风格还是冒险型决策风格？

（3）企业决策者是喜欢以人员推销为主的“推”式促销策略，还是喜欢以广告为主的“拉”式促销策略？

（4）企业决策者倾向于什么样的传播媒体？

（5）该企业所处的行业适合何种形式的促销方式？

（6）该市场竞争特性决定适合采用何种合作方式或形式的促销？

（7）本次销售促进活动经费的总预算及具体分配方案。

微案例

一份完整的促销方案，一定要有相应的详尽的活动费用预算。通过这份预算中各项目的列举和费用的明细，能够进一步明确活动的关键事项，也能更好地看出促销的投入产出比情况如何，促销的开展到底值不值得，通过哪些方面能对项目的费用开支进行节减或增加。那么，卖场促销主要有以下项目预算：（1）礼品费用；（2）奖品/奖金费用（含促销抽奖费用和员工奖励费用）；（3）广告宣传费用［A、广告宣传制作（发布）费——（公交站牌、户外广告制作费、电视台字幕广告等）；B、广告宣传租用费用——花车、拱门等；C、DM 单页印制费］；（4）卖场物料布置制作费用；（5）活动经费：食物饮水费用、药品、员工销售补助等；（6）临时促销人员费用；（7）外联费用：城管费用、物业费用等。

14.11 意外风险防范动作要点

（1）政府有关部门进行干预时的预案如何？

（2）消费者投诉时的预案如何？

（3）如果天气突变导致户外促销活动无法继续进行时的预案如何？

14.12 促销活动效果预估动作要点

(1) 本次销售促进活动前的销售状况如何?

(2) 本次销售促进活动的销售变化如何?

(3) 本次销售促进活动后的销售变化如何?

(4) 企业(品牌)知名度、美誉度、联想度的变化状况如何?

15 人员推销技巧应用制导

理论参考 市场营销学教科书的“促销策略”部分

【提示】诚如一个生产过程可以细分成若干个“工序”，如果把一个业务员从入职开始到走入市场并成交第一个订单为止视为一个销售过程，尽管这个过程因人而异，因市而异，因情况而异，但是，这个过程是客观存在的。从一定角度来说，业务员的销售工作，其实就是年复一年地不断重复和完善这个过程，不断提升这个过程的质量。

尽管实战情景错综复杂，但我们还是坚持逻辑地把销售过程分解成若干个可以单独进行考量的最小“节点”。这些节点是“入职”“了解和熟悉企业”“了解和熟悉行业与市场”“熟悉产品”“熟悉竞品”“区域划分”“目标分解”“选择客户”“客户拜访”“推销技巧”“客户谈判”“成交”“客情维护”“回款”“欠款追收”等。每一个“节点”，都是日常销售工作中的具体问题，而这些问题的答案其实可能早在销售人员身上出现过，只不过很多业务员只管低头拉车，从来没有系统地思考过。对老业务员而言，汇集大多数人对这份销售工作的经验，可以实现经验共享；对新入行的业务员而言，可以多看到一些“前人摸的石头”，“过河”就轻快些，就能少些艰辛。

莫泊桑在《人生》里说过一句话：人类最初一对男女所经历的事情，最后一对男女也会经历。这句话对营销人员的启发就是：在行销实践中，先进行业发生的事情，迟早会在你所在的行业发生；优秀人才走过的路，你迟早也会走，如果你想成为优秀人才的话。

让我们沿着“优秀”销售人员所走的路径，寻着他们所踩踏过的“节点”进行阐述的时候，其实是作者和读者一起去亲自经历奇妙的“行销”之旅。在这个过程中，推销员要掌握科学的推销方法，提高推销能力，就必须在思考中践行，在践行中总结，在总结中提高。

15.1 销售人员最忌讳的行为

（1）对市场和客户的基本情况不了解、不熟悉、不清楚、不准确，盲人摸象，直接而匆忙去拜访；或对市场上的有关信息不能熟记于心，一问三不知。

（2）拜访客户之前，不做作业，仓促上阵，事先不进行预案准备；对自己与客户定位不准，分不清友情与客情，把客户的客气当福气，使自己飘飘然，忘记了自己的本职工作。

（3）对自己和自己企业的优势、特点不了解、不清楚、不全面；被客户的恫吓震慑，心慌意乱没有应对策略。

（4）见面三句话后，苦思冥想，不能也不会通过别的话题来打破僵局或摆脱窘境。

（5）不知道自己欠缺什么，又不积极学习，不主动请教，不乐于交流和沟通。

（6）对遇到客户经常提出的异议，不总结、不学习、不交流，对方提出以后无言以对或回答无力。

（7）慷慨许诺，无案可稽，随意忘记，不落实承诺。

（8）对企业的意图、心理，不能见微知著，贸然结论、主观推论进而得出错误结论。

（9）对领导的指令理解不清、不准、不深、不透，主观臆想对经销商传达有关信息。

（10）忽略与客户交往中细节上的注意事项。

（11）对上级领导制定的市场方案不求甚解，茫然执行。

（12）时间管理无计划，琐事缠身，分不清轻重缓急。

（13）不自省、不总结、不反思、不改正、不提高。

（14）业务人员缺乏的是“没有任何借口，把对营销决策的执行当成一种纪律”这样的一种观念。结果是要做一件事情时，就会有一百个理由不去做或做不好！

（15）行动中打折的执行力。马上去做、亲自去做，是现代成功人士的做事理念。任何规划和蓝图都不能保证成功，很多企业的核心竞争力和战略规划是在做强做大的过程中总结出来的，而不是事先规划出来的，他们的战略规划还在随着核心竞争力的变化而调整。我们在执行时过多计较计划的周全性，却不知任何规划都有缺陷，规划的东西是纸上的，与实际总是有距离的，可以在执行中修改，但关键还是马上去做！

（16）缺少激情和持之以恒的心态。只有满怀激情去做，一切困难都会迎刃而解，付出了终有回报，做了总有收获！第一次做事，总是会担心做不好，但是不要紧，熟能生巧。激情地行动才能成功！充满激情地做了才有体会！许多事情，坚持了，结果自然就出来了，很多人更多的是惧怕不会做，做不好，最后的结果是做了但没有做到底。我们也可以自问，对于公司规定的各项营销工作："今天我想做了吗""今天我做了吗?""我坚持做了吗?"。其实，一件事情，坚持3个月，就可以形成一个习惯，习惯了，不做就会感觉缺少点什么。大家都自觉这样做了，就形成了企业文化。

（17）缺少对执行力的监控与奖惩。营销队伍和营销人员常驻各地或者经常出差到各地，要有一笔巨大的费用，如何保证这么大的费用不白花？如何保证一线人员有效地工作？如何保证他们的每一份销售工作都是按质按量完成的？这是摆在企业面前的重大课题，必须认真对待！经验告诉我们，提高一线营销员的执行力，另外一个重大措施就是考核监控与奖惩机制，任何事情，没有监控与考核，都会不了了之，这是人类的惰性使然，本也无可非议，因为懒惰是人的天性，但是事业和企业要发展成功，就必须克服惰性，其中非常重要的方法就是加强监控与考核，并且运用好奖惩机制来导向。加强考核必须做到以下几点：一是营销总经理、销售经理亲自抓，企业中层领导就是执行层、监控层；二是认真学习公司的各项管理制度、奖惩机制，把工作规划贴在墙上，明细化、清晰化，而不是放进抽屉里；三是全面贯彻学习；四是不怕困难，一定要做；五是在执行过程中及时发现问题，予以反馈调整。当然，要做到这一切还都是基于这样的理念：没有任何借口，要做好此事！

15.2 销售人员素养修炼行动要点

推销员要想取得推销成功，既要掌握科学的方法，更要树立正确的态度。只有在具备正确态度的前提下，科学的方法才能发挥出作用来，因为，态度产生力量。美国哈佛大学的一项实验证实了态度的"魔力"。

15.2.1 忠心献给企业

推销员必须热爱企业，对企业要忠诚。忠诚是对业务员的道德要求。企业不仅需要能力超群的推销员，更需要对企业忠心耿耿的推销员。推销员工作的特殊性——在外推销，有很大的自由，这就对推销员的道德提出了特殊的要求。一个与企业离心离德的推销员，给企业造成的损失，要远远大于他对企业的贡献。

国外企业界提出推销员要有“五爱精神”，即爱企业、爱推销、爱产品、爱客户、爱家庭，就是强调推销员道德的重要性。我国有企业提出推销员的三个条件，即“忠不忠、爱不爱、会不会”，也是强调推销员要有良好的道德。美国IBM公司雇用推销员的标准就是：首先物色具备若干良好品德的人，然后对他进行必要的推销训练。推销员的能力不足，企业可以通过培训来提高他的能力，推销员的品德不好，企业却无法通过培训让他高尚起来。道德能够弥补智慧的缺陷，智慧却永远无法弥补道德的缺陷。

原一平感“三恩”——佛恩、客恩和社恩，社恩即公司的恩情。因为公司为他提供一份体面的工作，让他有钱赚、让他出名。为了感谢公司的恩情，晚上睡觉时，他的脚都不朝公司的方向。

然而，许多推销员却没有感恩的观念，他总认为自己是为老板干的，其实这种认识是错误的，做任何事情最大的利益获得者就是自己，因为自己从工作中学到了经验、方法，提高了能力。

15.2.2 爱心献给客户

什么是客户？所谓客户就是给推销员送钱的人。客户是推销员一切业绩与收入的来源。在推销活动中，客户就是一切。推销员要牢牢记住成功推销的10条准则：

（1）客户不是局外人，而是企业最重要的人物；

（2）客户并不依赖我们——我们却要依赖客户；

（3）服务真正的任务是无限制地留住客户；

（4）客户满意不是口号而是我们工作的目标；

（5）倾听客户的声音，是我们工作的起点；

（6）客户给了我们恩惠，当他们需要我们服务时——并不是我们的服务给了他们以恩惠；

（7）客户不是我们与之较量或斗智的对手；

（8）客户有权受到我们所能给予的最礼貌、最热情的接待；

（9）客户使推销员及全体员工得以拿到工资；

(10) 接待投诉要比卖出产品更加客气。

在推销活动中，最重要的是客户而不是推销员自己。“顾客至上”的道理很简单，但真正做起来却很困难。从事销售工作，推销员必须去掉以自我为中心的观念，培养尊重客户、为客户提供服务的意识。推销员从事推销工作的唯一任务就是把产品卖出去，基于此，对推销员提出以下几点要求：

(1) 情绪低落时勿推销，以免得罪客户；

(2) 越是难缠的客户，越要设法接近，因为他们的购买力强；

(3) 对你讨厌的客户，也要从内心感激他，否则你的言行会自觉或不自觉地表露出你对他的反感；

(4) 当客户不讲理时，要忍让，因为客户永远是对的；

(5) 绝不要逞一时口舌之快得罪客户，因为他们是我们的衣食父母。逞一时之快，就得付出失去客户的代价。

15.2.3 信心留给自己

业务员要有相信自己一定能够取得成功的信心和勇气。

自信心是推销成功的第一秘诀。相信自己能够取得成功，是推销员取得成功的首要条件。乔伊·吉拉德说：“信心是推销员胜利的法宝。”乔·坎多尔弗说：“在推销过程的每一个环节，自信心都是必要的成分。”

推销是与人交往的工作。在推销过程中，推销员要与形形色色的人打交道，这里面有财大气粗、权位显赫的人物，也有博学多才、经验丰富的客户。推销员要与在某些方面胜过自己的人打交道，并且要能够说服他们，赢得他们的欣赏和信任，就必须坚信自己的推销能力，相信自己能够说服他们，然后信心十足地敲开客户的大门。如果推销员缺乏自信，害怕与他们打交道，怯懦退却了，最终会一无所获。

推销是易遭顾客拒绝的工作。在推销过程中，推销员经常遇到的是拒绝的顾客，面对顾客的拒绝，推销员悲观、失望，消极地认为又“失败了”的话，是根本没有希望取得好成绩的。面对顾客的拒绝，推销员只有抱着“失败之后就会成功”的坚定信念，即便遇到顾客冷眼相对，表示厌烦，也要信心十足，坚持不懈地拜访顾客，才能“精诚所至，金石为开”，最终取得成功。

推销是不易取得成绩的工作，它不像在工厂里，只要开动机器，就能够生产出产品。有时推销员忙忙碌碌，到处奔波，费尽千辛万苦，说尽千言万语，也难以取得成效。看到别的推销员成绩斐然而自己却成绩不佳，就会对推销失去信心，情绪低落，最终会使自己的业绩更差。面对差距，正确认识差距，然后抱着“我一定能赶上去”的信念，才会逐步提高，最终取得更大的成绩。

推销是向客户提供利益的工作。推销员必须坚信自己的产品能够给客户带来利益，坚信自己的推销是服务客户，你就会说服客户，反之，如果你对自己所推销的产品都缺乏自信，对自己的工作缺乏信心，把推销理解成为求人办事，把推销看成是看客户的黑脸，听客户的难听话，那么，你将会一无所成。

相信自己的产品，相信自己的企业，相信自己的工作，相信自己的推销能力，相信自己能够取得成功，这种自信，能使推销员发挥全部能力，战胜各种困难，赢得信任。充满自信，你就可以取得成功。

推销是一份极易产生自卑感的工作，许多推销员都有着自卑意识——我不如他们，我不如客户，我不如其他推销员。这种自卑意识从强烈的——我不适合干推销工作，到微弱的——这次又要失败了，程度不同，表现各异。一些推销员在走到客户的大门前时，踌躇不已，害怕推门进去；受到客户冷遇时，觉得己不如人；在推销失败时，灰心丧气；在尽了最大的努力却又成绩不佳时，认为自己不适合从事推销工作，如此等等。常言道：“差之毫厘，谬之千里”。推销员微妙的心理差异，造成了推销成功与失败的巨大差别。自卑意识构成了其走向成功的最大障碍。最大的敌人就是你自己，这种自卑意识使得推销员逃避困难和挫折，不能发挥出自己的能力，最终走向失败。日本推销专家齐滕竹之助说：“自卑感是推销员的大敌，是阻碍成功的绊脚石。”“如果怀有自卑感，归根到底，在推销方面是不会有成功希望的。”靠信心获胜，是推销成功的第一法则。

15.2.4 锤炼自信

(1)“我真的希望成为一名成功的推销员吗?”

为了对推销工作产生自信，你必须认定推销是自己唯一的工作，然后，完全投身于工作。

(2) 试试看，一整天拼命地工作。

从早8点到晚8点，一整天拼命地工作，乍听之下似乎毫无意义，但是，也许这会是你一生的转折点呢！因为大多数的人要经过亲身的体验，才能够变得有觉悟，也会因此产生无比的自信。

（3）商谈时必须有充分的准备。

“有备无患”，有充分的准备是产生自信的重要源泉。

（4）活用亲身体验到的教训。

反省每天所发生的事情，并将所学到的东西一一记录下来。譬如，今天对于客户的问题无法回答，把这件事写下来，并且，下次绝不再犯。

（5）遵守对自己的约束。

（6）养成慎重思考的习惯。

（7）只要不逃避的话，信心自然产生。

自信心与恐惧心只隔着一道墙。恐惧的心理是逃避的心理所造成的；因此在任何情况下，都要勇敢地面对现实，自然能够产生信心。

15.2.5 恒心战胜失败

业务员经常遇到的是失败而不是成功。在推销过程中，推销失败是不可避免的，但重要的不是失败，而是人们对失败的态度。有的推销员把失败看成是自己无能的象征，把失败记录看成是自己能力低下的证明，从失败中得出自己不适合于从事推销工作的结论，这种态度才是失败的真正原因。如果因害怕失败而不敢有所作为，就等于从一开始就放弃了任何可能的成功。

在推销过程中，成功和失败都是很正常的事，甚至在成功中也包含着失败，在失败中孕育着成功。推销员就像运动员一样，面临的不是成功就是失败，但这并没有什么了不起的，推销员应该知道，成功的路是由无数个失败组成的，只有看到失败的积极方面，才不会气馁。

面对推销失败，推销员不要失望和半途而废。战胜失败的最好方法就是保持信心，坚持不懈地干下去。这样，失败就会成为你最好的老师，成为取得成功的动力。一位推销员说：“我就不相信人命中注定要失败，我的座右铭是‘永远行动’。当你做成一件又一件原来以为很难的事情，你就会感到，许多事情其实很简单，做起来并不难，人可以失败，但不可以丧失信心和追求。”

一位销售状元说：“成功人并非是长得漂亮的人，成功者只不过是比失败者付出更多的劳动。”任何事业成功的秘诀都是对目标的执着追求和努力，推销人员不能让任何东西阻止自己目标的实现。如果推销员没有成功，只能归结为自己不够努力。持之以恒和决心是万能的。

世界上什么都不能代替执着。天分不能——有天分但一事无成的人到处都是；聪明不能——人们对一贫如洗的聪明人司空见惯；教育不能——世界上有教养但到处碰壁的人多得是。唯有执着和决心才是最重要的。

“推销”是由两个动词组成的名词，意思就是动起来才能销售。推销成绩和访问次数成正比，这是推销的一条基本法则。客户成交的平均拜访次数是4.8次，即产生一个订单需要向一个客户拜访4.8次，如果你在客户拒绝后不再继续拜访，就不会得到订单。推销员只有两种方法增加自己的销售量：拜访更多的客户或是多次拜访客户。

15.2.6　掌握更好的方法

世界上有许多伟大的推销员，他们创造了惊天动地的奇迹。他们的成功不是运气好，也不是他们特别聪明，而是他们善于学习和掌握更好的方法。

科学的销售方法是销售活动的内在规律，是千千万万名推销员成功经验的结晶，是万万千千名推销员失败教训的提炼，推销员掌握这些科学方法，就可以少走弯路，更容易成功。推销实践中一个普遍的现象是：失败推销员比成功推销员所遇到的问题要多。成功推销员推销很顺利，而失败推销员推销很困难，处处受到掣肘，麻烦接踵而来。这是为什么？原因很简单，成功推销员的做法很在理（符合推销的原则），理顺事顺，失败的推销员所遇到的问题是他们自己造成的，即他们没有按照推销的内在规律去做，该做的没做，不该做的做了，其结果当然是遇到的麻烦更多。一位三流的推销员要成为出类拔萃的一流推销员的关键是，摆脱自以为是的做法，扎扎实实地掌握作为专业推销员的基本功，除此之外，别无他法。

15.2.7　能力储备

一名专业的推销员，必须时刻锤炼6种基本能力：

（1）开发新客户的能力。推销员必须要在茫茫人海中识别出谁是你的客户。推销平均法则说明：你的销售额与你所寻找到的新顾客的数量成正比。

（2）说服客户的能力。推销的关键是说服。推销员只有打动顾客的心，才能使客户打开钱包。

（3）消除客户异议的能力。推销是从被客户拒绝开始的。只有战胜客户的拒绝，才能为推销成功铺平道路。

（4）诱导客户成交的能力。推销的游戏规则就是以成交为目的而开展的一系列活动。你不能与顾客达成交易，就是在为竞争对手工作。

（5）巩固老客户的能力。老客户是最好的顾客，让首次购买产品的人成为你忠诚的长期客户，是成为推销高手的不二法门。

（6）向客户推销自己的能力。在推销产品之前，推销员只有赢得客户的信任和好感，客户才会为你提供一个推销机会。

推销是一门科学，要求推销员掌握基本的推销原则；推销是一门艺术，要求推销员能够灵活地处理基本问题。成功就来自你对原则性和灵活性的把握。

推销能力是推销员的看家本领，推销过程既是一个实现交易活动的过程，也是一个学习和提高推销能力的过程。那些不注重提高自我能力的推销员，将会在销售竞赛中彻底失败。

15.3 行业了解行动要点

如何在 3 个月内获得 3 年的工作经验？答案是，尽快了解这个行业。

入职之后，尽快了解行业是非常重要的，无论是为了人生规划、职业规划，还是为了更好地为公司服务、获得职场提升，抑或是为了获得一种大局观求得更大的发展，对每个人来说都必不可少。

进行行业研究，不但要研究行业的现状，还要了解行业历史；不但要知道在该行业在中国的历史和现状，还要知道在国外该行业的历史和现状。

（1）了解这个行业的知名企业。这些企业是该行业的排头兵，它们的发展战略、竞争战略、市场开发代表着一种走向。

（2）了解这个行业的人物，尤其是这个行业的“权势人物”。在行业年会、产品展销会、研讨会等会议上的表态，看他们对该行业进展、格局的看法。这些人都有长期从业经验，是了解一个行业的捷径。

（3）通过行业协会、政府部门制定的相关法律法规对该行业有系统性的认识。行业的法律法规一方面可以帮助你了解该行业的格局、组成部分、运作机理，又可以隐约地透露出行业内的运作规则和运作机理，还可以去了解一下管理该行业的政府部门的看法。

（4）关注行业学术界、其他相关上下游行业、厂商对行业竞争格局的看法。

对于不熟悉的行业，有很多了解行业的途径，包括：

（1）行业权威网站：了解国际、国内、行业政策信息。

（2）行业报告：了解一些大的趋势。

（3）客户：通过朋友介绍寻找和用户单独沟通的机会，了解用户的工作场景、对产品和竞品的评价、目前不能满足的需求。如果能获得用户的信任，了解到采购流程、行业潜规则，以及在这个行业中竞品的口碑，就能大致清楚谁是竞争对手，应该和谁展开合作。

（4）竞争对手：锁定主要的竞争对手之后，对竞争对手进行系统化分析，主要靠对手网站、产品实物（拿到竞争对手产品，解剖、使用、分析）、对手专利、客户口碑、招投标信息，多维度信息分析。这里最有效短平快的方法是拿到产品实物。

（5）上游供货商：通过原料供货商，反推竞争对手的情况。

（6）招投标网站：定制关键字服务，获得感兴趣产品的招投标信息、产品性能参数、中标单位、价格等。一般来讲，已经发布到招投标网站的信息，花落谁家基本落地，市场运作空间较小。但从这些信息中可以获得需求趋势、有实力的产品及供货商信息。

15.4 认识自己产品差异化行动要点

影响客户的采购决策因素中，产品是最重要的因素。一般来说，产品可以被分为有形和无形两个部分。有形部分中又可以分为核心产品和定制化方案两部分。以瓶子为例，瓶型、制造工艺等核心内容是很难改变的，这也是客户采购中最关注的部分，这些都是核心产品部分，而颜色等元素是很容易为每个客户而改变的，属于定制化方案部分。一个销售员只有非常了解自己的产品与客户的需求，才能为客户提供更合适的定制化方案。

无形产品部分中又有品牌和服务等多种元素，销售者所建立的人际关系是其中的一部分。绝大部分优秀的销售者都认为，他们之所以能够做成业务，产品是核心和决定性因素。而销售者与客户所建立的感情只是其中的“润滑剂”。

客户的采购决策者拥有双重身份：个人与企业员工，作为个人，他会追逐个人的利益。而作为一名企业的员工，他有责任为自己的企业用更低的价格购买更好的产品，这两点完全不冲突。客户职位与身份对他们来说是金矿，而我们给他的好处则是金子，为了一点金子而冒着失去金矿的风险，稍有智商的人是不会去做的，也就是因为这个原因，纯粹的关系型销售员和过于依靠关系的企业已经越来越难以生存。产品好坏才是决定销售成败的最关键因素。

做销售的很大一部分工作就是告诉客户，我们的产品比对手的好，由此带来一个问题，什么是好？好的前提是什么？好的前提首先是要有差异。而差异又可以从四个方向进行区分：

（1）绝对差异。世界上没有两片完全相同的树叶，任何两件物品放到一起都是有差异的，位置差异、价格差异、形状差异……它们间都会有无数种差异，这是一切差异的基础。

（2）直接能感受到的差异。为了简单化差异的辨别过程，我们多数时间都是凭感觉去分辨差异的。这种感觉当然是有很大误差的，而且往往都是有盲点的，但并不影响我们大多数时候都依靠这种感觉去做选择。例如，颜色，单独地来评论乳白色，深一些乳白和浅一些乳白，其差异主要在于个人的感觉，不会从根本上影响采购。

（3）对比差异。有了对比，可能就会影响采购。但对于同档产品，一定要打对比差异的牌。否则将会陷入纯粹的价格战，最终你和客户所达成的合同金额一定是你老板所不同意的，到时候你就不停地抱怨，公司的产品质量这么差，价格又高，没办法卖啊。记住，在你成为自己公司中业绩前五名的销售员之前，不要向任何人谈自己公司的产品不好，在发现自己的产品差在哪里之前先要搞明白自己公司的产品好在哪里。这是好销售员与差销售员的本质区别之一。

这里的好或者不好，又是一个相对的问题。还是那句话，“态度决定一切”。作为一名销售员，产品的确是决定业绩的第一要素，但这里指的是绝对业绩，同样的销售员在销售一种好产品的时候，他的年销售额可能是 1000 万，而销售一种差产品时，可能连 200 万都卖不到。但是在同一个公司里的相对业绩，则是由大家的技能和努力程度决定的，毕竟大家卖的是同一种产品。

（4）客户感知的差异。熟悉自己产品的绝对差异和相对差异为我们做销售提供了一个良好的基础，但这仅仅是销售的一个方面。另一个方面是客户感知的差异，同样的差异，客户都能感知得到，也承认这个差异，但他们未必在乎这个差异。客户的需求与价值观不同，而销售员在产品方面的工作，就是发现客户的需求，根据客户的需求设计定制化的产品方案，发现与迎合客户的价值观以及引导客户的价值观朝有利于我方产品的方向发展。

那么当我们企业所提供的核心产品不及竞争对手时怎么办?

如果差距不大，可以用自己的人际关系和定制化方案来弥补，如果差距很明显呢?我们就要学会在缝隙中生存。

有一种积极的心态，并不等于说是对自己的缺点视而不见。一个好的销售者既不是一个悲观主义也不是一个乐观主义，而应该是一个积极的客观主义者，客观来说，我们不做那种掩耳盗铃自欺欺人的事，面对而且承认自己的缺点和不足。我们的产品有缺点，我们不否认，可谁的产品没有缺点?扬长避短是我们解决问题的第一种方案。可扬长避短都不能解决问题时怎么办?转移阵地!

一般来说，核心产品与价格以及品牌与服务在销售中占了80%左右的比重，而销售者个人的能量占20%。产品的不足可以用销售者的工作来补。就算对手的产品占优势、销售员也很出众，我们可以转打低价值低利润的客户，人的精力总是有限的，对手的销售员总不可能和所有的客户都全力以赴地搞关系，这就给我们留下了生存空间。

15.5 掌握产品知识行动要点

推销员要能够把产品销售出去，就要了解客户的需求心理，刺激客户的需求欲望，引导客户做出购买决定，并且要向客户提供服务。为此，推销员只有了解自己的产品，才能详细地向客户说明产品能带给其什么利益，产品能满足客户的哪些需要，由产品的质量、功能所决定自己推销的产品在满足客户需要上能达到什么程度；只有了解自己的产品，才能圆满地回答客户提出的疑问，从而消除客户的异议；只有了解自己的产品，才能指导客户如何更好地使用、保管产品，以便使客户重复购买。

不了解产品，推销员就不能通过阐述产品带给客户的利益而打动客户；如果对客户提出的问题一问三不知，客户就会对产品心存疑虑，从而构成购买的障碍。推销员应当做到，了解产品性能的程度使内行人感到惊讶，了解产品用途的程度使客户感到惊讶。

许多客户抱怨推销员缺乏产品知识。一份报告指出，90%的客户感到，拜访他们的推销员不了解自己的产品。有相当一部分推销员对自己所推销的产品知之甚少，或一知半解。

知识就是实力，推销员要掌握的“足够产品知识”包括以下要点：

15.5.1 原材料、生产过程

推销员要了解产品是用什么原材料制造，这种原材料的特点及对客户的好处。与竞争产品相比，所用原材料具有何种优点，产品的生产工艺过程等，并且要用通俗易懂的语言介绍，尽量不用专业术语，使客户有兴趣听。

15.5.2 产品特征

推销员对产品的质量、性能、式样、特色等要清楚了解。所推销的商品，如果比同行好，就要特别认识到这一点，并把它作为推销战的“子弹”；如果比同行差，也要明白差在什么地方，并事先研究出对策以应付顾客就此问题所提出的质问。

15.3.3 有关产品

凡是本公司生产或经营的产品，即使不归你负责推销也应该知道。如果客户向你问起这方面的内容，你说“不知道”，这并不是一个好答案。

15.5.4 产品内容

必须熟知你所推销的产品是一种怎样的产品，还必须了解与该产品有关的知识，对用户的每一种提问都能对答如流。如产品的规格、型号、构造成分、功能或效用、用途、保存方法、使用手段、安全期限、注意事项等，都要记住。

15.5.5 使用方法及有关知识

要熟练掌握所推销商品的使用方法，并能恰如其分地指导客户使用。无论什么商品，都有细微的注意事项、使用要领，关于这方面的知识，作为一名专业推销员必须知道并且记住。并且，推销员要掌握与产品使用有直接关系的多种知识，如了解当前的流行色，应该懂得所推销的材料适合什么样的生产要求，等等。

15.5.6 售后服务

企业售后服务的规定，包括各种细节，都要熟记在胸，要准确无误地向客户传达。否则，推销人员若向客户承诺不能履行服务条件，就会遇到麻烦。

15.5.7 交货期、交货方式

合同到期交不了货，给客户造成麻烦，将会追究企业和推销员的责任。

尤其是当客户要求短时间内供货，生产周期跟不上时，会遇到这种情况。因此，推销人员平时应掌握库存、发货、生产周期等有关情况，不能签订明知不能如期交货的合同。

交货方式是直接发货，还是物流等，要清楚各种不同送货方式所增加的费用。

15.5.8 价格、结算方式

要搞清楚企业的价格政策。

15.5.9 结算条件

关于结算的具体细节要搞清楚。

15.5.10 研究竞品

推销员不仅面临着客户的挑战，也面临着竞争对手的挑战。推销员要透彻地研究对手的商品和交易条件，并与竞品进行比较，找出其长处和短处，做到“知己知彼，百战不殆”。

微案例

自我检查——你真正了解您的产品吗

答：是，否

(1) 你是否知道自己的产品超过竞争者的所有利益？

(2) 你是否知道自己的产品的所有缺点？你是否有说服性强的论点加以补充？

(3) 你是否知道自己的产品或服务经常被客户误用或误解的可能方式？

(4) 你是否了解自己的产品如何独特及为何独特？你知道它有哪些特点是其他产品无法比的？

(5) 你是否关注你行业的最新改革或发展，养成随时吸收新知识的习惯？

(6) 你是否了解你的产品是如何制造的？如，使用何种材料，等等？

(7) 你是否知道就你的某位客户来说，你的产品的哪些特性对他最重要？

(8) 你是否对主要竞争者的产品充分了解，能将他们与你的产品做明智的比较？

(9) 你是否对公司发给你的每份产品说明或手册仔细阅读并存档备查？

(10) 你是否检讨自己对产品知识中最弱的一环而主动努力阅读资料、书籍或向专家求教?

(11) 你是否了解你的客户使用你的产品后的所有问题及抱怨? 你能否帮助他们解决这些问题? 你是否对抱怨做出了有效的反应?

(12) 你是否有资格做客户的顾问，提供充分的咨询服务以使他们的投资获得最大价值?

把你所有答“是”的总数乘以5，如果你的总分是55分或55分以上，恭喜! 你对你的产品知识十分丰富! 如果你获得50分，也算不错; 40~45分尚可; 40分以下则有待加油，

15.6 熟悉竞品行动要点

在对市场的基础情况有了全面了解之后，业务员应当将目光聚焦在所从事的行业，看看竞争对手都在做些什么、情况怎样。熟悉竞品的要点包括:

(1) 厂家。有多少厂家，记下厂家的地址、电话。

(2) 品牌。哪些品牌分属于哪些厂家，哪些品牌做得好，哪些品牌做得差。

(3) 产品。市场上有哪些产品，有什么规格型号，哪些卖得好、哪些卖得不好。

(4) 市场进入期。哪些进入市场早、哪些进入市场晚、哪些进入市场时间长、哪些进入市场时间短。

(5) 销售量。每个品牌每月的销量都有多少。

(6) 生产日期。通过生产日期可以知道哪些产品周转快，哪些周转慢。

(7) 市场容量。通过计算每个品牌的销售量可以计算出总的市场容量。

(8) 市场占有率。了解每个品牌的市场占有率情况。

(9) 优惠活动。观察每个厂家都在进行什么活动。

熟悉竞品的主要目的是确定竞品的优势和劣势地位，从而寻找本品的市场增长点，以制定更为准确的销售策略，对竞品进行有效的进攻和防御来实现销售目标。熟悉竞品的行动要点包括:

(1) 看。需要把本公司产品的销量报表与竞品的销量报表对比进行分析。一般来说，应该从动态的数据进行分析，主要是发展趋势，而且要分析对竞品的发展趋势起关键作用的因素。如果找不到竞品的销售报表，也要对竞品

有一个全局性概念：竞争品牌各产品的增长率、产品构成、核心产品、核心渠道等。这些信息有利于对整体市场及竞品销售模式的了解。但是对竞品你并不需要进行全面诊断，因为诊断竞品的主要目的是寻找本品与竞品之间的差距以寻找机会点。

（2）听。可以通过你的销售经理、市场经理及老业务员来了解竞品。因为这些人与竞品已有过多次交锋，熟悉本地市场和竞争品牌。例如，客户对竞品的评价、竞品的主要客户、价格体系等。你要做的，就是听取他们的意见。通常来说，对竞品的分析都会从产品、渠道、价格、促销、人力资源等方面入手，这是对竞品的全方位分析。一般来说，对竞品的分析最好不要超过5个方面，因为熟悉竞品主要是为了寻找关键的增长点。要记住：每个人的看法会有片面性和主观性。

（3）问。需要通过市场走访来进一步了解竞品：听客户对竞品质量、价格的评价；问生产工人对竞品使用情况的反馈；与客户一起探讨竞品的优点。使用这些方法来全面收集竞品的信息以帮助你去诊断竞品，并对各项因素进行量化以找出关键因素。

（4）诊。对前面收集到的所有信息及结论进行分析与整合来确定竞品的销售策略及找到竞品的优势和劣势，并得出竞品优势劣势形成的原因。这是对竞品进行诊断的总结，根据对竞品的诊断来找出关键增长点，并根据关键增长点，结合对整体市场的分析（不能以竞品为中心，而应以市场为中心），找出可实现增长潜力的各项具体举措，并根据各项具体举措对业绩促进力度和短期可行性进行优先排序，确定支撑关键增长潜力的重点举措，再结合资源配置效益分析，判断各项重点举措的可行性来最终制定销售策略。

15.7 寻找准客户行动要点

无论是一个老推销员或是一个新手，都无法逃避有效地寻找新客户和做充分的访问前准备的工作。推销成功的道路是从寻找客户开始的。推销平均法则说明，推销员的销售业绩与他所拥有的客户数量成正比。推销员所开发出的客户数量越多，他的销售业绩就越高。拥有足够多的客户，是做生意的最大资本，也是销售成功的宝贵财富。客户是给推销员送钱的人，因此，推销员要努力栽培更多的“摇钱树”。

客户不会在推销员需要推销产品的时候，主动找上门来购买。只有找到新客户，才有可能推销出商品；要想推销出更多的产品，就必须寻找到更多的客户。没有开发就没有销售。

寻找推销对象，是整个推销过程的第一个环节。没有这一环节，推销活动的其他工作就无法进行。那些较差的推销员往往有下列三个不足之中的一个或几个：没有识别出适当的新客户；不知道要到哪里去发现新客户；懒得寻找新客户。

寻找新客户是一件耗时费力有时可能是徒劳无功的工作，所以，许多推销员都不喜欢去寻找客户，往往满足于同熟悉的老客户打交道，满足于他们之间多年来维持的相互关系。这种做法只能导致一个后果：推销员会发现自己的业务量在逐渐下降。据估计，由于情况变化，现有客户会逐年减少10%～25%。这是由于各方面的原因造成的，如客户转产，不再需要原有产品；客户有了新的供货商，因而停止购买，等等。这样，推销员必须学会开发新客户的技能。只同老客户打交道，而不愿去开拓新客户的推销员是没有前途的。

15.7.1 分析新客户类型

新客户有4类，无论忽略了哪一类，都会降低销售额。

（1）新开发的客户。推销员要经常努力去发掘新的客户。不管现在拥有多少客户，如果不去开发新客户的话，推销活动迟早会停下来。因为现有客户会因各种原因离你而去，你必须通过开发新客户来补充失去的客户。

（2）过去的客户而现在没有往来的人。如果你想成为一位优秀推销员，即使是和你断绝往来已久的客户，也要把他们当成是重要的新客户。推销员要调查了解这些客户终止交易的原因何在，并研究出对策，使之能与自己恢复交易。

（3）那些因某种理由而不愿购买的人。这类客户突然因某种理由不再购买你的产品。因为这类客户有购买力，要促使他们交易并非难事，需要的是推销员立即去拜访这类客户。

（4）现有的客户。把现有的客户看成是新客户，促使他们扩大购买，或企业推出新产品时，努力向现有客户推销，使他们成为新产品的试用者。

15.7.2 寻找新客户行动要点

寻找新客户的行动要点包括：

（1）连锁介绍

如果你找到一个客户的话，就有可能找到多个新客户；如果你把产品卖给一个客户，就有可能把产品卖给多个客户，关键是推销员应该让客户帮助你介绍客户。所谓连锁介绍法，就是推销员让客户帮助介绍客户，一个客户介绍给另一个客户，由客户A到客户B，再到客户C和客户D，以至无限。

在这个世界上，每个人都有一张关系网，每个企业都有一张联络图，推销员要善用他人的关系网、联络图助自己的事业成功。另一方面，每个客户都有自己的信息来源，他可能了解其他客户的需求情况，他可能知道张三李四需要所推销的产品，而这些信息是推销员很难掌握的。

连锁介绍法能够增加推销成功的可能性。一般来说，客户对推销员是心抱戒意的，如果是客户所熟悉的人推荐来的，就增加了可信度。客户向推销员推荐新客户，能起到花钱登广告所起不到的作用。心理学家哈斯曾告诉人们："一个造酒厂的老板可以告诉你为什么一种啤酒比另一种啤酒好，但你的朋友（不管他的知识是渊博还是疏浅），却可能对你选择哪一种啤酒具有更大的影响力。"研究表明：朋友、专家及其他关系亲密的人向别人推荐产品，影响力高达80%。60%~80%的引荐的买方会购买，而且为达成交易而需要会面的次数也少。

推销员运用连锁推销方法有多种多样的方式。推销员可以直接请求客户帮助介绍其他客户。

连锁介绍法的关键是推销员要取信于现有客户。只有现有客户信任你，对你和你的产品感到满意，他才会为你推荐其他客户。因此，推销人员不能做一锤子买卖，要把客户的满意作为第一目标，把利润看作是来自客户的赏赐，如果你得罪了现有客户，不仅是得罪他一人，而且要得罪一大批人。

连锁介绍法是备受推崇的方法，被看作最有效的寻找客户的方法之一，有的推销学者甚至把连锁介绍法说成是"推销王牌"，它是目前国外推销员寻找新客户的最重要方法。

可以这样说，一个推销员的成功，有25%取决于他第一次拿到订单的能力；有25%取决于他能否赢得客户的再次购买；而最重要的50%，是他的客户能否为他广为宣传产品的优点并介绍新的客户。

推销员信奉的准则是：即使摔倒了，也要抓一把沙。即使你没有做成生意，能让客户为你介绍一个客户，也是一种成功。推销员绝不能空手而归。

（2）资料查寻

资料查寻法，就是推销员通过查阅各种资料来寻找新客户。本行业可供推销员寻找新客户的资料有：通过认证的企业名录、电话簿、产品目录、商标公告、统计资料、专业书报、杂志、各种社团组织名册等。此外，推销员还可以通过参加有关展会、信息交流会、信息发布会、订货会、技术交流会等商业性会议，来寻找新客户。参加这种会议的人，大都是对该产品感兴趣的人，也就是推销员所渴求的潜在客户。

（3）贸易伙伴推荐

当两个推销员的产品互不竞争，而他们的客户又可以同时接受他们两个人的服务时，他们就可以交换新客户的名单。国外有许多推销员俱乐部。

（4）从竞争对手那里挖

推销员分析竞争对手的销售渠道，了解其产品的购买对象是哪些客户，然后挖走竞争对手的顾客。在市场竞争中，谁能及时、更好地满足客户不断变化的需求，谁就能获得客户的青睐。

推销员要从竞争对手那里挖走客户，使之成为自己的推销对象，就必须细致地研究竞争对手的产品价格、质量、服务及客户的需求特点、购买习惯、同竞争对手合作的程度，只有在自己的产品和销售条件优胜于竞争对手的情况下，才能考虑是否有必要去挖走对方的顾客。

推销员寻找新客户，最重要的一点就是要处处留心，做到腿勤、嘴勤、多听、多看、多问、多想。做到：勤奋、慧眼、创造性。

推销员的办公室是在市场上，推销员必须要到市场上去开发新客户。许多推销员常犯的错误就是懒得寻找顾客。在这个世界上，只用双手工作的是劳动者；用双手和大脑工作的是科学家；用双手、大脑、心灵工作的是艺术家；用双手、大脑、心灵和双腿工作的是推销员。

推销员要走遍千山万水、走进千家万户。

推销员要长一双生意的慧眼，要能够识别出谁是你的客户。许多推销员失败的重要原因之一就是，没有识别出谁是顾客，结果让顾客从你身边溜走。

推销员要具有强烈的推销意识。要让销售工作充满思想，清晨醒来，想的是销售；上班途中想的是销售；回到家里，想的还是销售。

（5）扫街

扫街，亦称跑街。就是在客户可以出现的地方沿路搜索，一家一户地上门拜访，了解客户的需求情况，这是最原始的客户寻找方式，其成本比较高，但还是建议刚入门的销售员多跑跑街。

通过跑街，你可以见到各种各样的人，各种各样的客户。包括你的潜在客户与非潜在客户，通过对比，你可以发现他们之间的差别，发现你的潜在客户的特点。有很多潜在客户的特点，因为没有对比，你很容易视而不见。销售是一个通过与客户接触，学习和了解这个社会的过程，只有了解整个社会，才会了解这个社会里的人，才能了解客户，客户永远不是一个你的产品购买者这么简单，只有把客户真正当成朋友，才可能把销售做到上乘境界。

通过跑街，你可以通过第一手资料了解客户所在的这个城市。而了解了客户所在的城市，是你以后在生活上和客户做朋友的一个很有力的基础，想切入客户的生活，就要先了解客户生活的城市。

通过跑街，你往往会发现一些用其他方法发现不了的客户，特别是中低端客户。而在我们所有的客户中，有两种是成功机会最大的，一种当然是老客户，而第二种就是我们比竞争对手最先认识的客户。

通过跑街，会遇到大量不属于我们的客户，这使得我们有了很多被人拒绝的机会。而学会面对和适应拒绝是销售员入门的一项必修课。

通过跑街，经常会发现一些采购早期阶段的客户，例如，一个销售员看到一家在建的工厂，就可以在最早时间内找到客户的采购人员。而切入客户越早，对销售就越有利。

当然，跑街也不能闭着眼睛瞎跑，要选择合适的地点，还要选择合适的时间，在与客户见面和处理事情之前大部分时间都在路上，学会聪明地利用时间和节省差旅费用是一名好销售员的标志。

（6）网络搜索

网络是一个很好用的工具，不仅可以用来寻找潜在客户，而且可以用来在拜访客户前了解更多的客户信息。销售员应该学会在客户的行业协会网站、当地的政府网站和客户的网上 B2B、B2C 等业务中找到客户，顺藤摸瓜把他们公司的联系方式找出来。

（7）在客户聚集地寻找

工业品客户的特点之一是他们一般都聚集在一个比较邻近的区域，找到他们的聚集地，就找到了一半的客户。

工业区、新开发区是新客户比较集中的地方，找到这种地方就找到了客户，这种寻找方法成本低、寻找量大，但找到的一般都是劣质客户。为什么？这种客户谁都找得到，每个对手都会去拜访，找起来虽然容易，但竞争非常大，而且客户每天都被各种业务员骚扰，并没有什么见销售员的欲望，拒绝拜访的比例非常大。行业展会、客户专业会、开标会场、客户行业的 QQ 群与论坛也是寻找客户的一些好地方。

（8）客户的关系

对于刚入门的销售员，在拜访客户的时候，不要只是找那些能对销售起决定作用的人。还应该多拜访对方的技术人员和操作与保养人员，做这些人的关系，成本比较低，一般递几根烟，就能打开他们的话匣子，通过他们，你可以了解到很多客户需求方面的内容。这时候，他们是你的“内线”。与此同时，这些技术人员与操作人员有自己的生活圈子。他们的很多朋友都是那个行业的人。一个公司的技术员往往毕业于某学院。而他的同学往往都会供职于其他企业。一个装瓶工，往往受过培训，而他们培训班的同学，可能就在其他公司。通过他们，你就得到了很多客户的信息。这里需要强调的是，这是对入门级比较有效的方法。当你已经有了不少业务之后，你应该更多地在客户购买产品之后做这种关系，这样不仅可以开辟一个新的客户信息渠道，而且可以大大提高你的客户满意度，增加客户重复购买的可能性，对于这些人，就不仅仅是送点烟的事了，没事应该请他们吃个饭。

别小看这点事，也别小看这些人，请这么一顿饭，在你的产品出故障的时候，他们就不会给你闹大，有事会先打个电话给你，让你能够及时处理。第二次请客，就可以堂而皇之地要客户信息了。如果可以，还可以许诺，他们帮你介绍了客户，做成之后，给多少信息费之类。这是做销售的另一个必备素质，叫作“有钱大家赚”。

当然，通过与客户中高层的关系网也是获得客户信息的办法，这个不用解释，每个人都知道该怎么做。一般来说，和客户的关系达到一定程度之后，可以直接开口请客户帮忙介绍业务。

（9）其他供应商的销售员

这是销售员扩展自己人脉关系的一个很有效的手段。当进入一个新市场新城市的时候，一定要多注意其他销售员的聚集地。一般来说，车站附近的中低档宾馆是销售员们最常出没的地方。通过观察，找出那些有销售员特质的人，主动联系，结成互利的共同体。当你发现自己的客户可通买他们的产品的时候，要主动把信息提供给他们。主动帮他们打通客户关系，日子久了，大家就形成了一个共享的互不竞争的人脉网络。一群人的人脉当然比一个人的人脉大，如果你不具备发现销售员特质的能力，可以直接找宾馆的服务员问。

另一个寻找其他销售员的方法，是直接问客户的采购员，他们知道自己其他供应商的联系方式，主动找上去。甚至你竞争对手的业务员也可以作为客户信息来源，同行未必是冤家，他们做不了的业务可以介绍给你，当然，一般要给回报。加入网上营销人员的论坛和QQ群也是这种方法的一种。

（10）专业交流会所

一般来说，客户的行业交流会、技术交流会应该多参加，注意广交朋友。特别是可以多上一些客户专业的QQ群和论坛。那里有很多技术人员在主动交流，他们会主动说出现在要做的项目，正在用的产品的优缺点等。进去不要急着要客户信息，要先多发言，多交流技术信息。

（11）公司内部

上司和师傅也可能提供一些客户信息给销售员，还有其他与客户关联的区域也可能找到客户。

15.8　客户资格审查行动要点

15.8.1　选择客户

有个推销员与经办人洽谈了6个月，但一直未达成交易。最后他了解到，购买设备的大权掌握在总工程师手中，结果这6个月劳而无功。这个推销员的失败给我们的教训是：并非每一位准客户都是合格的客户。在你寻找到客户后，不能急于与其洽谈生意，而应当再做进一步工作，即要对准客户进行资格评定和审查，在众多准客户名单上，挑选出最有可能购买的客户。选择准客户是重要的，不然，盲目地推销只会事倍功半。推销员常犯的错误就是拜访了不该拜访的客户。通过对准客户的选择，推销员可以利用有限的时间和费用，集中精力去说服那些购买欲望强烈、购买量大的客户，提高推销效率。向有可能购买产品的人推销，是推销成功的基本法则。向无购买可能的客户推销产品，无疑是对牛弹琴；向购买可能性很低的人推销，是事倍功半。推销员必须记住的是：对潜在客户不加选择，必然会造成自己时间和精力的巨大浪费，不花时间选择潜在客户的推销员其效率必然很低，推销员常将宝贵的时间浪费在不合格的潜在客户身上。同时，选择客户还可以降低生意的风险，提高生意的安全性，更是可以制定一个打动客户的好策略。

15.8.2　了解客户

在推销中，“知己”就是了解自己的产品能够给客户带来什么利益；“知彼”就是了解客户有什么需要、客户的特征等。有的推销员不重视这一步工作，他们认为，推销要靠临场发挥，随机应变。其实这种见解是不恰当的。推销员不能设想见了客户后说“我的产品经久耐用，质量优良，价格便宜”，就可以打动客户，还必须要摸准客户的心理，为说服客户创造融洽的气氛，这正是收集资料的目的。一方面，了解客户的兴趣、爱好等资料，可以寻找到能够创造良好洽谈气氛的合适话题，从而迅速缩短客户与推销员的心理与感情距离；另一方面，了解客户的性格和心理特征，又可以增强说服的针对性和说服力。一位哲人说：“只要你能投其所好，你便掌握了。”推销员了解客户的情况，就能制定一个打动客户的好策略。

要了解你的客户，因为他们决定着你的业绩。如果你想要把东西卖给某人，就应该尽自己的力量去收集他与你生意有关的信息……无论你所推销的是什么，如果你每天肯花一点时间来了解自己的客户，做好准备，铺平道路，那么，你就不愁没有客户。在上门推销前，你要尽可能详尽地弄清客户的情况……你在这类调查中所花去的每一小时，将会给客户留下深刻的印象，从而有助于你的成功。在推销工作中，优秀的推销人员善于收集客户的资料，他们把大部分推销活动变成自己的“家庭作业”，然后信心百倍地敲开客户的大门。了解客户的要点：

（1）姓名。要写对，要读准。没有名叫“客户”的人，推销员第一次和客户见面就能准确地叫出客户的姓名，会使客户产生一种一见如故的亲切感，特别是中国人历来对自己的姓名有一种荣誉感，俗话说“大丈夫行不更名，坐不改姓”。一个人的姓名绝不容许轻易改变，推销员在称呼或书写时，务必小心，不得有误，否则必会招致客户的反感。人们对姓名比较敏感，在这里犯的错误，可能要付出很大的代价。

（2）籍贯。中国人的老乡观念是很深的，在商谈中，利用老乡关系攀情交友，是许多推销员的成功之道。

（3）学历和经历。事先了解客户的学历和经历，可以提供一个谈话的主题，从而创造一个有利的谈话气氛。某位推销员了解到客户和自己一样曾在部队服过役，就谈起了军营生活，双方谈得津津有味，最后在愉快的气氛中达成了交易。

（4）年龄。老人希望得到应有的尊重，已居高位的年轻人则希望别人承认他们飞黄腾达的成就。

（5）家庭背景。了解客户的家庭背景及成员情况，可以寻找到与客户交谈的话题。一位推销员了解到客户的儿子喜欢集邮，在与客户见面时就送上一些邮票，迅速赢得客户的好感。

（6）性格爱好。对客户的性格有所了解便于采取策略。如果客户好为人师，就经常前去请教如何处理工作、生活中的问题。如果客户有特殊爱好，推销人员不易说长道短，即使明知那位客户具有某种怪癖，也不应直接冒犯。另外，还要掌握客户的业余兴趣，弄清这方面的情况，就可以找到许多有利的话题。西方推销人员一般都会注意发现客户的业余爱好，常常以“同好”的身份而不是以推销员的身份来推销商品。

推销员除了要了解以上内容，还要了解其民族、出生地、住址、头衔等。

微案例

麦凯信封公司 66 个问题的客户档案

一、客户

1. 姓名________昵称（小名）________职称________

2. 公司名称地址________

3. 住址________

4. 电话（公）________（宅）________

5. 出生年月日________出生地________籍贯________

6. 身高________体重________身体五官特征（如秃头、关节炎、严重背部问题等）________

二、教育背景

7. 高中名称与就读期间________

大专名称________

毕业日期________

学位________

8. 大学时代得奖记录________

9. 大学时所属兄弟或姐妹会________擅长的运动是________

10. 课外活动、社团________

11. 如果客户未上过大学，他是否在意学位________

其他教育背景________

12. 兵役军种________退役时军阶________

对兵役的态度________

三、家庭

13. 婚姻状况________配偶姓名________

14. 配偶教育程度________

15. 配偶兴趣/活动/社团________

16. 结婚纪念日________

17. 子女姓名、年龄________是否有抚养权________

18. 子女教育________

19. 子女喜好________

四、业务背景资料

20. 客户的上一份工作________

公司名称________

公司地址________

受雇时间________受雇职衔________

21. 在目前公司的上一个职衔________

职衔________日期________

22. 在办公室有何"地位"象征________

23. 参与的职业及贸易团体________

所任职位________

24. 是否聘顾问________

25. 本客户与本公司其他人员有何业务上的关系________

26. 关系是否良好________原因________

27. 本公司其他人员对本客户的了解________

28. 何种联系________关系性质________

29. 客户对自己公司的态度________

30. 本客户长期事业目标为何________

31. 短期事业目标为何________

32. 客户目前最关切的是公司前途或个人前途________

33. 客户多思考现在或将来________为什么________

五、特殊兴趣

34. 客户所属私人俱乐部________

35. 参加政治活动________政党________对客户的重要性如何________

36. 是否热衷于社区活动________如何参与________

37. 宗教信仰________是否热衷________

38. 对本客户特别机密且不宜谈论的事件（如离婚等）________

39. 客户对什么主题特别有意见（除生意之外）________

六、生活方式

40. 病历（目前健康状况）________

41. 饮酒习惯________所嗜酒类与分量________

42. 如果不嗜酒，是否反对别人喝酒________

43. 是否吸烟________若否，是否反对别人吸烟________

44. 最偏好的午餐地点________晚餐地点________

45. 最偏好的菜式________

46. 是否反对别人请客________

47. 嗜好与娱乐________喜欢读什么书________

48. 喜欢的度假方式________

49. 喜欢观赏的运动________

50. 车子厂牌________

51. 喜欢的话题________

52. 喜欢引起什么人注意________

53. 喜欢被这些人如何重视________

54. 你会用什么来形容本客户________

55. 客户自认最得意的成就________

56. 你认为客户长期个人目标是________

57. 你认为客户眼前个人目标是________

七、客户和你

58. 与客户做生意时，你最担心的道德与伦理问题是________

59. 客户是否觉得对你、你的公司或你的竞争负有责任________如果有的话，是什么________

60. 客户是否需改变自己的习惯，采取不利于自己的行动才能配合你的推销与建议________

61. 客户是否特别在意别人的意见________

62. 客户或非常以自我为中心________道德感是否很强________

63. 在客户眼中最关键的问题有哪些________

64. 客户的管理阶层以何为重________客户与他的主管是否有冲突________

65. 你能否协助化解客户与主管的问题________如何化解________

66. 你的竞争者对以上问题有没有比你更好的答案________

15.8.3 建立客户档案

推销员要系统化、制度化地收集客户资料，建立客户档案。在建立自己的客户档案时，要记下与客户有关的所有资料：他们的孩子、嗜好、学历、职务、成就、旅行过的地方、年龄、文化背景及其他与他们有关的事情，都是有用的资料，所有这些资料都可以帮助你接近客户，使你能够有效地和客户讨论问题，谈论他们感兴趣的话题。有了这些资料，你就会知道他们喜欢什么，不喜欢什么，可以让他们高谈阔论，兴高采烈，手舞足蹈……只要有办法使客户心情舒畅，他们也不会让你失望。

15.9 推销工具准备行动要点

优秀的推销员不只靠产品说话。推销工具是推销员为介绍商品、说服客户、促使推销活动顺利进行而使用的资料、用具等。一个优秀的推销员不只是靠产品说话，而且要善于利用各种工具。推销工具犹如侠士之剑。这些经验之谈都强调了推销工具对说服客户的重要性。通常，客户是凭听推销员对商品的介绍来购买商品的，如果推销员备有促进推销的小工具，则更能吸引客户，激起他们的兴趣和好奇心，引发他们的购买欲。并且，人们有“耳听为虚，眼见为实”的心理，推销员要使客户相信自己所说的一切都是正确的，就要提供证据。没有证据的肯定，就是吹牛，是不能说服客户的。好的推销工具，可以说明语言难以表达的内容；缩短商谈时间；容易引起客户的注意和兴趣；给客户留下深刻的印象和记忆；使客户对公司和产品产生信任感；访问客户时，可弥补推销经验的不足。

需要准备的推销工具包括：

（1）样品。所谓“百闻不如一见”，产品就是最正确、最可信的信息源。样品是最常用的推销工具，但是在使用样品时，推销员一定要注意，随身携带的样品在出发拜访用户之前，必须进行检查和调整，以做到万无一失。在用户那里，如果实物样品因故障开不动，因性能不稳定出现差错，有沙子或其他杂物脏物夹在其中，有瑕疵、损坏等，可就当众出丑了。样品不好，又怎能让客户相信产品会好呢？千万要记住，事前一定要从严检查。有的推销员不管是在自己家里或是在旅馆里，都像小学生做功课一样，每天晚上都要把样品一丝不苟地检查一遍。

（2）图片和相片。推销员用印有彩照的册子介绍产品。在图片册子的每一页上，产品介绍言简意赅，并着意强调使用产品带来的利益。利用图片册描述产品功能引起客户的注意。

推销员使用精心制作、印制精美的图片和相片，能够更加强烈地突出产品的特点，生动形象的图片能产生良好的说服力和感染力，使顾客通过视觉加深印象，直接引发顾客的购买欲望。

不管有没有样品，编制带图片的资料都有效果。仅用文字写成的资料，客户不会认真地看，而对带有图片、照片的资料，客户就会仔细观看。

（3）推销手册和产品说明书。向客户提供企业精心编制、配以优美的文字说明、印刷精致、装帧漂亮的推销手册和产品说明书，可以使客户了解企业和产品情况。以文字为基本内容的推销手册，包括多项栏目，其中有公司情况简介、推销品种类别、商品价目表等必要的知识。有的还附有近几年来销售呈不断增长的数字、图表和资料，以吸引客户注意力，加深客户对产品的印象。

（4）推销证明资料。向客户出示推销文件、证明资料，可以取信于客户。

推销证明材料是多种多样的，如数据统计资料、市场调查报告、询问老主顾的意见、专家内行的证词、权威机构的评价、生产许可证、获奖证书、经营部门的专营证书、鉴定书、客户来信等。

（5）音像资料。有位业务员，每次外出联系业务，总有一个“小礼物”要送给客户，即他们印制精美的记事簿，推销时间短，话不多，却让客户对他的产品留下深刻的印象。

（6）名片。名片是推销员向客户推销自己的首要工具，使用名片的目的是让对方了解自己，也就是为了表明自己的身份而送给对方，因此，使用名片的重点是要给对方留下深刻的印象。推销员要动脑筋，使名片发挥出更大的作用。

（7）买主名单一览表。让客户看购买本企业产品的客户名单，能起到加强说服对方购买的目的。

（8）小礼品。在答谢、慰问、道歉时使用。

无论推销什么产品，只要你善于创造和运用推销工具，都可以起到促进推销的目的。一般情况下，企业为推销员提供一些推销工具，如商品目录，价目表等，但每一个推销员不能死用企业提供的有限资料，而要动脑筋自己设计、制作一些推销工具，以激发客户的购买意愿。一位优秀的推销员说：自己设计制作推销工具，是迅速创造更高业绩的捷径。在外国推销员中有“DIY”之说，即是强调推销员要自己动手制作推销工具。

由于推销工具是一项灵活多变的实战活动，并且由于各行业情况不同，所用工具也有所不同。总之，一个皮包里装满推销工具的推销员，一定能对客户提出的各种问题给予令人满意的回答，客户也会因此而信任并放心购买。

15.10 准备推销议程的行动要点

在取得一鸣惊人的成绩之前，必先做好枯燥乏味的准备工作。

深谋远虑是事业的成功之道，对推销事业来说尤为如此。推销人员在与客户见面之前，只有考虑好对策，才能在与客户面谈时打动客户、说服客户。胸有成竹，就会使推销员在谈话中占据主动地位。

可是，一些推销员认识不到这一点，在与客户谈话时，漫无目的，随想随说，没有章法，打动不了客户；或是对客户的异议张口结舌，无法回答，处处被动，导致推销失败。精心地安排与客户面谈的议程准备，是保证推销成功的有效措施。准备十分，业绩满分。

下面是有关设计面谈议程的要点，推销员可结合产品特点、客户需求情况，制订详细的说服客户计划。

（1）即将拜访的客户会不会提出拒绝？如果客户提出拒绝，将采取哪些方法使客户转变态度，有兴趣面谈？

（2）在面谈中，准备向客户提出哪些具有刺激性的问题，使客户真实地透露他的需求情况和购买计划？

（3）准备强调哪些问题，使客户认识到所推销的产品正是他需要的？

（4）准备使用哪些方法体现出你所推销的商品的优点？提供哪些令人信服的资料和实例，使客户对该产品或劳务产生信赖感？

（5）如果客户提出有碍交易达成的反对意见，你将采取哪些转化方法，使客户放弃所持的观念？

（6）准备在什么时机与客户谈价格问题？谈论价格问题的原则是什么？

（7）面谈中有没有最敏感、最有争议的问题？

（8）准备采取哪些步骤，诱导客户做出购买决定？

（9）客户可能提出哪些要求？对客户的要求是否可以让步？在什么情况下按何种标准对客户让步？

（10）假如与客户面谈没有达成交易，是否还有第二个目标？第二个目标是什么？

如果推销员对以上 10 个问题都有所考虑并对每个提示都寻求一个妥善的答案，那么，这 10 个答案就是一个极好的面谈议程。

15.11 约见客户的行动要点

在可能的情况下，出差前最好先打个电话和客户进行预约。一般来说，有过预约的客户，在面谈时往往会有更好的效果。打电话也需要一定的技巧，其中，通电话的时间要控制在 3 分钟以内，其中关键是前 1 分钟，在此期间一定要表明自己的身份、自己的公司名称和想主推的产品，以及给客户一个与你见面的理由。作为入门级的销售员，最好能把自己在电话中说的话录下来，经常与朋友一起重听几遍，站在客户的角度分析自己说话的优点与缺点，并不断地改进。要想做好销售，最难也是最重要的，就是凡事站在客户的角度进行思考，这种换位思考能力的培养极为不易，经常与别人交流，有利于发现自己在换位思考时的盲点。

无论客户是否在电话中同意约见，我们都应该去拜访，因为从人性的角度来讲，见面就有三分亲，电话中拒绝了你的拜访，当面往往不好拒绝，而且我们销售中客户参与采购的人多，见不到张三找李四，到时候再从李四认识张三，这类迂回战术也是销售员常用的策略之一。

在这方面要注意几个问题：一是约见的时间，每个行业每种职位都有其相对固定的工作规律，把他们通常方便的时间规律找出来，选择这种时间约见，可以大大提高约见的成功率。二是控制时间的精确度，并不是越精确越好，这也要遵从客户的特点。一般来说，客户的文化程度越高，企业经营越规范和可控，客户在职位越高，约见的时间就越要精确。反之就不宜太精确；三是如果客户连续两三次拒绝你的约见，你一定要过几天再去拜访。假如你约了客户周二见面，被客户拒绝之后还要在周二拜访，就会给客户一种你不把他的话当回事的感觉，会让客户觉得你对他不尊重。

约好了客户，就应当收拾自己的行装了。

（1）要注意一下自己的仪容。一切染发光头、大红上衣之类的奇装异服都是禁止的。客户在购买产品时，安全是他们考虑的重点因素之一，一个形象轻浮怪异的人是不能给客户可靠的感觉的，基本上这类人都会被排除在选择范围之外。但也不是应该像有些书上所说的什么“黑西装白衬衣”之类，持这种说法的人大都是出自 IT 行业，没能活学活用。做销售有一条金科玉律，叫作“水是不会跟油做生意的”，就是说销售员在各方面与客户越接近越好，相近才有亲切感，才容易沟通。着装亦是如此。

（2）收拾完衣装，接着就是行装。基本上除了名片、身份证、产品与技术资料、手机、笔记本电脑之类的必需品，其他贵重物品越少越好，尤其是少带现金，要养成用钱之前才到取款机上取钱的习惯，平时身上的现金不要超过 1000 元，一般来说，能有 1000 元以上销售的地方都能刷卡。

（3）吃好住好，再把自己收拾干净整齐，就可以拜访客户了。

15.12 客户拜访之前的行动要点

有了潜在客户的名称与地点，还不等于你就可以去拜访了，凡事都要做个计划，并检查支持你这计划的信息是否正确充分。

（1）收集与检查自己的信息，这是一个贯穿于整个销售过程的行为。在销售中必须随时充实与更正自己的信息储备。在拜访客户前，我们要尽可能获取更多的客户相关信息，特别是与自己的产品相匹配的那 20%的客户，更应该增加信息搜集的力度与强度。不要怕浪费时间，所谓“磨刀不误砍柴工”。现在多花一点力气，将来会为你省下 10 倍的力气。

（2）制定一个基本的战略目标，对于这个客户，我们大体上有多大机会，如果机会很小甚至基本上没有，我们就当成扩充自己的人脉好了，我们轻轻松松地与客户交流，客户没有和我们做业务的压力，这朋友也比较容易交。

销售是一门特殊的行业，是一个只有冠军没有亚军的行业，亚军也是失败者，而且是最惨的失败者。因为与其他失败者相比，你投入最多，所以输得最多，而且，当你投入大量的公司资源，最后让公司发现是一个根本没有机会的订单，当以后你再想调动公司的资源的时候，你会发现根本调动不了，没有人给你支持，因为任何企业都会追求投入产出比，在你身上投入，发生产出的机会很小，公司为什么还要在你身上投入？好的销售员一定是把公司资源当成自己资源一样珍惜的人。当然，这也不等于我们就得完全放弃，我们还在默默地等待对手犯错误。一旦机会出现马上转入战争状态。

如果机会比较大，则集中精力扩充自己在客户中的人脉，迅速进行内线与支持者升级，把客户内部的中立者转化为支持者，把反对者转化为中立者。

(3) 在拜访客户之前，初步建立一个客户资料档案。初做销售的人还应在电脑或者笔记本里建立一个文档，其中应该包含这样一些内容：

a. 客户的业务。这里是指客户的产品、生产方式等。我们的销售属于工业品销售的一个分支，客户购买我们的产品是用来赚钱的。了解了客户的业务，就了解了客户真正的采购动机，这一项是一般的销售书籍中没有写的内容。但这对销售其实非常重要，特别是当你面对比较激烈的竞争时就非常有用。客户购买我们的产品无非是两种目的，一种是生产出外观优异、功能良好的产品，多赚钱；另一种是省费用。

b. 客户规模。产量、企业人数、产品、企业性质、资金情况、信誉等。

c. 客户信誉。分清客户对供应商和对他们的客户的信誉。现在有很多企业对自己的客户信誉非常良好，但对自己的供应商却是连拖带赖，和这种客户打交道一定要慎重，加上之前搜索潜在客户时所得到的客户地址、邮编电话网址等联系方式，就构成了客户基本情况。

d. 客户的组织结构。主要是客户与销售相关的各部门名称、负责人，各部门间的相互关系以及他们在公司中的地位，相互沟通与联系方式以及他们在采购中的作用。再加上他们公司的上级机关与控股股东。

e. 客户关键人物与重点人物的个人信息。主要是他们的姓名，联系方式（住址、电话、手机、传真、办公地址、电子邮箱、QQ 等），主要经历，年龄，爱好（包括饮食、运动、娱乐等），家庭情况（父母、子女、妻子或丈夫的情况），性格特点，工作中实际权力与名义权力，与同事之间的关系等。

f. 竞争对手的情况。不仅包含同类品，也包括替代品的供应商名称，销售员的基本情况，相互间的优劣势。

对于不同的客户，我们在信息搜集中的侧重点也不相同。

一般来说，如果你面对的是小企业，你的重点应当在第一点，也就是客户的业务，你应该重点搜集有关客户业务方面的信息，对于客户内部的组织结构则关心程度要放低。因为在这种企业，基本上都是老板的一支笔，内部权力结构没有那么复杂。

随着客户企业规模的上升和管理的规范，客户内部组织结构越来越居于重要地位，这时候你要多了解客户关键人物自身的个人信息，特别是兴趣与爱好。这些信息来源一是用前面搜寻客户的那些方法去了解；二是在与客户的接触中通过观察与探寻了解；三是通过在客户中发展内线了解。无论哪一种方式，在正式与客户的决策人接触之前，我们都应该先尽可能地了解客户的相关信息，因为与客户见面第一印象对于我们的销售非常重要，说第一印象决定了销售中50%的命运一点也不为过。

因此，刚入门的销售员一开始不应当和客户的高层接触，因为你把握人心的能力、观察能力和驾驭会谈场景的能力以及随机应变的能力都还不够，先通过与客户下面接触，了解一下客户与关键人物的基本情况是非常有必要的，现在多花一分力，将来会为你省下至少十分力。

在销售实践中，并非没有非常规的了解客户信息的方法。有一个业务员，每当拜访一个认为可能性比较大的客户之前，都会提前一天到达，然后在客户公司附近找一个中档的小饭店吃顿饭，一般会选在上午 10 点或下午 3 点左右到达，点上三四个菜，花个三五十元钱。他认为，一般可以在公司旁边开出小饭店的，必然与该公司有很密切的关系，否则没办法生存。而由于公司有很多人经常在这种地方吃饭，天长日久，饭店的老板与服务员就听到了很多有关客户的信息。这就显出在上午 10 点吃饭的学问了，这时候刚好饭店没什么生意，突然有人点上 50 元的菜，饭店老板本身就很高兴，这时他又刚好没什么事儿，就被拉过来聊天了，一个多小时聊完，就已经把客户的情况了解了个百分之七八十，到客户那儿应该找谁，不要找谁，应该说什么，心里大体上就有了个谱了。他不仅通过这种方法了解了很多客户信息，其中几个饭店老板还帮他做成了几宗生意，这也就算是意外之喜了。

你有自己非常规的了解客户信息的方法吗？

15.13 拜访前搞清与采购有关的信息的行动要点

根据客户在采购中的作用，要了解以下人员的信息：

（1）使用者，指组织中将使用产品的成员。在许多场合中，使用者首先提出购买建议，并协助确定产品规格。

（2）技术影响者，又称技术买家，他们在产品的技术性能与规格上有极大的发言权，如果没有上升为实际拍板人（隐形拍板人），是没有决定权的，但他们是专业人士，拍板人在技术上对他们非常信赖，毕竟他们是客户的自己人，拍板人对他们的信任是远远高过对我方技术人员的，这就使他们不仅拥有技术影响力，还得到了一种特殊的权力——否决权，如果他们坚决反对某个供应商，该供应商基本上就已经被判出局了。通过与他们的沟通，可以为我们的竞争对手设置一些障碍，大大有利于我们获得订单。

但在中国，技术影响者还有差异。一类是设计技术影响者，主要是研发技术，这些人员负责产品的设计，如果他们在设计产品时把我们的产品排除在外，我们就什么戏都没有了。而在实战中，设计技术影响者往往给我们造成的障碍要隐蔽得多，与他们做好沟通对于全新采购非常重要（全新采购，是指客户以前没有用过我们提供的产品类型）。其他类型的采购中重要性相对下降，特别是在简单重复的采购中，他们的作用基本上可以忽略不计。另一类是使用技术影响者，是指工厂里的工艺技术人员。他们主要是负责生产线上的工艺技术，使用技术人员关注的点要细得多，他们对产品可靠性比设计技术人员重视很多。在修正型采购中，他们与使用者往往有更大的发言权（修正型采购，是指客户已经使用过本类产品，现在换型号或换厂家）。还有一类是维护技术人员，在多数情况下，他们对产品采购不产生重要影响，但往往会对更换供应商有一定的发言权。

（3）决策者，是指有权决定产品需求和供应商的人，在重要的采购活动中，有时还涉及主管部门或上级部门的批准。决策者亦称拍板人，俗称“阎王”。决策者中有名义决策者与实际决策者之分，有时候他们又是同一个人。

名义决策者是指在企业拥有最高直接权力的人。例如，企业的老板或总经理又或者是拥有采购权力的分管副总。理论上，由于他们拥有最高权力，就拥有了最高的采购决策权，他们才是真正的“阎王”。但如果客户规模足够大，而采购金额又没大到影响整个企业运营的程度时，这些高级领导们就会把采购权力交由自己比较信任的下属行使。而这个行使决策权的下属就成了实际决策者，亦称“判官”。由于判官获取这个权力是因为长官的信任而非职务，就给我们识别与寻找他们造成了很大的困难。需要格外一提的是，虽然名义拍板人把决策权交由实际拍板人行使，但并不等于“阎王”就放弃了这项权力，因为一旦他想，随时可以收回来。

如果客户单位规模比较小，就没有了名义拍板人与实际拍板人之分，这两个身份往往会合二为一。

在很多销售的专业书籍中，决策人又被称为关键人物，因为他是整个销售工作的关键。我们做销售的根本任务就是说服关键人物。可大多数时候，客户的决策者是很难被一个外来销售人员说服的，他的决策在很大程度上受他们身边的一些人物的影响。这些人物被称为影响者。

（4）购买者，是指正式有权选择供应商并安排购买条件的人。购买者可以帮助制定产品规格，但主要任务是选择卖主和交易谈判。在较复杂的购买过程中，购买者中或许也包括高层管理人员一起参加交易谈判。

（5）守门员，是有权阻止销售员与采购中心成员接触的人。主要是为了控制采购组织的一些信息不外露。例如，采购代理人、接待员和电话接线员都可以阻止推销员与用户或决策者接触。

（6）财务买家，是指能决定采购预算的财务人员。不过，大多数企业中权力是牢牢被抓在老板手中的，财务决定权根本没有下放，与决策者是同一个人。

（7）感情影响者。有些人在职务与权限上与采购无任何直接关系，但他们与决策者感情密切，相互间有比较强的信任，同样可以对采购产生很大的影响。在实战中，我们如果能找到决策者的同学、老乡之类与决策有感情基础的人员作为切入口，往往能使销售事半功倍。

（8）利益分享与关系平衡影响者。很多老大都喜欢平衡下面各派的关系与利益，上一次采购权给了“华山派”，这一次就会给“泰山派”，达到利益共享，避免矛盾激化，同一次采购中，每个帮派都给一些发言权，以达到利益均沾。

（9）权力影响者。这类影响者根本与采购不直接相关，甚至职位也不高，仅仅是由于他们在企业有相当大的实权，而他们又喜欢到处施加这种影响力，那他们对采购也就产生了相当大的影响力。

以上是站在客户采购的角度对客户内部人员进行的分类。但整个销售毕竟是由销售员来主导的。从销售员的角度，客户的分类是：

（1）反对者，是那些不喜欢我们产品或销售员个人，甚至是支持我们竞争对手的人。

（2）中立者，这些人是一种无所谓的人员。他们在供应商的选择上没有明显的倾向。

（3）支持者，是指在客户内部的表决时表现出明显对我们有利的倾向的人。

（4）线人，是那些为我们提供各种客户信息的人。

整个销售任务就是把客户采购中心里的人物一个个从反对者变成中立

者，从中立者变成支持者。而这个过程又离不开向导的指点和线人所提供的信息。

在各种销售培训书籍中，初次拜访都是拜访客户的采购者的，其实不然，原则上，客户采购中心的任何一个影响者甚至决策者都可以是初次拜访的对象。对于成熟的销售员，他们大部分客户信息来自朋友介绍，那么客户采购中心与自己朋友关系最密切的人员就是我们初次拜访的对象，通过他，再把自己在客户里的关系圈子一步步扩展，多数情况下，我们朋友在客户里的朋友就是我们在客户内部的向导。

15.14 拜访阶段客情关系的把控要点

销售人员被戏称有两种类型。第一种叫作武销售员，又称“荤鸟”，这一类销售员擅长与客户搞好关系，吃喝嫖赌样样精通，通过搞好与客户的关系拿下订单，又称关系型销售。有些武销售员做到极致，可以在产品知识相当弱的情况下做业务，他们把技术沟通的事情交给公司的销售员处理。有的销售员，只有小学文化，产品知识只能算是中下游水平，可业务却做得风生水起，非常善于进行人际关系攻关，这些东西并不是在学校里能学到的，与教育水平并无直接关系。

第二类销售员叫文销售员，亦称“素鸟”。他们的专业知识非常出众，技术精通，通过自己的专业素养得到客户的信任，以更专业的解决方案获得订单，亦称技术型销售。这类销售员往往受过比较好的教育与培训，是通过个人努力就能做到的，并不像关系型销售那么难以琢磨，难以掌握，也不需要那么多的天分，是初学销售的人应该努力的方向。

需要说明的是，所谓关系型与技术型并不是相对立的两个面，“荤鸟”的对立面并不是“素鸟”。销售做到上乘境界都是殊途同归的，所谓关系型与技术型之分只不过是各有所长而已。一个好的关系型销售人员必须在技术上也要达到中上乘水平，一个优秀的技术型销售人员在处理人际关系上也必然是一流的。尽管人际关系处理能力是很难传授的，更多是需要自己学习和领悟的，需要一定的天分，但这里还是有必要帮初学者理一个基本的脉络。

既然客户关系是销售工作中相当重要的部分，而销售员的核心工作又是建立和发展与客户的关系，还是应该认识一下客户关系生命周期及其把控要点。

（1）陌生期。在这个时候，与客户相互间基本上没有联系，相互之间对对方了解很少。销售员的任务是找到客户的相关信息，了解客户，试图建立与客户之间的联系。

（2）建立期。通过拜访和介绍，客户与销售人员建立了联系，相互之间有了基本的了解。

（3）考察期。在与客户建立了基本的联系之后，销售人员与客户之间相互都会对对方进行考察。要考察客户是否需要你的产品，是否有能力支付产品的价格，客户对供应商付款的信誉是否良好等，而客户则会考察你的产品声誉、可靠性以及服务等。

（4）成长期。随着双方接触越来越多，就慢慢建立起了感情与信任，关系一步步向前发展，信任是双方关系进入成长期的标志。具体到操作层面上，就是你找客户时客户肯和你见面聊天，你约客户出来吃饭时客户肯吃你的饭等。

（5）成熟期。双方的关系发展到一定程度，客户就会购买你的产品，如果购买之后双方满意，就会重复购买，而签单，是双方关系发展到成熟阶段的唯一标志。毕竟销售是一种讲究结果的工作，不签单，其他结果收获再多，也是失败的。

这五个阶段是层层推进、不可跳跃的，如不可能还没有认识客户，就和客户签单。客户也不可能和一个不信任的人签单。

这五个阶段虽然不能跳跃发展，但有可能随时终止，比如当你考察客户后发现客户根本没有能力付款，显然不会和客户签约。反之客户也一样，他们会拒绝和不信任的供应商继续交往。

（6）停止或中断期。万物有生必有死，客户关系也是一样。就算是能发展到成熟期，也可能发生停止或中断。例如，产品质量出现严重问题、停止生产该产品、销售员离职，等等。

于是，可以把关系攻关分解为三部分：

（1）初级线人——从认识到发展

对于完全陌生的客户，比较可行的办法是先从客户最基层的员工了解信息。其主要原因在于发展基层员工做线人，成本比较低。有人做销售时，很少直接通过门卫，和客户约在了 10 点，通常是九点半就到，进门时门卫会盘问，他就会跟门卫说我约好了与什么领导在 10 点，现在领导在忙，我就不麻烦其他人了，就先在传达室等一下，门卫整天坐在门口，做着一些很单调的工作，其实他们是很孤独的，几根烟敬上，几口水一喝，很容易就打开了他们的话匣子，就会把话题引向客户现在的业务，最近有什么订单，最近有什么人常来，公司现在在忙什么。于是，就收集了很多客户的信息。其他的初级线人来源还有操作工人等。选择初级线人有一个重要原则，就是尽可能选与客户核心层没有重要利益关系的人，因为没有重大利益关系，他们给我们的信息才更准确，便于我们摸清客户基本需求和内部基本结构。

仅靠这些基本员工所提供的信息是远远不够的，因为基层线人职位太低，对于他们企业一些隐藏很深的内部关系帮派利益往往不是很清楚，而且我们付的仅仅是几支烟、几杯茶的成本，客户也不可能和我们说太多，下一步的工作就是线人升级。

（2）二级线人——从发展到提高

发展完初级线人，就必须在客户采购单元周围发展二级线人，我们优先考虑领导秘书、司机、办公室主任、文员等。二级线人的特点是职位不高但又和领导靠得特别近，优势在于胃口小，容易打动，和领导靠得近才知道更多的内情。对于这些人，就不能只是敬烟了，该送点小礼物要送礼物，必要时还应该请他们吃几次饭。

无论是初级线人还是二级线人，都只会把关系发展到考察期即可，此后打打电话发发短信，见面敬支烟即可，如果能够自然到成长期，我们也不排斥，但不要专门再投入成本。从初级线人到二级线人也不是销售的必经阶段。如果订单比较小或者机会很小，可以只发展初级线人也可以只发展二级线人。小到一定程度，可直接越过线人阶段，直接发展教练。反过来也一样，如果订单非常大或者客户有长期潜力，就每一个阶段都不能省。

（3）教练——从提高到巩固

接下来就是发展教练。他是客户内部非常重要，对采购有相当大的决策影响力。与线人不同，教练必须是唯一的，因为他不仅是我们在客户内部支持我方的核心人物，还要指导我方的行为，同时他还会因各种原因与我方发生利益捆绑。一旦出现了两个以上的教练，他们和我们之间就会产生利益冲突，这种冲突的结果往往会导致教练变成我方最顽固的反对者。

15.15　争取一次多拜访几个人的行动要点

（1）用好开场白

很多人用客户个人兴趣或者客户利益作为开场白，老实说这是做小生意的开场白方式，用在我们的销售中有百害而无一益。因为我们接触的是大企业，做的是大生意，客户都比较忙，见的人多，平常销售员的那些说辞他们早已司空见惯，没什么兴趣了，而且作为有采购影响力的人，或多或少在公司里都有相当高的地位，每天跟他套近乎的人太多了，突然冒出一个陌生人用同样的方式套近乎，他们不仅早就有了免疫力，而且很多时候是很反感的。作为一个忙人，他们不希望和一个陌生人有太多的废话。最好的方式还是开门见山：

"你好，我是某某公司的销售员刘小三，前天与您约好了今天来拜会您……"

就算是没有预约，也可以放心大胆地介绍自己与公司以及产品。你不要害怕客户不愿与你相见，客户之所以肯与我们见面是因为他们的确有与供应商的销售员交流的需要，他们早晚都是要买东西的，就必须广泛地收集信息，以便在采购的时候货比三家，顺便让我们在竞争中杀价。也就是说，不仅我们想和客户见面，其实客户也想和我们见面。

记住一点，只要客户有需求，他们就有收集信息的欲望和兴趣，我们就有办法打开客户的话匣子；还有，别的销售员能见到的人我们也一定见得到，见不到就是我们的方式有问题，不要后退，改正方法，继续前进。

（2）多问少说

就是在两个人的交流中，销售员说话的时间应占对话总时间的40%，剩下的时间应留给客户，这就要求销售员多问少说。对客户问的问题，除了公司背景要每问必答，技术方面的问题最多只回答60%。剩下的部分要留到下次来解答。当然说话要有技巧：您这个问题问得非常好，我拜访了这么多客户第一次见到问出这么专业的问题，这次我没估计到你问的问题这么专业，现在我直接回答比较困难，我回去准备一下……

下次来的时候，你可以带一些辅助资料来（就算你这次带来了，也不要拿出来），或者下次带技术员来，都是可用的方法。这么做可以给自己留一个再一次拜访的借口，下次拜访的时候，你已经是个至少与客户交流过一次的熟人，同样的东西，从熟人和生人口里说出来效果是有很大不同的；由于我们现在与客户还不熟，客户需要了解我们很多的信息，一次灌输太多，客户不但记不住，而且会很反感。

（3）初次拜访

初次拜访有三大任务：和客户弄一脸熟；让客户对你有一个初步了解；

寻找和培养线人。线人的寻找与开发应该从初次拜访就开始。在初次拜访的时候，要注意观察客户中有谁对你最友善，与你最有共同语言，这些人最有可能成为你的线人。

（4）争取在一次拜访中多拜访几个人

拜访完采购部门之后，一定不要马上离开，销售员有70%的时间是用在路上的，用于工作的时间不到30%，这30%的时间中还被公司开会、报表填写等事情占去相当一部分，因此我们真正用于客户的时间并不多，非常珍贵，一定要把它们用到最好。跑了几百里地用了十几个小时的差旅时间只是和客户的采购部门见了一个面谈半个钟头显然是很不经济的。一定要用这点时间多做点事，争取在这个客户中多见几个人物。一般来说，采购人员与陌生销售员的初次交往中，最多只会给我们20分钟，因为他们也忙，不可能长时间地与我们交流，而这20分钟里，真正有效的也只有开始5分钟和最后3分钟，中间时间交流的东西，除非很有用很重要，一般都会被客户忘记。所以就算你设法拉长了客户与你会面的时间，其作用也相当有限。因此，拉长会面时间并不是提高销售效率的办法。可行的办法是在一次拜访中多拜访几个人，三个人每人给提供8分钟的有效时间就可上升到24分钟了。

15.16 拜访倒计时的预热行动要点

客户拜访和管理是一个销售代表最日常的工作，也是最具有生产力的工作。我们详细列出客户拜访专业化的基本要领，这是先进企业的工作准则与要求。销售本身其实是件十分简单的工作，但成功的要义就是简单的动作不断重复地做。这些说起来容易但做起来烦琐的工作，不断、不折不扣地重复执行才是我们和竞争对手拉开差距的真正关键所在。如果业务人员规范地执行这些动作并加以完善、补充，就一定能得到最大程度的提高。

（1）填写《线路安排》和《拜访地图》

如果有人以为销售工作是从客户开始那就大错特错了。像战士上阵打仗前要检查自己的武器弹药一样，销售代表出发前也要做好各项准备工作。这项工作通常要使用的工具是《线路安排》和《拜访地图》。《线路安排》是用来填写一周的拜访路线，《拜访地图》则是显示各个客户在地理上的位置。

为什么要设计线路？根据上司安排给你的市场销售领域，在已经汇总好的客户分布图上，对你自己所负责的市场进行区域界定并设计好进出线路。

设计线路的好处包括：可以利用已存在的界线（如省界、市界等）进行界定；按照路线拜访客户的另一个好处在于，让客户在固定时间看到销售代表并成为一种习惯，这种习惯对于客户安全库存的准备也是大有好处的。

（2）确定合理线路

你的客户散落在某个区域的中心城镇，他们有的是省会大城市，有的是地市级城市，有的是县城，甚至还有一些是镇。这些点到点之间的连线，就构成了你要去的区域的线路。

在前去拜访客户之前，在区域内按一定原则将客户所在地连接成线路，确定线路中的客户拜访顺序，以便有效地进行客户拜访服务。建立合理线路的原则是：避免“冤枉路”；避免两次经过同一市场；避免重复走环线的原则；减少漏访的可能性。

（3）考虑到地理位置和客户的时间

除了合理地安排路线，客户的工作时间也是需要考虑的。如果新品需要上市、政策需要调整、货款需要催还，这些都需要在客户的工作时间内和他们进行协商。了解他们的工作时间也是设计拜访路线时的一项重要工作。

（4）电话预约，避免经销商不在

光了解客户的工作时间还不够（因为可能出现出差、病假等意外情况），你还需要事先电话预约一下。这样做一是确认时间，二是表示对对方的尊重。

（5）设定拜访目标

有目的地拜访是一个销售代表良好工作习惯的表现。你不是在“访”客户，而是在客户的办公场所里工作。所以，拜访前你要带好上次的拜访记录，明确本次的拜访目标。这次来你的目标仅仅是看看市场？还是为推介新产品而来？还是为要量？还是为催款而来？这些都必须在拜访前明确。

目标设定还需要明确最高目标和最低目标。谈判是一个讨价还价的过程，你所得到的东西总是会低于你所提出的要求。但是如果你不懂得设定目标，就无法去评估自己究竟是做了一个成功的谈判还是失败的谈判。

在明确了拜访路线和拜访目标之后，接下来要做的事就是准备好你的销售工具。

（6）准备适当的工具和数据

根据拜访目标，你要随身携带好工具和数据。如果是分销新的产品，你有没有带上新产品的介绍或者是宣传单页？如果你的目标是要求客户扩大销量，就要带上你的销售数据。你的品牌扩大销量，其实就是挤压竞争对手的空间。你掌握 FABE 法了吗？你知道最有用的方法是通过介绍自己品牌的增长为客户所带来的好处来说服客户。杂牌的做法恰恰是反其道而行之，利用低价格方式来反击你。

（7）带齐销售资料

现在，你要开始检查你的销售包了。看看你的销售包是否保持了清洁？记住，销售包的形象也是你个人形象的组成部分，更代表了公司的形象。

还记得销售包内部的物件应该包括什么吗？

《线路安排》：你要检查的是，今天是否按照计划执行了预先安排的线路、价格表和订货单。

工作日志：有很多信息需要记录下来，它是销售代表的武器。

各种文具：再检查一下，是否忘记带上了你的笔、笔记本、名片、VI 手册、产品宣传手册、获奖证书复印件、有关媒体的报道材料等。一个都不能少！

（8）仪容仪表

销售代表的仪容仪表必须做到整洁。公司有统一业务着装的时候，你就统一；如果没有，你也不能降低对整洁的要求。

记住一点，整洁的穿戴仅仅是一方面，你还要做到面带微笑，表现出你的亲和力。微笑能拉近你和客户之间的距离，也能让你给人留下更好的印象。

（9）找到关键人物

如果你今天的工作目标是和采购经理打交道，那你就要首先找到那些真正能做决策的人以及那些会影响决策者的人。记住，表现出你的自信，你的自信会感染你的客户。

（10）介绍自己

如果是一家新店，或者是你刚刚开始销售业务，就需要和经销商主动地介绍自己，介绍公司以及交换名片。记住，经销商可能记不住你的名字，但是对一个优秀销售代表的最起码要求，是别人能记得住你所工作的公司的品牌。这里需要再次强调的是，品牌就是一个销售代表的荣誉。每一位优秀的销售代表，他的名字就是他为之工作的品牌。

（11）室内观察

看看客户办公室的桌子上是不是又多了张新的供应商的名片？是不是该公司又出台了新的采购政策，文件也许刚好放在办公桌上。

（12）留意竞争对手

看看竞争对手最近又干了些什么？堆码增加了还是减少了？出新产品了吗？价格又变化了吗？把它们统统记下来，向领导汇报，以便在第一时间做出反应。

（13）查看自己的产品

堆码如何？余货多少？所占比例如何？

（14）记录库存

使用《工作日志》，尽可能记录客户库存的详细情况。不少业务人员平常在这方面的工作不是没有做，而是做得很不细致，只是笼统地了解“该客户有很多库存”“堆得满屋子里都是”等，这是需要改进的。

（15）计算订货

利用安全库存原则计算订货。安全库存原则是指库存数量应该是周期销售量的1.5倍。

（16）与小人物搞好客情

千万不要小瞧了那些“小人物”——门卫、清洁工、库管员，这些人对你的产品经常是会有影响的。所以，平时的客情关系是相当重要的。客情关系需要频繁的拜访，需要和他们之间进行感情沟通。

盘存日是个很重要的日子。中国人讲“见面三分情”，更何况盘存通常都是在下班之后进行的，有时甚至一直要干到深夜。优秀的销售代表会参与这些工作，你做过没有？

（17）答疑

采购人员、生产人员会不断地向你提出销售难题。不过，你是否知道他们最普遍、最具有代表性的难题是什么？你是否有各种预案？是否通过请示、请教而总结出了回答这些难题的“标准答案”？

（18）使用你的销售工具

利用你的工作日志，你可以让客户看到安全库存已经不足了，需要进货。告诉客户我们有更多的产品系列，增加客户的进货量。

（19）协助订货

销售代表不仅要协助客户下订单，也要透彻地了解整个订单流程，追踪各个环节，以免因环节原因出现断货。

（20）运用销售技巧说服关键人物

要达成销售目标总不是一件容易的事情，在这里，你就需要运用所学的销售技巧与客户进行周旋。不要把客户的拒绝当作是最终的答案，一个优秀的销售代表，永远都要发现拒绝背后的问题。

(21) 检查工作日志中是否准确完整地填写了客户的有关情况。记住，这是公司所有内部数据的来源，它就是我们每一位销售代表的武器!

(22) 催款的工作

如果今天你的工作中有催款这个项目，请记住。

(23) 整理工作日志

整理好你今天工作日志中有关客户拜访的内容，如有填写潦草的地方，在另外一张新表格上重新誊写。要整洁有序，这就是我们的专业所在。

(24) 填写工作计划

如果今天是周末，请认真填写下周的工作计划。虽然可能和这周一样做的是相同的工作内容，是下周公司是不是又安排了新的工作、新的政策、新的产品了呢?

(25) 准备下一天的工作

准备好明天拜访前需要的一些东西。这个工作日到此结束。

15.17 产品介绍的行动要点

15.17.1 商品介绍要清楚、可信

推销员向客户介绍商品，帮助客户全面认识商品及交易条件，以激发客户对商品的兴趣，为此，推销员在向客户介绍商品时要做到:

(1) 对商品的介绍要清楚。推销介绍犹如做文章，要把自己的意思表述清楚，要使客户对商品有明晰的认识，因此，推销员在谈话时，要语意分明，前后呼应，讲清一层意思后，应做暂时的停顿，待客户有所理解，再做进一步叙述，让客户完全明白你的意思。若不考虑客户的理解程度，滔滔不绝地和盘托出，使客户听而不解，又有何益?层次分明，重点突出，无论是引述事实，还是做出结论，均应把握要点，使客户对面谈的真实意图了解清楚。言语要清晰，使客户易于了解话中的意思；若言语不清，客户不但不明白话中含义，而且会产生情绪上的反感，造成面谈无效。

客户常常对推销员的话不理解、没领会，或对某些方面有不解之处，这时，推销员该如何处理?是重复讲解一次吗?不。重复讲解，从头到尾讲解一次，显得啰嗦，会使客户产生厌烦心理。正确的方法是，推销员向客户提

出各种问题，以了解客户的理解程度，然后根据客户的回答，找出客户未解之处，做重点介绍。

推销介绍要清楚，最终落脚点还在于客户听完之后对商品有清楚的认识，为此，推销员要分清客户对象。如果客户是技术人员和专家，他们有专业知识、懂行，可使用专业术语；如果客户是普通客户，推销介绍要通俗易懂，不可过多地使用技术名词，谈论技术细节，使客户如堕雾里，不知所云，印象模糊。

（2）推销员对商品的介绍要准确。推销员对商品的介绍要一清二楚，毫不含糊，以免造成客户疑虑。对商品的特征、质量、性能和使用方法的说明，要实事求是，不可夸大；在回答客户提出的有关的问题时，力求避免使用“大概是这样……”“也许如此……”“可能吧……”之类的词，否则，会引起客户的不信任感。

（3）推销员对商品的介绍要具有促使客户购买的力量。推销员无论对顾客进行理性说服，还是激发感情，其目的都是刺激客户的购买欲望，从而促成购买行为。不能使客户购买的介绍是毫无意义的。

15.17.2 产品介绍要有针对性

客户有不同的性格类型，推销员要对不同类型的客户做针对性说明。

俗话说，“话不投机半句多”。那种缺乏针对性的谈话，容易引起客户的厌烦和反感。那种不分对象、千篇一律的产品介绍，无法引起顾客的兴趣，只有因人而异地采取不同的谈话方式，才能做到使推销双方一谈即合，语言投机，相见恨晚，达到说服的目的。

15.17.3 让客户参与

推销员要积极鼓励客户参与推销谈话，引导客户发表意见，请客户回答问题，让客户动手操作。

推销是一个双向的信息沟通活动。一方面，推销员谈客户听，即推销员向客户介绍产品；另一方面，推销员要诱导客户表达自己的意见和观点。让客户参与谈话，对成功说服客户具有重要作用。

销售专家认为，在谈话中，若推销员一方“口说”，客户“耳听”的话，事后，谈话的内容在客户的脑海中只能留下10%的印象和记忆，而让客户参与谈话所获得的印象则要高出1倍。

让客户参与谈话的基本技巧是：对客户提问和倾听。美国著名推销员齐格拉说："你怎样进行说服才能使人们行动起来？你要采用问的方法进行说服。"推销员通过提问让客户发表自己的意见和见解，当客户谈话时，推销员要注意仔细倾听客户的观点，推销员可以从客户的谈话中了解客户的购买心理，这对促成销售很有帮助。

15.17.4 避免竞争

推销员在向客户介绍商品时，要避免引起竞争，不贬低对手来抬高自己。

要避免竞争，推销员不要主动地提及竞争对手。记住，推销是你与客户之间的事，不可让第三者即竞争对手插足。如果推销员在介绍产品时提及竞品，那么，客户会将竞品与你推销的产品进行比较，这就增加了说服的麻烦，为说服客户制造了障碍。如果客户主动地将竞品与你的产品进行比较，千万不要攻击竞争对手，贬低竞争对手的产品。不要说竞争对手产品的坏话。推销员要找出本企业产品的优点、特点加以突出宣传，这样，既可冲淡客户所比较的那种产品的优点，又表明自己的产品足以有与之抗衡的条件，可以有效地稳定并增强客户对自己产品的印象并避免因直接反驳客户而发生的争执。

15.17.5 用客户易理解的语言介绍产品

一些推销人员在介绍产品时，在词语使用上常犯的错误是：过于抽象，以致空泛，如说"质量可靠，性能优越"；或过于深奥，使用专业术语，故作高深，客户听后不知所云。

推销人员不能用工程师的语言介绍商品，要用客户的语言即客户容易理解和接受的语言介绍商品，解释问题。据调查，客户并不理解推销人员所说的一系列名词。对推销员所说的都听不懂，客户怎么会产生需求欲望呢？客户注重的是产品能帮他解决什么问题，而不注重它是怎样一种商品。因此，推销员在介绍商品时，一定要具体一些，要避免使用"高质量""优质"等空洞的概念。质量是具体的，产品质量的任何方面，如安全、使用寿命、卫生、硬度、灵活、轻便、精美、新颖等，都是具体可见、可理解的特征。推销人员应该使用形象、生动的语言来说明具体的质量问题。这样的介绍，客户是能够理解和接受的，也是乐于理解和接受的。

15.17.6 说故事，话产品

通过故事来介绍商品，是说服客户的最好方法之一。通过故事，推销员把想要向客户传达的信息变得饶有趣味，使客户在快乐兴奋中接收信息，对产品产生浓厚的兴趣。当一个推销员能让产品在客户心目中留下一个深刻、清晰的印象时，他就有了真正的优势。

优秀的推销员会巧妙地利用人们喜欢听故事的兴趣来取悦客户。他们会津津有味地适时讲起他们与销售有关的故事。

任何商品都有它迷人而有趣的话题：它是怎样发明的？它是怎样生产出来的、企业的发展历程、产品带给客户的好处等，你挑选有趣又动人的部分，把它们编成一个令人喝彩的动人故事，以这个故事作为你的销售武器，就会如虎添翼，所向无敌了。用这种方法，你就能迎合客户，吸引客户的注意，使客户产生信心和兴趣，进而毫无困难地达到推销的目的。

当客户问一位销售员“你们的产品质量怎样时”，这位推销员没有直接回答，而是讲了一个故事：“前几年，我厂接到客户的一封投诉信，反映产品质量有问题。我们公司老板带领公司所有管理人员、技术人员、维修人员自费到200多千米之外的客户单位去。当我们来到客户使用产品现场，看到由于质量不合格给客户造成损失时，都感到无比的羞愧和痛心。第二天，全厂召开质量讨论会，大家纷纷表示，今后决不让一件不合格的产品进入市场，并决定把接到客户投诉的那一天，作为‘反省日’。”推销员没有直接说产品质量如何，但这个故事让客户相信了他们的产品质量。

推销故事有以下几种：

（1）介绍性故事：我是谁？为什么到这里？我能怎样帮助客户？

（2）引人注意的故事：使客户对你和你的产品感兴趣并予以注意。戏剧性的故事，能使他们想听你说的话。

（3）产品信息故事：不是简单地罗列产品的特点和长处，而是把它们融于故事中去讲。

（4）客户担心的故事：客户害怕承担购买风险，推销员向他表示别的客户也有过同样的害怕，然而在他那儿他们从不担心。

（5）金钱的故事：向人们表示他们怎样买得起你的产品和服务，而你的产品和服务又是怎样让他们省钱、赚钱。

（6）自我陶醉故事：向客户表明拥有你产品的自豪，以及别人对他们的羡慕等。

（7）提高生产力的故事：向人们表明你的产品能帮助企业提高效率、降低消耗、增加产量、减少差错。

（8）成交故事：总结产品好处，获得订单。

15.17.7 引用例证介绍产品

举例说明问题，可以使观点更易被客户接受。用10倍的事实证实一个道理比用10倍的道理去论述一件事情更能吸引人。显而易见，生动的带有一定趣味的例证，更易说服顾客。

一位推销员做销售已经27年了，他把每一个买他产品的客户都记了下来，有一个长长的客户名单。他用这些名单来说服客户。

推销员引用例证，要注意例证的分量，越是切题的例子就越具有说服力。

例证有三类：人证、物证和词证。一般而言，人们最相信的是人证，其次是物证和词证。因此，推销员应首先使用人证，尽可能地提及那些购买、使用和对产品满意的客户。如一位推销员对客户说："我们的一位客户，在生产高峰期，调试总是不到位，我们的技术部在接到他的电话后，3个小时赶到了现场。"

在引用例证时，推销员应注意：

（1）讲真话。不可编造例子，要从事实中去搜集。

（2）要具体。少用笼统的案例，多用具体的实例，力求明确。

（3）求主动。讲述情节，引人入胜。

（4）切主题。所引例证是为证明自己的说法服务的，切忌驴唇不对马嘴。

15.17.8 借用数字介绍产品

数字是说服事实的好方法。数字会说话。有这样一个故事：一个人去看牙，医生只用1分钟就将坏牙拔了下来，向病人收了80元钱。病人说只用一分钟就要80元，太贵了。医生说，如果你愿意，我可以用60分钟慢慢拔。医生没有讲道理，只用一个数字就让病人哑口无言。

产品带给客户的利益，是吸引客户购买的关键。推销员不能用抽象、概括性的词汇泛泛而谈产品利益，而应具体地计算出产品带给客户的利益是多大、有多少。如推销员不应说产品节省费用，而应计算出节约多少费用，省多少钱；推销员不应说产品使用寿命长，而应具体说明长多少。具体的细节比笼统的说法更易打动客户。

业务员要了解数字、使用数字。销售量、利润、存货标准、缺货比率、市场占有率、过去的销售量、从其他市场得来的结果，都是需要的数字，可以提高推销员说服客户的可能性。

15.17.9 用富兰克林说服法介绍产品

富兰克林法就是推销员把客户购买产品后所能得到的好处和不购买产品的不利之处一一列出，用列举事实的方法增强说服力。

优秀的推销员善于利用富兰克林方法，从理智上折服客户。

试试，你能总结出多少条客户购买你的产品能够得到的好处和不买你的产品会产生的不便之处。

15.17.10 形象描绘产品利益

推销员既要用事实、有逻辑的力量折服客户的理智，也要用鲜明、生动、形象化的语言来打动客户的感情。

推销员要打动客户的心而不是客户的脑袋，因为，心离装钱包的口袋最近了。脑袋就是理智，心就是感情，意思就是推销员要渲染推销气氛来打动客户的感情，从而激发客户的购买欲望。

如果想完成推销，一定要按下客户的心动钮。

推销员对商品的介绍，局限于产品的各种物理性能，很难使客户动心。要使客户产生购买的念头，就必须在介绍产品的性能、特点的基础上，勾画出一幅梦幻般的图景，以增加吸引人的魅力。销售人员介绍防伪新款塑料瓶时可以这样说："使用这款新型防伪瓶，等于给咱公司的产品进行了身份登记，你可以从假冒伪劣产品的骚扰中解放出来，对咱公司的形象也是一种保护。"

推销员对商品进行形象描绘时应注意：

（1）不要描绘没有事实根据的虚幻的形象。描绘的目的是锦上添花。要做到这一点，首先必须是"锦"，而不是破布。如果我们所描绘的是没有事实根据的虚幻形象，日后必将招来客户的怨恨。

（2）以具体的措辞描绘。光说"质量好"不行，还应具体描绘一下，好到什么程度，优到何种地步。

（3）以传达感觉的措辞来描述。如果只说"痛"，不能令人了解究竟有多痛，是怎样的痛法。如果说"隐隐作痛""针刺般的痛"，或"火烧火燎一样的痛"，人们的理解就深刻多了。因为后者的描绘中用了传达感觉的措辞。

（4）活用比较和对照的方法来描述。

15.17.11 用"能够卖得出去的词语"介绍产品

推销员要注意词语选择和表达。不同的词语，尽管它们表达相同的意思，但感染力是不同的，用词不同，效果各异。“这个值 1 元”，要比“这个售价为 1 元”效果好。

对推销具有推动力的词语应该具有这样几个特点：生动性、提示性、较强的穿透力和感染力。用推销的行话讲，就是“能够卖得出去的词语”。假如词语本身没有“使购买”的敦促力量，推销的对象是不会闻“言”而动的。

销售中，具有销售力量的 28 个词包括：客户的姓名、了解、证实、健康、从容、保证、钱币、安全、节约、新的、亲爱、发现、正确、结果、真诚、价值、玩笑、真理、安慰、骄傲、利益、应得、快乐、重要、担保、优点、明确、好处。

销售中，妨碍销售的 24 个词是：应付、花费、付款、契约、签字、尝试、困扰、亏损、丧失、损害、购买、死亡、低劣、售出、出卖、代价、决心、费劲、困难、义务、责任、失败、不利、不履行。

顾客购买产品的目的是满足自己的需要，而人类的需要是可以被激发出来的。推销员在适当的背景下使用某些适宜的词汇，就有助于激发顾客的需要，诱导其产生拥有某种产品的强烈欲望，打动顾客的心。

微案例

自我体检　你的推销介绍能否吸引顾客

答：是/否

1. 你的推销介绍是否经过事先精心计划，使客户能够产生兴趣？

2. 你是否删除了某些客户不特别感兴趣的事情？

3. 你是否把谈话尽量精简，而且不遗漏任何要点？

4. 你是否能在你与客户见面的头几分钟内就发觉客户的需要和欲望，能够回答或满足他的需要？

5. 你是否经常能够注意到客户从事行业状况的改变，同时也能改变你的推销介绍？

6. 你是否尝试在每次的推销访问中加一些不同的或是新的事情？

7. 当你感觉或认为客户准备购买的那一刹那，是否立刻就能要求客户下订单？

8. 你是否对于你推销简介中感到沉闷或缓慢的部分设法加速带过?

9. 你是否经常练习创造出一种诚实的印象，使客户对你的稳重、自信及友善感到信心十足?

10. 你是否能够对一个困难的问题找出几种不同的方法来回答，并从其中找出一个最有效的回答方法?

请把你答“是”的题目给10分，把答“否”的题目给0分，如果你的总分低于80分，就表示你在推销介绍上需要加上更大的弹性。

15.17.12 示范介绍

推销员说服客户包括两个方面：一是推销员的“说”，即推销员对商品的介绍；二是客户的“服”，即客户对推销员的“说”感到信服。说是手段，服是目的。推销员要使客户信服，不能只凭“口”说，还要用多种方式去“说”。

在赤道地区，一位小学老师向学生解释什么是“雪”。老师说：“雪是纯白的东西。”学生回答：“老师，雪像盐。”老师说：“雪是冷的东西。”学生回答：“雪像冰激凌。”老师说：“雪是粗粗的东西。”学生回答：“雪像沙子”。老师始终无法解释清楚什么是“雪”。最后，教师以“雪”为作文题考试，结果有几个学生写道“雪是白色的、味道又冷又咸的沙”。这个故事使我们知道，世界上有一些事物的真相是无法用语言表达的。

推销员也常常面临着这样的窘境：绞尽脑汁，却无法向客户说清产品的优点；费尽口舌，也难以使客户明白产品的好处。事实上，产品的许多功能和优点，是无法用语言说清楚的，并且，客户有“耳听为虚，眼见为实”的观念。如果推销员不能让客户明白和信服产品的功能和优点，就无法打动客户。许多生意都是缘此而失败的。成功的推销往往是推销员运用多种方式去“说”的结果。

推销就是“谈生意”，生意是谈出来的，没有达成交易，是因为话没说透，即“买卖不成话不到”，但是，推销员光靠一张“巧嘴”还不行。

从客户的角度讲，客户对信息的接收，主要是通过五大感觉，即视觉、触觉、嗅觉、味觉和听觉传递到大脑。客户的每一种感觉对接收能力的影响是各不相同的。

示范的作用有两个方面：一是形象地介绍产品，有助于弥补言语对某些商品、特别是技术复杂的商品不能完全讲清楚的缺陷，使客户从视觉、嗅觉、味觉、听觉、触觉等感觉途径形象地接受商品，起到语言介绍所起不到的作用。二是起证明作用。“耳听为虚、眼见为实”，直观了解，胜于雄辩。

具体来讲，示范的方法有：

（1）对比。与竞品或是老产品进行比较。凡是能说明产品的优良性能、先进功能等优点、特点的，都可以拿相应的产品做比较、对照。有比较才有鉴别。不怕不识货，只怕货比货。

（2）体验。就是让客户试用，亲身体会，检验一下你所推销产品的质量、特点。

（3）展示。每年的展会，不能仅仅把商品从包装箱内拿出来让客户看一看就完事，而应该想方设法展示商品，把商品的结构、原材料、功能、颜色、运行等展现在客户面前，这样让客户充分地了解商品，就能刺激客户的购买欲望。

（4）参观。推销员建议客户参观生产现场，以加深客户对产品的印象。让人参观工厂是推销产品最快、最好的方法。给人参观工厂视为促销产品的最好、最快的方法之一。

15.18 推销产品利益

推销员应当向顾客推销什么？

推销就是说服，所谓说服，就是提出对客户有意义的具体利益，即客户从购买我们的产品中获得的利益。

推销的最大秘诀就是：推销员推销的不是产品，而是产品带给客户的利益——产品能够满足客户什么样的需要。

产品能带给客户什么好处？

产品如何使客户避免损失？

产品能帮助客户解决什么问题？

产品能满足客户什么需要？

产品能带给客户什么心理上的满足？

总之，要告诉客户买你的产品比不买你的产品要划算得多。

推销就是客户购买，而客户是为满足自己的需求而购买。客户不会由于产品是什么而购买它，而是因为产品能满足他的什么需要才购买它。因此，推销员也必须向客户推销利益。

在当今的销售环境中，如果你不能很快地说出产品的利益，就再没有机会了。因为你的竞争对手会这样做。你的潜在客户将会离你而去。

在推销的全过程中，每一个动作、每一种做法、每一项策略、每一套技术，都应当是为了突出产品的利益而设计和实施的。推销员，请思考一下：你在每天的推销业务活动中是否真正运用了“推销利益”这一原则？在推销过程中，你主要靠什么去吸引客户呢？你是如何向客户介绍产品的？你主要是谈产品，还是主要谈客户的问题？（详细内容见本书的“卖点提炼部分”）。

15.19 处理客户异议的行动要点

15.19.1 正确理解客户异议

客户异议就是指在推销过程中，客户提出的不同看法、反对意见和拒绝。消除客户异议，首先必须正确理解客户异议。客户异议具有两面性：一方面，客户异议是成交的障碍。客户异议是放在推销成功大道上的绊脚石，推销员必须把它搬走。客户提出的异议，推销员必须给予回答，如果对客户提出的异议，推销员置之不理或没有给出一个圆满的答复，客户就不会购买。另一方面，客户异议也是成交信号，表明客户对产品感兴趣。我国流传的一句经商谚语是：“褒贬是买主，喝彩是闲人”“嫌货才是买货人”。一般情况下，正是由于客户对推销的产品产生了兴趣，才会提出这样或那样的问题，如果他对产品不感兴趣，连看都不愿多看一眼，何来异议？

客户提出异议，是为了购买一个更好的产品，或是希望以优惠的条件购买。

研究表明，80%的销售失败，乃是因为客户不够了解推销员所推销的产品所造成的。所谓“不够了解”，就是客户没有对产品提出异议或是推销员对客户的异议没有给予圆满的答复，导致客户对产品或交易条件不十分清楚。推销员只要能充分地证明产品能为客户带来利益，刺激客户的需求欲望，就可能促使客户购买。因此，异议来自客户对产品的兴趣，包含着成交的希望，推销员对客户异议的答复，可以帮助推销产品。

并且，客户异议还可使推销员掌握客户的心理动机，知道为何不买，这就有助于推销人员按病施方，对症下药。

一些推销员期望遇到一个不提反对意见的客户。他们认为，那些不提反对意见的客户才是好客户。事实上，不提任何意见的客户常常是令人担心的客户，因为，人们很难了解客户真实的内心活动。不太坚持拒绝的客户，也是不太支持推销员的客户。这些“温吞水”的客户确实把推销员的头脑搞乱了。从事推销活动的人，可以说是与拒绝打交道的人，只有战胜拒绝的人，才是推销成功的人。

客户提出的许多拒绝常常是借口，如：

（1）我考虑考虑再说。

（2）没钱。

（3）我要和领导（妻子等）商量商量。

（4）给我一点时间想想。

（5）我还没有准备要买。

（6）我们已经有了。

（7）价钱太贵了。

（8）没打算要买。

这些借口所掩藏的客户拒绝的真正理由是：

（1）有钱，但不舍得买；

（2）自己拿不定主意；没有其他人的同意，无权擅自购买；

（3）认为别处可以买到更合算的；不想更换供货厂家；

（4）此时忙着处理其他事情，没时间；

（5）目前不需要（或者自己觉得不需要）你的产品；

（6）认为价格太贵了；不喜欢或对你的产品没信心；

（7）不喜欢、不信任，或对你的公司没信心；

（8）不喜欢你、不信任你或对你没信心。

找出客户拒绝的真正理由是推销员的第一份差事。问题是许多业务员都没有去挖掘客户真正的反对意见。

15.19.2 要有应付客户拒绝的心理准备

在拜访客户之前，推销员就要做好应付客户拒绝的心理准备。在推销实践中，一些推销员对客户拒绝的真实内涵和作用认识不清，他们首先是抱着幼稚的乐观主义态度，特别是一些推销新手一出门便满怀豪情“今天一定会一帆风顺”，尽往好处想——这个客户是我同学的同学、朋友；我的产品非常好、价格便宜，客户肯定会买；等等。

根本没有接受客户拒绝的心理准备，结果在遭受客户拒绝后，乐观主义就马上变成失败主义，怨天尤人，认为自己缺乏从事推销的能力，有的推销员原本和客户谈得很融洽，但当客户提出不同意见时，又茫然失措，不知如何应付。这些都是错误的，想避开客户的异议是不现实的；害怕客户异议，是很难取得成功的。推销员与其逃避客户拒绝，不如坚定成功的信念，研究如何战胜拒绝。

世界上那些创造出奇迹的优秀推销员，不是他们运气好，他们的成功是因为他们能够战胜客户的一个又一个拒绝。推销冠军就是遇到客户拒绝，能从客户拒绝中站起来的人。

客户拒绝的是从事推销职业的推销员，而不是具体的你，推销员若能以个人和产品的魅力吸引住客户，就会受到客户的欢迎。

15.19.3　事前要做好客户异议处理准备

事前做好准备，是取得成功的绝对条件。推销员在拜访客户之前，不仅要有应付客户拒绝的心理准备，更要做好战胜客户拒绝的方法准备。推销员在走出工厂大门之前，就要将客户可能会提出的各种拒绝列出来，然后考虑一个完善的回答。事前有准备，面对客户的拒绝就可以做到胸中有数、从容应付；事前无准备，面对客户的拒绝就可能不知所措；或是不能给顾客一个圆满的答复，说服顾客。

告诉你一种比较好的应付客户拒绝的准备方法。就是找一张纸，在纸的中央从上向下画一条直线，在直线的左边，把客户可能提出的异议一一列出来，如果异议很多，可以把空当留大一点，把同类问题都归结在小标题下；在直线的右边，把那些你认为最好的处理方法扼要写下来，然后分别去征求一下同事、经理、老推销员、关系密切的客户的意见，向他们请教更好的处理方法。这样，你就会得到很多有用的启示，你和你的同事可以通过模拟练习，熟练地掌握那些处理方法。应当注意，对这张表格，一定要经常不断地补充、修改，以适应推销工作的实际需要。推销员要记住：准备十分、业绩满分。

现在你准备一张纸，按下面的要求，一步步往下做：

（1）列出客户可能提出的各种拒绝，并记下来。

（2）为每一个反对的理由制定出应对答案。

（3）准备推销工具，诸如感谢信、对照图表与证明文件。

（4）用角色扮演来演练回答：答案写下来之后，安排几个角色扮演的机会，以熟悉每个拟好的情况，不断练习，直到表现自然为止。

（5）不断修改：对演练中发现的不足之处进行修改。

（6）试用在客户身上：去找一位或两位专找麻烦的客户，用实际情况来检验答案是否正确。

（7）把答案正式打印出来。

（8）定期讨论修改：推销员可能会遇到新问题，也总是会有人发明出最新、最好的方法。

如此反复用到实践，这样一来，当你进行到成交阶段时，可能就不会听到客户反对的声音了。

15.19.4 处理隐蔽式异议的要点

客户没有提出异议，却又迟迟不买。造成这种情况的原因可能有两点，一是推销员喋喋不休，高谈阔论，不给客户发表意见的机会。对这种情况，推销员要学会适时闭住自己的嘴巴，倾听客户意见。二是客户不愿意公开自己的看法。对于这种情况，推销员可以运用一定的技巧，打消客户的顾虑，让客户把心中的真实想法吐露出来。

推销员可以运用以下方法来了解客户内心的异议：

（1）观察：察言观色，凭经验揣摩客户的真实想法；

（2）分析：联系前因后果，分析推断出问题所在；

（3）诱导：诱导客户讲话，让其充分表露真实意图；

（4）故意出错：故意说错话题，引起客户表态；

（5）多问几个“为什么”，创造探询的机会；

（6）让客户回答不完整的提问。如：

“王经理，似乎价格上没有不同意见，那么您还不做出决定的其他理由是什么?”

在提问时，推销员必须正视买主，同时最重要的是话要说到一半就停住，接着保持沉默，不要打破它。沉默是让客户进行思考的最好方式。最后只有两种可能：

a. 买主说并没有其他什么原因，这表明他不愿意购买，推销员就准备结束吧。

b. 买主难以回避做出明确的回答，这就给推销员提供了消除异议的机会，从而通向最后的结束。

这种技巧成功的关键在于这一句："……您还不做出决定的其他理由是什么?"客户如果不主动地提供实质性内容，就无法回答这一问题。推销员应注意，不能使用这种形式的问句："您现在还不做决定是不是还有其他理由?"这样的问句，回答肯定是一个"不"字，推销员对此就束手无策了。

15.19.5 处理借口型异议的要点

对客户的借口，无回答的必要。因为，即使你消除了这些借口，客户也不会购买，因此，推销员可采取以下方法应付借口：装作没听见；或对客户说回头讨论；或者用一句话应付过去。

15.19.6 处理偏见型异议的要点

这有两种情况，一是由于客户缺乏知识不了解情况而引起的。推销员向客户进行解释，提供资料，或是进行示范就可以消除偏见；二是不合逻辑的、带有感情色彩的异议。这类异议比较难以处理。用摆事实、讲道理的方法根本改变不了客户的看法，即使事实证明客户是错的，也无济于事。在不影响推销效果的前提下，要尽可能地避免与客户直接讨论这类问题。如果客户一定坚持，推销员可以装作没听见，继续介绍。如果一定要回答，那么推销员可以先承认他的观点有道理，然后把话题引开。

在消除偏见时，有些方法不宜采用，如完全否定、不加理睬、争论辩论、盲目附和、讥讽奚落等。

15.19.7 处理恶意反对型异议的要点

客户或是由于性格原因出言不逊，或是对情况不了解或听信谣言而对推销员、产品、交易条件等横加指责，或是缺乏商业道德而对推销员故意刁难。处理这类反对意见时，推销员首先不要鲁莽从事，大动肝火，与客户针锋相对。推销员必须记住自己的目的是推销产品，服务客户，因此就必须要能够忍受这一切。处理恶意反对时，可以用对付借口型异议的一些方法。

15.19.8 处理了解情况型异议的要点

客户提出这类要求，是真心实意地想从推销员口中了解更多的有关产品和交易条件的情况，往往表明了客户对产品已经产生了兴趣，甚至产生了购买欲望。推销员要详细地向客户介绍有关情况，以充足的证据、令人信服的解释消除客户的疑虑。

15.19.9　处理自我表现型异议的要点

有些客户想表明自己是行家，表现自己的才华或地位，往往会提出一些不同意见，这些意见有些是正确的，而大多数是毫无意义的。对此，推销员要耐心倾听，不要反驳客户，而要向他们请教，使客户成为你的伙伴，对那些无关紧要的异议，完全可以不加理睬。

15.19.10　处理最后型异议的要点

有些客户在决定要购买的同时，又会提出“最后的异议”，以争取更为有利的成交条件，还有些客户由于采购行为事关重大，为了慎重，再次提出洽谈中已经提出的异议。对于前一种，推销员应委婉但坚决地拒绝；对于后一种，推销员可重复以前的解释和保证，消除客户的犹豫。

15.19.11　掌握好处理异议的时机

对客户异议答复的时机选择和答案本身同等重要。掌握回答拒绝的时机，是处理顾客异议的一个重要技巧。

推销员对客户异议进行答复的时机选择有以下4种情况：

（1）在异议尚未提出时回答。防患于未然，这是推销员消除客户异议的最好方法。推销员如果觉察到客户会提出某种异议，最好在客户提出之前，主动把问题提出来，并给予解释，这样，推销员就会赢得主动，先发制人，从而避免去纠正客户看法，或反驳客户的意见而引起的不快。

推销员是完全有可能事先揣摩到客户异议并抢先处理的。因为，客户异议的发生往往遵循一定的规律性。例如，当推销员大谈产品的好处而尚未提及产品价格时，客户就会提及价格；当推销员谈论产品好的一面时，客户很可能在产品差的一面去琢磨问题；当推销员谈论自己的优势时，客户很可能要搬出竞争者来比较。有时候，客户心中有异议虽然没有提出来，但他们的表情、动作及谈话的用词和声调却会有所流露。经验丰富、反应灵敏的推销员就会觉察到这种变化并抢先回答客户的异议。

微案例

推销员预见到客户可能会提出价格异议，就说：“先生，很多人说我们产品的价格贵，但是我们发现，客户常常把价钱与成本混为一谈。我们价格虽然不是最低，但您购买我们产品的总成本却是最低的。”（然后，推销员把有关资料或售后服务成本的比较拿给客户看。在客户经过教育，知道什么是真正的成本后，让他自己说服自己。）

（2）异议提出后立即回答。绝大多数异议要立即回答。这样回答了客户的异议，既可以促使客户购买，也是对客户的尊重。如果客户提出异议而推销员没有立即给予答复，客户心中的顾虑没有消除，他是不会购买的。

（3）过一段时间再回答。

对于以下异议需要推销员暂时保持沉默：

异议显得模棱两可，含糊其词，让人费解；

异议的即刻回答可能会造成销售的被动局面，甚至断送销售；

异议显得文不对题，答非所问；

异议显然站不住脚，不攻自破；

异议不是三言两语就可以解释清楚的；

异议超过辩解者的认识和能力水平；

异议涉及较深的专业知识，解释不易为顾客所马上理解。

急于回答客户的此类异议，是很不明智的做法，往往会导致客户大失所望，从而丧失利用异议说服客户的好机会。暂时不答，不等于不答。经验告诉我们：与其仓促地错答十问，不如从容地答对一题。

（4）不回答。一些推销员认为，必须回答客户提出的每项异议，其实这是个误解。有人认为，大约80%的异议是不必回答的。推销员对此类异议既不表示反对，也不表示赞成。不赞成是因为他们与销售利益背道而驰，不反对是因为这样做多此一举。对以下异议可以不回答：

无法回答的奇谈怪论；

容易造成争论的话题；

不堪一击的肤浅见解；

废话；

可以一笑置之的戏言；

异议具有不可辩驳的正确性；

自己没能力说清楚的问题；

超过自己权限范围的议题；

明知故问的发难。

推销员不回答可以采取以下技巧：沉默不语，静止观望；装作没听见，按自己的思路说下去；答非所问，悄悄扭转对方确定的话题；插科打诨幽默一番，最后不了了之。

15.19.12 处理异议时，切忌争辩

在导致推销失败的诸因素中，由争论引起的失败率高居第一位。推销失败的第一定律是：与客户争个高低。当客户批评我们的产品或服务时，不管对方如何批评，即使你口齿伶俐，能言善辩，也永远不要争辩。争辩不是说服客户的方法，与客户争辩，失败的永远是推销员。有句推销格言是：“占争论的便宜越多，吃销售的亏越大”，争论成功之时，也就是推销失败之时。

推销员避免与客户争辩的最好方法是克制和规避。

（1）保持沉默，但要微笑；

（2）转过身去做一件小事，以消除剑拔弩张的紧张气氛。比如咳嗽几下、摸摸鼻子、取一样物品、与第三者打一个招呼等；

（3）打断客户的话题，给他们看一样与争论无关的东西，转移他们的视线；

（4）接过客户的话题，转而谈论别的话题；

（5）表示某种歉意，扰乱客户想争论的兴致；

（6）让客户稍等一下，做出好像有急事要处理的样子，可借故去厕所，回过头来却谈别的事情；

（7）改善谈话的气氛，如递一支烟、沏一杯茶、送一件小礼品等。

15.19.13 要给客户留“面子”

人是感情胜过理智的动物。如果推销员伤了客户的自尊心，即使你的产品再好，客户也不会购买。推销员要尊重客户的意见，无论是对的还是错的，无论是深刻的还是幼稚的，推销员都要表现出重视客户意见的态度，不要表现出轻视的样子，如不耐烦、轻蔑的表情、走神、东张西望、绷着脸、耷拉着头等。推销员在倾听客户异议时，双眼应正视客户，面部略带微笑，表现出全神贯注的样子，不时地穿插一些鼓励表扬的语言和动作。

推销员不能语气生硬地对客户说：“你错了”“你说的不对”“连这你都不懂”，也不要显得比别人知道得更多，如“让我来给您解释一下……”“我刚才讲的问题可以这样理解……”“我帮您分析一下……”“您没搞懂我的意思，我是说……”，这种处理方法明显地抬高了自己而贬低了客户，挫伤了客户的自尊心。

好的方式是这样讲：

“就像您知道的那样，我是说……”

“不用多讲，您早已明白，这个问题可以这样来看……”

“从您的话中我得出几点启示……”

“我没弄懂您的意思，这个问题似乎可以这样理解……”

这些说法，哪怕客人并不能理解你的解释，但他们对你的好意都会表示出某种领情的态度，这将大大有益于说服客户购买。

推销员一定要记住：没有人爱听别人的教训，也没有人愿意承认自己愚蠢。在回答客户异议时，推销员可经常采取下列句型：

“我了解你的想法……”；

“如果我站在你的立场上，也会提出同样的问题……”；

“我也有同感，当我才开始接触这一产品时……”；

“你的意见极为宝贵，我一定向厂里反映……”；

“你对这方面的事是内行，令人钦佩……”；

“我知道自己还没有完全解释清楚……”；

“对不起，我使你产生了误解……”。

15.19.14 消除客户异议的要点

（1）认真听取客户提出的异议

要回答好客户异议的前提，是要弄清楚客户究竟提出了什么异议。在没听清客户说了什么的情况下，要回答好客户的异议是困难的。因此，推销员要做到：认真听客户讲话；要让客户把话讲完，不要打断他的话；要带着浓厚的兴趣听。认真倾听客户提出的问题，既可以使推销员准确地了解客户不购买的症结所在，又会使客户觉得推销员是个富有责任感的人。

应避免的现象是：推销员匆匆忙忙为自己辩解。一些推销员常常打断客户的谈话，急于表态，为自己辩解，竭力证明客户的看法是错的。这很容易激怒客户，并且往往会演变成一场争论。推销员要耐心地听完客户的讲话，然后琢磨一下，“客户为什么会提出这种问题呢？我应该怎样回答？”。

（2）回答之前，应有短暂停顿

推销员在听完客户的问题后，应做短暂停顿之后再回答。这样做会使客户觉得你的话是经过思考后说出的，你是负责任的，而不是随意乱说的。这个停顿很重要。这样客户会更加认真地听取你的意见。有的推销员在客户刚说完就迫不及待地接上了，这样给客户留下的印象是，推销员在竭力为自己表白、辩解。

（3）要对客户表现出同情心

推销员要理解客户的心情，客户提出异议，通常是带有某种主观情感在里面，所以，要向客户表示你了解他们的这种情感。可以通过下面的话来表达你的意思："我明白你的意思了""很多人就这么看的""很高兴你能提出这个问题""这个问题你提得很好""是的，这一点很重要""我明白了你为什么要这么说""我知道了你的具体要求"等。

（4）复述客户提出的问题

为了向客户表明你明白了他的话，可以把客户提出的问题再复述一遍。在可能的情况下，推销员要把客户表示异议的陈述句变成疑问句。例如，推销员可以这样回答客户："我知道了您的要求，您是不是怀疑产品的质量呢?"稍微停顿一下，然后回答你自己提出的问题。这样表明你已理解客户提出的问题，客户就会比较容易地接受你的意见了。

（5）回答客户提出的问题

对客户提出的异议，推销员要回答清楚，这样才能促使推销进入下一步。推销员应当避免的一个问题就是：在介绍产品的时候，又提起客户前面提出的异议。这样做，只能夸大问题的严重性，容易在客户脑子里留下不必要的顾虑。

（6）用"对，但是"法处理异议

适用于意见是错误的情况下。对客户的错误意见，推销员直截了当地反驳客户，会引起客户的不快。推销员既要反驳客户，又不要引起客户的不快，就要用"对，但是"处理法。"对"，就是推销员要首先承认客户的意见是有道理的，"但是"，就是推销员在给客户留面子之后，再提出与客户不同的意见。这种方法是间接地否定客户的意见，比起正面反击要委婉得多，一般不会直接冒犯客户，有利于保持良好的推销气氛，推销员的见解也容易为客户所接受。

一位客户提出异议："价格太贵了"，推销员可以这样回答："对，我们的产品价格是比一些厂家的贵，但是，如果考虑到我们的品牌和服务，您就不会有这个感觉了。"

实践中，推销员过多地使用"对，但是"处理法，如果客户听得多了，往往会在听到"但是"后产生一种失望感。这时，推销员可采取"对，但是……”的引申形式“是的，如果……就……”。

还是以前面的那个为例，客户提出异议：“价格太贵了”，推销员可以这样回答：“是的，是不太便宜（表示同意），如果考虑到产品的质量性能和我们提供的服务，您就会觉得它是合理的。”

有时候，使用“是的，如果……就……”这个程序觉得有点别扭，可以改用它的演变形式——“是的”，稍停顿——来代替。停顿造成间断，同样具有扭转话题的作用。

还是前述异议，客户说：“价格太贵了”，推销员可以这样回答：“我料到您会这样说的（稍停顿，微笑一下，然后说下去），可您为什么不想想我们的产品质量和售后服务呢?”

推销员在运用“对，但是”处理法时，可灵活运用以下句型：

总的来说，您的想法是对的，如果……；

您是个聪明人，我一说出来您就会知道，请听……；

我同意您的看法，我的另一些看法是……；

我也有同感，问题在于……。

（7）用同意和补偿法处理异议

如果客户提的异议确有道理，则推销员采取否认策略是不明智的。这时，推销员应首先承认客户的意见是正确的，肯定产品有缺点，然后利用产品的优点来补偿和抵消这些缺点。

使用这种方法来处理客户的反对意见，可以使客户保持心理平衡，有利于排除成交障碍，促成交易。

（8）用反驳法处理异议

指推销员对客户的异议进行直接否定。

（9）用询问法处理异议

即用对客户的异议进行反问或质问的方法答复客户异议。如客户说：“你的东西很好，不过，我现在不想买。”推销员立即追问：“易经理，既然东西很好，为什么您现在不买呢?”

（10）一带而过法处理异议

指对客户的异议只做十分简单的回答，以表示理解异议所指。在产品推销过程中，客户有时会提出一些与推销无关的异议，甚至是荒谬的异议，这时推销员就应不予理睬或一带而过。

15.20 转化价格异议的行动要点

再好的商人也要谈到价格。在客户提出的异议中，价格异议所占的比率不仅相当多，而且客户也相当坚持；但是，推销员只要掌握技巧，价格异议也很容易解决。

（1）不要将价格放在一个重要的位置上。有的推销员主张用优惠的价格吸引客户，他们认为，价格比质量、性能等更重要。这种认识是错误的。除非你的价格特别便宜，否则，推销员必须记住，价格本身并不能引起客户的购买欲望。客户是由于产品能满足自己的需要而购买，而不是因为价格便宜而购买，获取订单的决定因素，应当使客户看到他将得到的好处，而不是他所支付的费用。

（2）客户说“没钱”的真正含义。一些客户常说“没钱”。对此，推销员要有清醒的认识。有时，“没钱”是借口，并不是说客户真的“身无分文”，客户的意思是“我有买其他产品的钱，没有买你的产品的钱”。客户是按照最大效用规律购买产品的。客户认为，买你的产品没有买其他的产品更迫切、更需要，他就会以“没钱”作借口。认识到这一点后，推销员的任务就是，让客户认识到不购买这种产品将会带来的诸多不便，或者购买这种产品比不购买这种产品的好处要大得多。

（3）顾客说“太贵了”的真实含义。客户常常对推销员说“太贵了”，因此，他们不想买。有的推销员见到这种情况就匆忙向客户解释我们的产品不贵、比同类产品便宜，结果劳而无功。客户说“太贵了”，其真实含义并非客户想买但因价格高而不买，而是客户没有认识到产品的价值。当客户说“价格太贵了”的时候，反映了客户对产品质量和价值的怀疑，而不单纯是对产品价格本身的不满。当客户认识到产品很好，能满足自己的需求欲望时，就会觉得价格便宜。反之，客户觉得购买某一产品是一种负担，就会觉得价格昂贵。

（4）强调产品的价值。在消除客户的价格异议时，推销员的首要任务不是向客户讲明价格（从成本的角度）的合理性，而是讲明产品的价值（从产品带给客户的利益的角度）的合理性。

价值就是产品对客户的有用性。客户是否购买产品取决于他以下的判断，即他为该产品必须付出的价格与拥有该产品所能得到的利益的比较。客户提出价格异议，表明怀疑商品的价值是否符合你所说的价格。客户希望所购买的商品符合自己所花的代价。因此，面对客户提出的价格异议，推销员必须将商品值这么多钱的理由说给客户听。推销员要把客户关心的价格问题转移到产品的价值上，向客户说明产品具有什么利益，从而增加客户对产品价值感的认识。

价格完全取决于客户对产品——包括服务与感觉的满意度。

许多推销员常犯的错误是从成本的角度去解释价格高的原因，如：

“我想您也一定很清楚，最近物价上涨得实在太厉害了……”——这种避重就轻的回答方式，实在不是正当的理由。

“价格上是高了一点，但是，生产成本也不断地在增加……”——客户关心的并不是成本的问题，因此，你说这种话反而无济于事。

相反，推销员应当向客户说明价值的合理性就比较有说服力，如：

“也许价格上是偏高了一点，但是，这种产品不会出问题。恐怕也只有我们的产品才敢做出这种保证。”然后，再提示一些统计数字，强调其他产品所没有的优点。

（5）先谈价值，后谈价格。推销员不可主动谈价格，不能一开口就说“这款产品 0.46 元”。推销员要首先谈产品能够为客户带来的利益，以刺激客户的购买欲望，然后再谈及价格，客户的购买欲望越强烈，对价格的考虑就越少。如果过早地谈到价格，客户对产品的利益不了解，就有可能打消购买欲望。当客户首先提出价格问题时，推销员要尽量向后拖，如装作没听见，或说“一会儿再谈”，或是建设性地回答，即报价的同时，主动地说出产品价值，如说“这款 0.39 元”是不行的，应该说“这款 0.39 元，它带防伪标识，问题产品可追溯”。

总之，推销员要记住：在客户充分认识产品价值之前，不要谈价格。

（6）制造价格便宜的幻觉。推销员可以采用一定的技巧，使顾客产生“价格便宜”的心理感觉。

a. 用较小单位报价，以隐藏价格的昂贵性。经验丰富的推销员都有这种感觉，以一件产品的价格报价要比以一打或一箱的价格更容易促成交易。

b. 将价格与产品的价值联系起来。推销员不是告诉客户买这个产品需要花多少钱，而是告诉客户花这么多钱，你买的是一个能够给你带来多少好处的产品。

c. 把价格与产品的使用寿命结合起来，计算出单位时间（天、月）内的金额，以表明价格并不贵。

（7）以可靠性弱化价格

大企业的运营往往是一项系统化工程，一环一环得非常紧凑。与小企业有很大的不同。一个小企业，今天一个关键设备坏了，充其量也就影响几十个人，实在不行，大不了大家休息，停产几天，厂长在车间里大叫一嗓子，大家就回家了。等设备修好了，哪怕一个一个地打电话把人叫回来，也就半天工夫，这工厂说停就停说开就开，启动起来容易得很。

对于一个大企业来说，事情可就大了，一个设备停了会影响到几个层次上千人。而且他们是一个紧密衔接的整体，再启动起来需要各方面的配合，可就不是那么容易的事了。

业务员要熟悉下面这个简单的数学题：对于一个只有两台设备的小厂来说，买可靠性为90%的产品与可靠性为95%的产品是相差不大的。可靠性为90%的产品在两台机器上同时不出问题的可能性为90%×90%＝81%。而两台可靠性为95%的产品同时不出问题的可能性为95%×95%＝90%。前一种是后一种的90%，相差不大。但对于一个有10台设备的企业，前一种的可靠性就成了90%的十次方，0.9×0.9×0.9×0.9×0.9×0.9×0.9×0.9×0.9×0.9＝35%，而换成可靠性为95%的呢？95%的10次方是53%。前一种只是后一种的66%了。而上升到20台，前一种只是后一种的43%，到40台前一种只是后一种的19%……

这是六西格玛中提到的一种理念，简单来说，就是当一种产品成为一个由成百上千个因素影响的复杂系统时，每提高或降低万分之几的可靠性都会产生巨大的利益或损失。

销售员应该知道，对于一家大企业，每个产品每提高一点微小的可靠性，都会让企业发生根本性改变。

我们把这方面稍稍多讲一点，是希望让业务员知道，这是你们的卖点，通过这方面的讲解你们可以让客户接受用高价格提供的高可靠性产品。因为采购价格而带来的成本增长是直线上升的，而可靠性提高带来的收益是几何增长的。

由于很清楚提高可靠性对自己的重要性，一般的大企业在选择重要供应商上都有严格的要求，比如企业规模，可证明的用户，必要时还要参观生产线。

微案例

自我体检——处理价格异议的测试

如果你对下面的题目回答“是”的话，那么填上该题后面所标出的分数；如果你的答案是“否”的话，在分数栏标上零，最后把所有的分数加起来。

1. 当你面对客户对价格的抱怨时，你是否立即就能分辨出这是一个真正的反对，还是客户想对价格信息多一份了解及要求？（10 分）

2. 你自己是否确实相信你的价格并不是太高？（10 分）

3. 你是否清楚而且了解你所有竞争者的价格及他们的产品质量？（10 分）。

4. 你是否十分了解你所销售的产品的原始价格以及在产品售出后你仍需付出的全部费用？（10 分）

5. 你是否知道你公司在广告方面所花的费用及其对准客户的价值？（10 分）

6. 售后服务费用是不是也包括在你的售价中？（5 分）

7. 对于竞争者的价格及服务的优点，你是否擅长加以弥补及争取优势？（10 分）

8. 如果你的价格对于那些位于“边缘界限”的准客户们（只差一点就可以变成真正的客户）确实是太高的话，你是否能够立即觉察出来？（5 分）

9. 如果客户认为或暗示你在价格上欺骗他，而这却不是事实的话，你是否能坚持不让步？（5 分）

10. 少有的机会中，假如你实在不能克服价格异议，你是否能立即与你的销售部经理联系，以求解决或帮助？（10 分）

11. 你是否把自己的服务也尽量当成商品价格的一部分而推销出去？（5 分）

12. 是否能够把你所代表的公司的声誉也尽力地当成是商品价值的一部分而推销出去？（10 分）

如果你的分数是 100 分，则表明你对于处理客户的价格异议而言是一个十足的专家；85 分以上则说明你几乎是一个专家；分数低于 75 分，则表示你需要改进自己的推销技巧。

15.21 转化需求异议的行动要点

这是指客户认为不需要所推销的产品。如客户说：“我根本就不需要这种东西”“我们已经有了”“这东西有什么用”等。

需求异议是客户对推销产品的彻底回绝，或者说是对推销活动的彻底否定。因为连产品都不需要，价格质量等其他一切就更谈不上了。

（1）真实需求异议的处理：即客户确实不需要所推销的产品，这时要停止推销。

（2）虚幻需求异议的处理：客户客观上存在着对推销产品的需求，但主观上没有认识到。这时推销员应刺激客户的欲望，创造出需求。

（3）虚假需求异议的处理：客户不愿直接回答推销员的问题而编造借口，这时，推销员应找出借口产生的真实原因，然后说服客户接受推销。

15.22 转化货源异议的行动要点

客户认为不能向这位推销员及他所代表的企业购买产品。

如客户说：“我们已有供货渠道，我们和××厂已有多年的关系”等。货源异议有真实的和虚假的。

真实的货源异议是推销的障碍，但货源异议本身又说明客户对推销产品是需要的。这就表明，对推销员而言机会是存在的。打个比方就是，客户并没有把门关上，而是留了条缝。既然有了一条缝，就有敲开的可能。

对真实的货源异议尤其是当客户与其他推销员建立起良好的信任关系后，推销员要克服这种忠诚式异议困难重重，对新的推销员来说，要获得客户的信任，并且要超越客户多年来建立起来的对原推销员的信任，单靠优惠的价格、更好的服务、优异的质量是远远不够的。当面临货源异议时，推销员只有一个“情”字才能打动客户。

（1）要热情，努力赢得客户的信任。

（2）找一些恰当的理由去访问客户，或是阐明新的利益。

（3）当客户经营管理遇到困难时，帮助解决。

（4）不要攻击对手。一个成功的推销员不应贬低或诋毁自己的竞争对手，这样做，就等于在暗示客户的判断力有问题，最好还是称赞客户现在的供货商，然后抓住机会强调差别利益。

虚假的货源异议是客户提出也有相似的产品来源，只是想向推销员施加压力，使自己在谈判中处于有利的地位，以达到杀价等目的。对虚假的货源异议，推销员也要谨慎，不要使客户难堪而不愿说出想购买的心里话。

15.23 成交阶段的行动要点

推销活动的游戏规则就是：以成交为目的而开展的一系列活动。在英文中成交的单词是“CLOSE”，去掉C，“LOSE”就是失败的意思。推销员没有与客户达成交易，就是在为竞争对手工作。

推销是一个残酷的工作，是一个以业绩论英雄、以成败论输赢、胜者为王败者寇的工作。业绩是业务员的生命线。业务员是好是差的标准就在于能拿到多少订单。诱导客户成交是业务员必须具备的基本能力。

任何人都会推销，但只有成交才能使买卖成功。推销员必须要有坚定的成交心态和娴熟的成交技巧。

推销员要记住，成交是推销活动的最终目的，推销活动的其他工作，如开发客户、说服客户、战胜客户拒绝，都是为达成交易所进行的准备工作，如果不能达成交易，这些活动就是没有意义的。成交就像是足球赛中的射门，只有进球，才能得分；只有成交，才能成功。

推销人员要掌握成交的技巧。能否善于促使客户采取购买行为，往往是检验推销员水平与能力的标准。优秀的推销员能让犹豫不决的客户下定决心购买你的产品，而失败的推销员则是让犹豫不决的客户下定决心不买。有推销专家认为，一个无法促成交易达成的推销员，不是一名真正的推销员，而仅仅是一个喋喋不休的人。

许多推销员常犯的一个错误就是拜访了客户却没向客户提出成交要求。这是推销员所犯的错误中最愚蠢的错误。这些推销员只会推销而不会成交，他们在向客户推销时很卖力气，但迟迟不肯让客户订货，结果他们不能成交。有一句推销格言是：“许多推销机会就是因为推销员没有要求客户成交而从眼前溜走。”推销员没有向客户提出成交要求，就像你瞄准了目标却没有扣动扳机一样。

还有一些推销员认为当客户想买时，他们会主动提出成交的。事实证明，这是一种错觉。有一位推销员，正在向ABC公司推销自己的产品，他已去过该公司多次，花费了很长一段时间。一天ABC公司的采购部经理拿出一份已签好字的订单，而且金额很大。这位推销员被惊呆了，愣了半天才如梦方醒。他问采购部经理为何在过了这么长时间以后才决定购买，客户的回答是：“今天是你第一次要求我们订货呀。”这个故事说明，绝大多数客户都在等待着推销员提出成交要求。推销实践表明，即使客户主动购买，如果推销员不主动提出成交要求，买卖也很难做成。推销员等待客户主动提出成交要求，就像等待一群牛主动回家。事实上，只有3%的客户（直销情况下）会主动提出成交要求，其余的97%客户则需要推销员请他们购买，请他们今天就买。如果你只会推销却不会成交的话，你只能做成3%的生意。推销员不向客户提出成交要求，实际上是在为竞争对手工作。因为当客户对产品有了兴趣后，竞争者会请他们购买，客户会从竞争者那里购买。

另外一些推销员患有“成交恐惧症”，担心客户拒绝而不敢主动要求客户成交。他们把成交要求闷在心底，直到告辞也不敢提出来。他们一次次拜访客户，一次次礼貌告别，都未能说出自己的心里话：“希望您能订货。”这种因担心失败而不敢提出成交要求的心理倾向是错误的。从一个新的角度来看待推销，有助于推销员消除成交恐惧症，就是要正确认识推销工作。推销员要提醒自己，自己所从事的工作，是满足客户需要而不是麻烦客户，客户从交易中得到的好处比你的更多。正如一位推销专家所说：“如果你有目的地推销，真正有兴趣解决客户的问题，你就不会在成交时犹豫不决。”反之，对一位有兴趣的客户你没有提出成交要求，你和他都受到了损失：你浪费了时间，客户失去了更快享用你的产品利益的机会。推销员要以大胆、自信的口吻向客户提出成交要求。不可犹豫不决。因为自信是具有传染力的，当推销员自信时，客户也会坚定购买的信心。

成交的最后关头，自信是绝对必要的成分。一些推销员在向客户提出成交遭到客户拒绝后就放弃了，他们希望遇到一个爽快的顾客，一个无论推销员提出什么，他们都会答应的人。据统计，有64%的推销员没有多次向客户提出成交要求。据一位优秀推销员的经验，在客户第四次拒绝后，只有5%的推销员还能够继续坚持。推销员在获得顾客成交之前，至少要出现6次否定。也就是说推销员没有6次以上的坚持，就不会有第7次的成功。胜利往往就在于再坚持一下的努力中。

推销人员可以通过反复的成交努力来促成最后的交易。他随时准备成交，又随时准备继续进行面谈，继续向客户介绍产品，继续提出新的推销重点。一位推销专家指出：“客户的‘不’字并没有结束。推销面谈，顾客的‘不’字是个挑战书，而不是阻止推销员前进的红灯。”

15.23.1 密切注意购买信号

购买信号（成交信号）是客户通过言语、行为、表情等各种方式泄露出来的购买意图信息。客户在已决定购买但尚未采取行动时，或已有购买意向但不十分确定时，常常会不自觉地表露其心态，推销员只要细心观察，就会发现客户的购买信号。

推销员要善于察言观色，分析判断客户的想法。

成交信号是产品介绍与达成交易之间的重要环节。辨别成交信号是推销中迈向成交的第一步。为了有效地促成交易，推销员必须善于观察客户的言行，捕捉各种成交信号，诱导客户做出购买决定。一个推销高手需要具备辨认并利用客户成交信号来完成交易的能力。

许多推销员的失败之处就在于没有观察出客户的成交信号。要注意把握客户以下比较典型的购买信号：

（1）语言信号

客户常常通过反话、疑问的话、话外话的方式来表达自己真实的内心想法。比如：

问及售后服务；

把推销员已说过的重点再问一次；

询问交货时期及手续；

询问支付方式；

用其他公司的产品与你的产品相比较；

把你和竞争对手的各种交易条件具体地加以比较；

要求将产品留下试用；

向你打听新、旧产品的比价；

让你把价格说得确切一点。

（2）行为信号

客户的动作也能表达其内心世界。

客户刚见你时态度很冷淡，听了你的介绍后，态度变得和蔼多了。比如：

向后仰，靠在椅背上舒展身体；

前倾，更加靠近推销员；

频频点头；

端详样品，重新拿起样品和目录；

再次查看样品、说明书；

用手触及订货单；

加快记录的速度；

摆弄商品或突然停止摆弄商品；等等

（3）表情信号

紧锁的双眉分开，上扬；

眼睛转动加快，好像在想什么问题，深思的样子；

嘴唇开始抿紧，好像在品味什么东西；

神色活跃起来；

态度更加友好，突然开起玩笑，表情变得开朗；

眼神放光，眼角舒展；

原先做作的微笑，让位于自然微笑；

流露出与原来不同的神情；

客户的眼神、表情看起来很认真、视线集中在说明书或产品样品上等。

（4）有关现货或时间的问题

“这些商品有库存吗？”

“你们的生产能力有多大？”

（5）有关交货的问题

“你们多长时间可以交货？”

“我必须在多久以前通知你？”

（6）费用、价钱的特定问题，或负担能力方面的问题

“这款……要多少钱？”

（7）任何与金钱有关的问题

（8）有关你们公司的问题

“你在这家公司服务多久了？”

“你们公司成立多少年了？”

（9）需要你重复说明

“刚刚还没谈到价格之前，你说什么？”

（10）提及与前一任供应商所发生的问题

“以前的供应商服务很差。我需要服务的时候，你们要多久才会来处理？”

（11）与特性和选择性有关的问题

“模具费是我们承担还是你们承担？”

（12）质量方面的问题

“质量怎么样啊？”

（13）保证方面的问题

“交货时间能保证吗?”

(14) 资格方面的问题(或你们公司)

“这个产品是不是有注册证?”

(15) 与公司有关的特定问题

“你们还有哪些品种?”

(16) 问及其他满意的客户

“你们在这个地区的客户还有哪些?”

(17) 问及推荐人

“谁推荐你来的?”

推销是积极进攻行为,推销员完全不必在客户说“我买了”之后才拿出合同,而应该认真观察,一旦发现客户有购买意图,就要采取措施,诱导客户做出购买决定,实现成交,否则,错过机会,就会失去成交的希望。在推销实践中,一些推销员不善于观察客户的购买信号,而是一味地向客户做徒劳无益的解释,结果失去机会,使以前的努力化为泡影。善于发现客户成交信号的能力来自推销实践的积累,掌握它并非一日之功,但这却是一个推销员成功所必需的。

15.23.2 主动把握成交时机

推销员一旦观察到成交信号,就要不失时机地向客户提出成交要求。

推销员要善于观察客户的成交信号。成交信号表明客户对产品感兴趣。此时向客户提出成交要求,成交就是顺水推舟的事。

(1) 三个最佳的成交时机:向客户介绍产品的重大利益时;客户提出异议,推销员给了客户一个圆满答复,客户信服的时候;当客户出现了成交信号时。

客户对产品表现出明显的兴趣时,正是成交的极好时机。此时向顾客提出成交要求,成交就是顺水推舟,水到渠成;在顾客没有兴趣时提出成交要求,必然要碰壁,正如莎士比亚所说:“人生的行动要依时机而进退,当涨潮时进出港口一定来去自如,如果错过时机,便会有搁浅的危险。”

推销员常犯的错误就是错过时机:或是在客户的需要尚未完全形成时过早地提出成交要求;或是在客户产生需求后没有提出成交要求,以致错失良机。

(2) 时刻注意,随时成交。成交并非推销员留给客户的最后一个话题。

在推销过程中，推销员要时刻注意观察，一旦发觉客户有购买意图，就要随时提出成交。这是因为，适当的成交机会存在于推销员与客户面谈的整个过程中，达成交易没有固定的合适时间。成交并非访问结束时与客户的告别话。成交是推销谈话的组成部分，并且可以在任何时候进行。

（3）充分利用最后的机会。在推销过程中，客户如果拒绝订货，推销员不要气馁，还要争取最后的机会，即利用和客户告辞的机会，采取一定的技巧来吸引客户。大量的推销实践表明，在推销过程中，多次成交失败后，推销人员利用与客户告辞的时机仍可达成交易。一些推销员，每到与客户告别时，便慢慢腾腾地收拾东西，有意无意地露出一些客户未曾见过的产品样品，引起客户的注意和兴趣，企图创造出第二次推销的机会。

（4）从容应付。要沉着应战，不要慌张性急。

（5）不要得意忘形。推销员不能眼见生意到手而得意忘形，以免客户生疑，落个竹篮打水一场空。

（6）不要争论。到了成交阶段，推销员的工作只能是鼓舞其欲望，不断升温，而不要因客户的一些无理言辞而与其争论。

（7）不要让价。在成交阶段，客户要求让价，多是存有侥幸心理，不会因减不了价而改变主意的。

15.23.3 诱导成交

推销员希望让客户购买的意思可以通过多种方式来表达，而不同的表达方法会影响成交成功的可能性。

推销员诱导客户成交的方法有很多，每一种方法都有其适用范围，推销员的任务就是针对每次推销的具体情况，选择最适当的方法，并且要学会综合运用。

（1）对老客户。因为双方比较熟悉，买卖无须多费口舌。再者，人际关系较好，客户一般不会回绝购买建议。

（2）推销员观察到客户喜欢产品，已有购买意向，但一时又犹豫不定，推销员直接要求成交，可帮助客户下定购买决心。或是客户的购买意愿非常强烈的情况下。

（3）用于促使客户把思路引导到购买问题上。如向客户介绍完产品，或回答了客户提出的问题后，就可以接着说："没问题吧，什么时候给您送货？"这样做并不一定就是要马上成交，而是促使客户考虑购买的问题。

(4) 有时客户的话题扯得太远，推销员可以通过向客户提出成交要求，让客户把话题集中到推销上。

(5) 提出两种或两种以上的购买方案供客户选择。提供选择是达成交易的极好手段，可以避免遭到拒绝。选择成交法的特点就是，不直接向客户问易遭到拒绝的问题如“要不要”，而是让客户在“买多”与“买少”“买这”与“买那”之间进行选择，无论客户如何选择，结果都是成交。

例如：

“张经理，您要这种型号还是那种型号？您看，这是样品……”

“范总，我们是这星期交货还是下星期交货呢？”

无论推销什么，推销员都可以选择这种方法促成交易，要动脑筋多提供一些选择，即使各种选择之间只有微小的差别，也要尽量使用这一方法。可供选择的内容是多种多样的，如数量、款式、颜色、型号、交货期、性能、尺寸、付款方式等。

(6) 在心中假设客户肯定会买，然后向客户询问一些关键性问题来结束销售。这些问题不应该是关于商品本身的问题，而是涉及如何交货、付款、保修及保管产品等，或是着手写订货单、开发票等。

当客户对产品显示出兴趣以及在某些问题上同意你的观点时，可以假设客户已下了购买决心，这时就可以向客户提出关键性的问题，或使客户做出关键性的承诺。

例如：“马经理，我用一下你的电话，告诉工厂下个月送货来。”如果马经理允许推销员借用电话，也就意味着他已决定购买了。

(7) 先就成交活动的具体条件和具体内容与客户达成协议，然后就成交活动本身与客户达成协议，即先让客户在买什么、如何买上选择，最后让客户在买不买上选择。

天太冷，帐篷外的一头骆驼想进帐篷，对主人说：“我可以将尾巴放进来吗？”主人同意了。骆驼又提出：“我可以将腿放进来吗？”最后，骆驼将整个身子放进来了，而主人却被赶出帐篷。

心理学家研究证明，最初提出较低的要求，然后再提出进一步的要求，比一开始就提出较高的要求，容易使人接受而转变态度。小点成交法就是利用这一心理规律，避免直接提示重大的成交问题，而是直接提示较小的成交问题，最后达成交易。如：

“林经理，如果产品出现了问题，我们负责，如果您没有其他问题，我们就这样决定了。”推销员没有直接提及买不买的问题，而是先提出售后服务问题，只要林经理接受了小点成交的条件，推销员就可以假定客户已经决定购买了，直接假定成交。

（8）利用处理客户异议的时机直接向客户提出成交要求而促成交易。

客户异议既是成交的障碍，也是成交的信号。一般而言，只要推销员能够成功地处理有关客户异议，就可以有效地促成交易，促使客户立即购买产品。如：

“易经理，既然你认为价格合适，还是先订货吧？”

“王经理，既然你承认产品质量很好，我们就备货了。”

“包主任，既然你已经相信这种产品的优点，你打算要哪一种规格的？大规格的，还是小规格的？”

“王主任，既然你也同意这个观点，如果没有其他不同看法，我们就可以签订具体协议了？”

推销员在消除客户提出的异议后，向客户提出订货的要求。

（9）推销员直接向客户提供成交保证来促使客户立即购买产品。

客户有时因对交易条件不放心，害怕失误而拒绝成交，或者故意拖延成交。这时，推销员针对客户的主要购买动机，要向客户提供一定的成交保证，消除客户的成交心理障碍，增强客户的成交信心，及时促成交易。如：

“华主任，您不必担心产品质量问题，我们有专门的技术支持人员，随时都可以为您提供各种技术服务。”

（10）推销员为诱使客户决定立即购买，可向客户提供一些额外的好处，如免费开模具、增值服务、免费服务等。推销员在提出每一让步后，就要紧跟着简短地表达出一种已经成交的假设。如“我什么时候交货？”或者“哪种规格对你来说最合适？”

（11）告诉客户，错过机会，就难享受到照顾。在你真诚地讲清现在就购买的好处时，你可以使用这一方法。

例如：

下月 1 日起，我们将提价；

优待办法于下星期一终止；

这是我们提供这种照顾的最后一周。

推销员应认识到：若非 100%的绝对真实，你千万不要使用这种方法。否则，这样做就极不诚实，而且会将未来的销售大门堵死。内行的推销员绝不能欺骗。

最后的成交机会会使客户有一种紧迫感，并且会得到客户订单。

(12) 为了使客户下定最后的决心，应当讲究策略，要对产品的某些优惠措施先保留不谈，到最后的关键时刻，再行提示，这是成交的最后法宝。例如，在成交关头，推销员可以最后提示推销重点，加强客户的购买决心："还有免费服务呢!""特殊材料和方法"。有的推销员不了解客户的购买心理，把所有的推销要点及优惠措施统统告诉客户，这样会使自己变主动为被动，不利于最后成交。

推销员手中至少要保留产品的一个优良特征作为你的王牌，以便在你的所有努力都归于失败时，加以使用，这是一个极好的方法。

(13) 以明确的语言请求成交。

(14) 用一种客户难以生硬拒绝的方式来请求成交。

(15) 在你提出成交的请求之后，要停下来等待客户答复，在此之前不要讲一句话。

(16) 如果客户不购买，照样继续推销。

(17) 使客户相信，购买是一项明智的决定。

(18) 直到客户不想再购买什么之前，你不要停止推销。推销员常常对于一笔订货得意扬扬，以致失去了更多的生意。也许你只需要做一定的劝说工作，客户就会从你那里买更多的产品。

(19) 对于与你成交的客户要反复致谢。客户应受到三种方式的感谢：销售之后立即用语言表达；24 小时之内发出一封跟踪感谢的短信；以及你和客户交往过程中经常表示感谢。

15.23.4 尽量避免非战斗力损失

推销员在成交阶段常常会出现失误，成为成交的障碍，下面列举一些应避免的常见动作：

(1) 避免说得太多。在刚与客户交谈时，推销员可以采取迂回战术，话题扯得远一点，以便制造融洽的推销气氛，但在向客户提出成交要求后，推销员必须遵循的一条原则就是：一旦你提出成交要求，就应当闭嘴，等待客户的回答。一位有经验的业务员说过这样的体会：不管你如何提出成交要求，一旦你已提出，就不要继续交谈，否则会言多必失。这种沉默保持的时间越长，客户表示同意的可能性就越大。有一些推销员承受不起沉默的压力，率先打破沉默，他让步了。在沉默的时候，客户正在进行着思想斗争。

推销员可以运用以下方法来保持沉默：

提出让客户购买。

靠在椅子上，保持沉默。

直盯客户的眼睛。客户在准备开口说话之前，他不会与推销员保持目光接触，相反，他也许会看桌子或文件。

保持一个轻松的、有信心的、友好的微笑。

保持积极的心态，一遍遍地对自己说“来吧，买、买、买”，结果是客户决定购买。

（2）避免不出示证明。推销员不出示能够证明自己产品的优越性的图表、资料、数据、总结、报表、样品、客户来信等。

（3）避免不倾听。推销员只想着下一步该怎样讲，而不注意倾听客户的谈话，这样他会错过一些极重要的客户信息。同样，客户会对他的陈述不被注意而感到不满。

（4）避免提出一些易遭客户拒绝的问题。如问客户“买不买？”“您还不买吗？”“难道您不买了？”

（5）避免言谈举止失当。一些推销员为了达成交易，卑微地乞求客户：“帮帮我们的忙吧”“想想我们做了多少年交易啊！”“我花了多长时间呀？”“您的订货对我厂关系重大”“我上次可是帮了您的大忙”。

这样的乞求，只会让客户瞧不起。

微案例

自我体检

推销员可以随时检查在成交阶段自己的表现有几项符合以下情况：

1. 是否相信自己？

2. 是否相信自己的产品？

3. 能否制定与达成目标。有否制定长期（你想要的）及短期（如何取得你想要的）目标的能力？

4. 是否为完成推销做充分的准备？

5. 是否知道如何面对拒绝？

6. 是否缺乏产品知识？

7. 能否了解客户的需求？

8. 有没有办法克服反对意见？

9. 能否跟上改变脚步，是否知道改变是行销的一部分？

10. 是否遵守规则：是否认为规则是为别人制定的？

11. 能否与他人相处，会否与你的客户成为拍档？

12. 是否太过贪心：为了佣金而推销，不是为了帮助他人而推销？

13. 能否信守承诺：自己说过的话却做不到？

14. 是否缺乏服务精神，满脑子都是钱？

15. 是否了解好运是靠勤奋工作得来的？

16. 是否把自己的错怪罪到了别人头上？

17. 能否坚持到底，坚持到完成推销所需的第七次或第十次接触？

18. 能否树立积极的态度？

19. 销售谈话是否包括客户想了解的一切实际情况？

20. 是否向客户提供了一些令人信服的证据？

21. 你的观点是否从内容到表达形式都适合客户的接受能力、智能和知识程度（难度、进度、表达方式是否合适）？

22. 销售谈话是否建立在你对客户情况非常了解的基础上？

23. 是否把洽谈的中心集中在了客户身上，集中在所推销的产品上？集中在产品给客户带来的好处上？

24. 是否把销售谈话限制在几个关键性的问题上？

25. 是不是以提问的方式向客户介绍你的推销要点？客户是否接受你的推销要点？

26. 谈话时，你的思路是否从头至尾都条理清楚、具有逻辑性？

27. 推销要点是否有事实根据，能否为客户所接受？

28. 你说的话和你说话的方式是否尽量避免出现销售障碍，避免与客户发生争执和引起客户的反对？

29. 你的销售谈话，能否与客户建立起真正的联系？是否采用了回答的方法？是否经常检查客户是否理解和接受了你的推销要点？是否让客户有机会发表他的看法？客户是否发表了自己的看法？

30. 销售谈话是否有说服力？能反映出你的信心吗？是否引起了客户的注意？

31. 是否避免使用形容词的最高形式和一些词义含糊不清的词组？你的推销要点是否具体、明确？

32. 是否在适当的时间向客户介绍产品的质量情况？你是否恰如其分地使用价格因素和质量因素？

33. 对客户的批评意见进行的反驳是否使客户感到心悦诚服？是否不让人打断你的申述呢？

34. 销售谈话是否马上把客户吸引住了？

35. 是否引起了客户的兴趣？

36. 是否激起了客户的购买欲望？

37. 是否使客户深信他应该购买并且需要你的产品？

38. 销售谈话是否自然地导致了交易的达成？是否使用了正确的结束方法？

15.23.5 不要匆忙离开现场

成交后，推销员不要匆忙离开现场，那样做会给客户留下不良的印象，客户可能会产生一种你占了便宜，生怕别人后悔，因而墨迹未干就匆匆告辞的感觉，尤其是在客户勉强做出决定的情况下，推销员匆忙离去，会使客户对自己的购买决定进行反思，产生一种“自己太轻率了”的感觉，这为今后履行合同造成困难，并且会损害与客户的关系，失去客户的信任。反之，如果推销员拖拖拉拉，客户也是有意见的。

推销员可以向客户表示谢意和良好祝愿，用恰当的方法祝贺客户做了一笔好生意。一句“谢谢”或者“祝贺交易成功”是最合适的，因为，双方的交易是互利的。

成交后向客户说一声“谢谢”，是优秀推销员区别于一般推销员的细小差别之一。说一声“谢谢”不需要花费什么，但却含义深刻，会给客户留下美好印象。大多数推销员都不知道感谢客户，这也是他们没有成功的一个重要原因。

在签订协议时，为什么要举杯祝贺？就是这个道理。

推销员也可以向客户说明其决策的正确，以使客户产生一种满足感，如：

“我知道您喜欢这个产品。”

“我们的产品使用以后，你就会感到它的优点了。”

15.23.6 保存推销记录

推销人员在推销过程中要始终不断地做记录，保存以下内容：所接触客户的姓名、单位、地址、客户是否购买了产品、所购买商品的品种、规格、型号、购买的总金额、推销路线及这一推销路线所需的时间、客户提出哪些异议、客户对产品和企业的批评意见、竞争对手投放市场的新产品、竞争对手的推销策略、客户未来的需要、在推销过程中的心得体会等。

从推销记录中可以选择出重点客户，以这些客户作为全部客户的核心，他们的金额应该占全部销售总额的绝大部分。经过对记录的分析判断，有些客户将来可能成为购买量大的客户，可以认定为关键客户，作为将来的重点推销对象。

15.24 收款阶段的动作要点

15.24.1 重视客户信用

收款的第一法则是：将商品销售给能够确实收回货款的客户。因此，在交易之前，业务员就必须对客户进行调查。客户信用调查就是选择客户，把不合格的客户剔除掉，留下好的客户。在对客户进行信用调查时，要留下详尽的客户调查报告，以便随时能够对客户进行信用分析。客户信用调查不仅仅在选择新客户时才执行，对以往发放信用政策的老客户也要时时关注，因为客户的信用是不断变化的。

如果不对客户的信用状况进行动态评价，并根据评价结果及时调整销售政策，就可能由于没有对信用上升的客户采取宽松的政策而导致客户不满，也可能由于没有发现客户信用下降而导致货款收回困难。

客户信用变化的征兆：

（1）付款变化

延迟付款期限；

付款日期经常变更；

由现金变为票据；

小额付款很干脆，大额付款拖延；

在付款日期，负责人不在；

不按清款支付。

（2）采购的变化

采购进货厂商急速改变；

订货额突然减少；

原本向竞争企业的采购额全部转移到本公司；

没有订货；

毫无理由地突然增加订货额。

（3）营业上的变化

销售情形突然恶化；

销售对象破产；

销售对象大量退货；

突然开始大量倾销；

要求迅速出货；

库存量锐增或锐减；

出现不利于该客户的流言。

（4）员工变化

不断有人辞职；

多数人抱怨不满；

发生相当金额的透支；

员工无精打采，工作态度恶劣；

经营者插手毫不相关的业务，吹牛自夸。

15.24.2　了解客户的结算周期挤进“头班车”

如果企业没有抓住客户的进货规律和各种周期，企业的业务人员每次去收款自然就会十分被动。企业发给客户的商品其计划的货款回笼周期已到，企业的业务人员在向客户提出结款时，得到的回答往往是：“这两天银根周转不灵，能不能过几天再说。”客户的仓库里，本企业的货物库存已经不多，该再进货了。当企业业务人呐喊上门洽谈时，得到的答案极有可能是：“进货可以，但现在我账户上的资金不足，要到下月初才能支付一笔货款，请帮一个忙。”

业务员要尽可能地全面了解经销客户的经营状况，每次比其他对手能领先一步拿到应收的账款。因为大多数客户的资金周转都不会十分宽松，你能挤进“头班车”，其他企业的业务人员就只能等“下一班车”了。

15.24.3 以诚待人

有时候，为了达到既完成销量又回笼货款这两个指标，企业的个别业务人员通过耍小聪明，以骗得客户的信任，而轻易收到了某一笔货款。但实际上，客户在外的应收款没有及时收回来，那么，等客户觉醒过来，业务人员以后的收款工作难免会不顺利。

曾经有家企业的业务人员每次去收款都不顺利，后来在一次与客户一起喝酒的时候，客户无意中提及：如果有事想要找到该业务人员，只要打电话叫他来收款，保证他准时赶到。

不要为了讨债而去收款，而是协助客户一起去经营好其他款，这才是降低企业应收款的根本所在。

记住：一个纯粹的讨债人是不可能与商人合作成功的。

养成“说到做到”的好习惯，在与客户平时的交往中，就做出规矩：“我决不食言，你也应说话算数。”虽然开始时，其动机不一定完全是为了货款，但当你真正涉及收款时，对客户就是一种无形的压力。反之，如果一些企业的业务人员经常食言，那么他也会较势利地来对待你。

在平时就多多关心客户，不要等到收款时才想起他们。在他们需要帮助之时，而你又力所能及帮一把，他自然会记住的。

在每次账款周期到来之前，如果能象征性地帮助客户去回收几笔他的应收款，有可能此货款是属于企业的业务人员曾为其开发的零售点，也可能是客户自己来不及去催收的款项，不管是哪种情况，你这样做了，会对你的收款工作带来积极的作用。

适当地与客户的财务人员搞好关系，经常送他们一些礼品。虽然他们对你的销量贡献关系不大，但如果你也能够像关注客户的业务经理那样，同时也能经常想到他们的财务主管，其效果往往会在关键的时刻就能呈现出来。

15.24.4 寻找第三者担保

企业可以要求你的客户在与你发生货款往来之前，寻找第三者（或上级单位）担保，最好其担保书能伴以相应的公证手续。这样做，至少可以保证万一在未来发生货款纠纷时，你还能找到一位相应的相关债务人。同时，这对客户本身来说也是一种约束。

15.24.5 事前催收

对于支付货款不干脆的客户，如果只是在约定的收款日期前往，一般情况下收不到货款，必须在事前就催收。

事前上门催收时要确认对方所欠金额，并告诉他下次收款日一定准时前来，请他事先准备好这些款项。这样做，一定比收款日当天来催讨要有效得多。

如果距离又远，可事先通过电话催收，确认对方所欠金额，并告知收款日前来的准确时间。或者把催款单邮寄给对方，请他签字确认后再寄回。

15.24.6 上门要早

到了合同规定的收款日，上门的时间一定要提早，这是收款的一个诀窍。否则客户有时还会反咬一口，说我等了好久，你没来，我要去做其他更要紧的事，你就无话可说。

15.24.7 高频次、小金额

对新客户或没有把握的老客户，无论是代销或赊销，交易的金额都不宜过大。宁可多跑几趟路，多结几次账，多磨几次嘴皮，也不能图方便省事，把大批货物交给对方代销或赊销。须知欠款越多越难收回，这一点非常重要。

15.24.8 不空许诺言

不空许诺言，不答应自己权限以外的条件。业务员擅自答应客户自己权限以外的条件，在受到领导指责后再向客户表示拒绝，就会产生麻烦。这样，业务员就失去了客户的信赖，造成清款困难，客户甚至会停止与业务员的交易，使业务员进退两难。所以业务员不要为了博得客户的欢心而任意答应条件。

15.24.9 不要急于销售，风险责任明确

货款无归的风险有时是由推销人员造成的。有些推销人员唯恐产品卖不出去（特别是在市场上处于弱势的产品），因此在对客户信用状况没有把握的情况下，就采用代销或赊销方式，结果给企业造成重大损失。

不实行强迫性销售。一些业务员急于取得业绩，就采取导致回收困难的强迫式销售。这样会被客户抓住弱点，在回收货款时，客户会说："我不愿意进货，是你千拜托万拜托，不得已才进货的。如果你急于收钱，反正产品还没有卖出去，你带回去好了。"这样，业务员也不敢坚持收款了。

15.24.10 严密的合同

为预防客户拖欠货款，在交易当时就要规定清楚交易条件，尤其是对收

款日期要做没有任何弹性的规定。例如，有的代销合同或收据上写着“售完后付款”，只要客户还有一件货物没有卖完，他就可以名正言顺地不付货款；还有的合同或收据上写着“10 月以后付款”，这样的规定今后也容易出现扯皮的情况。

另外，交易条件不能由双方口头约定，必须使用书面形式（合同、契约、收据等），并加盖客户单位的合同专用章。有些客户在合同或收据上仅盖上经手人的私章，几个月或半年之后再去结账时，对方有可能说，这个人早就走了，他签的合同不能代表我们单位；有的甚至说我们单位根本没有这个人。如果加盖的是单位的合同专用章，无论经手人在与不在，对方都无法推脱或抵赖。

15.24.11　随时观察动向

掌握债务债权，掌握其物品情况，了解其有无上下级单位可追讨，了解对他们公司有影响力的重点人物，掌握他的习惯付款时间，经营人员出现异动马上要求对方书面确认。

交易达成之后，要经常观察客户的经营状况，及时察觉其异动。

15.24.12　了解财务状况

如果经过多次催讨，对方还是拖拖拉拉不肯付款，一定要表现出相当的缠劲功夫，或潜在侦知对方手头有现金时，或对方账户上刚好进一笔款项时，即刻赶去，逮他个正着。

15.24.13　利用第三者

登门催款时，不要看到客户处有另外的客人就走开，一定要说明来意，专门在旁边等候，这本身就是一种很有效的催款方式。因为客户不希望他的客人看到债主登门，这样做会搞砸他别的生意，或者在亲朋好友面前没有面子。在这种情况下，只要所欠不多，一般会赶快还款，打发你了事。

收款人员在旁边等候的时候，还可听听客户与其客人交谈的内容，并观察对方内部的情况，也可找机会从对方员工口中了解对方的现状到底如何，说不定会有所收获。

15.24.14　直截了当

对于付款情况不佳的客户，一碰面不必和他寒暄太久，应直截了当地告诉他你来的目的就是专程收款。如果收款人员吞吞吐吐的，反而会使对方在精神上处于主动地位，在时间上做好如何对付你的思想准备。

如果只收到一部分货款，与约定有出入时，要马上提出纠正，而不要等待对方说明。另外，要注意在收款完毕后再谈新的生意。这样，生意谈起来也就比较顺利。一般来说，欠款的客户也知道这是不应该的，他们一面感到欠债的内疚，一面又找出各种理由要求延期还款。一开始就认为延期还款是理所当然的，这种客户结清这笔货款后，最好不要再和他来往。

15.24.15　小心溜掉

如果客户一见面就开始讨好你，或请你稍等一下，他马上去某处取钱还你（对方说去某处取钱，这个钱十有八九是取不回来的，并且对方还会有“最充分”的理由，满嘴的“对不住”），这时，一定要揭穿对方的“把戏”，根据当时的具体情况，采取实质性措施，迫其还款。

15.24.16　不给他提出分外要求的机会

如果你的运气好，在一个付款情况不好的客户处出乎意料地收到了很多货款时，就要及时趁早离开，以免他觉得心疼，并告诉他××产品现在正是进货的好机会，再过10天就要涨价若干元，请速下决定以免失去机会等，还要告诉他与自己联系的时间和方法，再度谢谢他之后，马上离开。

15.24.17　利用人情关系

商场上，业务员之间历来提倡重合同、讲信誉、诚信无欺好商量的人际关系。而信守合同按期付款是双方长期合作的开始，追债人应先尽力说服对方讲人情、重友谊、看发展，在他的付款能力之中优先考虑付你的款！

15.24.18　借助对方上司的压力

债权人首先要想办法找到债务人的上级主管，利用其上司的权力给欠款人说理讲法，施加压力，令其服从领导组织的决定。

15.24.19　以物品抵债

有时客户在市场上因竞争不力，经营不善，导致产品积压，资金周转困难，要求以商品或货物来抵债，这也是一个办法。不要因为觉得不值得而拒绝。对于的确无付款能力的客户，往往稍一迟延连物品也没有了。

15.24.20　聘请律师或追债能手

律师和追债能手学法懂法，见多识广、能言善辩，以案说法，效果会事半功倍，又不会违规犯法。

15.24.21 调动公司群体力量追债

适当地组织群众代表上门讨债，因人多势众造成高压，胁迫对方就范还债。

15.24.22 利用跟踪纠缠讨账

利用跟踪追击的办法，软磨硬泡，打持久战，跟踪他的行动，干扰他的工作，促使其无地自容而还账。

15.24.23 巧妙运用“钓鱼法”

这是复杂情况下妙不可言的高招。先请吃饭等小诱饵，钓出对方违约根据、账号、银行存款、商品等，掌握这些信息后，业务员便可以促使其就范了。

15.24.24 责令债权当事人追债

有些不正常的业务成为烂账，系有关人员或因贪小便宜而使公司吃大亏，或因某些经办人玩忽职守，造成老大难问题，公司领导可以责令经办人专门追债直到收回货款。

15.24.25 小心诈票

核对品项、单价、数量、总价、地址、兑号，以及票据有无错字，钢印等有无涂改。

15.24.26 不分昼夜，不卑不亢

软硬兼施；态度坚决，口气和顺；不碍情面，依时结清；分清形势，壮士断腕。

15.25 维护客情的行动要点

商业交易归根到底是一种人际关系，只要被客户喜欢，就能战胜竞争对手，赢得交易成功。这是一位销售高手成功经验的结晶。

你不可能与所有的朋友都做成生意，但一定要将所有的生意伙伴都变成朋友。

如果你做成一笔生意，你就赚到了一份佣金；如果你交到一个朋友，你就赚到了一笔财富。最强的对手也不能抢走你的客户兼朋友。

除了满足客户的需要，还要取悦他们。

一条重要的生意经是：和客户建立并保持良好的关系能促进销售。

心情支配大脑，人们的决策要受到感情因素的影响。研究表明：心情支配大脑，大脑在做出决定时，并不只运用理性思维，也带有感情色彩，情感并不是在人做出决定以后才发挥作用，而是决策过程中一个不可缺少的部分。研究结论是，“情感在人做出判断时发挥着重要的作用”。

中国是一个人情化社会，爱面子、讲义气、重感情，是中国人的文化基因。业务员与客户做生意，既要讲利益，也要讲感情。良好的客情关系，对销售关系的建立和维护至关重要。销售不是由办公室、库房、车辆、店铺、商品、政策等要素组成，而是由人组成。销售实质上是人和人的关系。销售的忠诚度，实质上是渠道中人的忠诚度。

一旦建立起良好的客情关系，客户就会乐意接受产品和业务员的销售建议；会乐意宣传推动公司产品的销售；会乐意遵守销售政策、配合销售工作；会乐意按时付款；会乐意为你收集和反馈市场信息；会谅解业务员的疏忽和过失；会积极在销售你的产品上动脑筋；会乐意与业务员合作。这将会使业务员觉得与客户合作轻松、愉快。长此下去，客户就会信任业务员、信任公司、信任产品。

15.25.1 建立全面客情关系

一些业务员只与上层建立关系。其实，这是远远不够的。

业务员要对客户公司的员工进行评价：

哪些是关键人物？

关键人物中哪些是支持者？哪些是反对者？哪些是中间派？

如何争取更多的支持者？

如何转化反对者？

“众人拾柴火焰高”，业务员要让更多的人帮助自己成功。

15.25.2 客情关系是跑出来的

关系在于走动。客情关系完全是业务员跑出来的。业务员的行为准则是，不是在客户处，就是在拜访客户的路上。

业务员应当奉行“销售现场第一”原则。业务员的工作地点不是在室内，而是在室外——市场上。

更多的情况是业务员的拜访纯粹在走过场。尤其是中小企业的业务员，一个人负责大半个省，几十个县，对客户的拜访犹如蜻蜓点水。来也匆匆，去也匆匆，这样的拜访除了为交通事业做贡献，又有何用？

业务员要做建设性拜访。每月要制定经销商走访排期，提前做好资料准备；将公司的产品、政策、价格等情况及时与客户沟通，告知客户；对合作过程中的问题及时给予处理；为今后双方关系的健康发展提供建议；将经销商的抱怨、不满、牢骚、问题、建议及时向公司领导反映，并及时将结果反馈给经销商。

15.25.3 业务员是解决问题的第一责任人

业务员要花大力气在那些不满的客户身上。客户不满意时，正是处理公司和客户关系的重要时刻。业务员若处理得当，客户就会更加信任公司。面对抱怨的客户，业务员首先要说："谢谢你通知我。"

业务员要有承担责任的意识。客户和业务员交往时，在他眼中，你就是公司，公司就是你。对于合作中出现的问题，业务员应成为解决问题的第一责任人。无论是产品质量还是售后服务问题，业务员都不能把问题推诿给其他部门、其他人，告诉客户，那和我无关，你找他们吧。

业务员要有现场解决问题的能力。业务员现场解决问题的能力越强，客户的忠诚度越高。因为客户认为，你是值得信赖的。

用人际关系的黄金法则和客户打交道，即你希望别人怎样待你，你就怎么对待别人。业务员要学会换位思考：你希望如何被对待？上次你遇到的问题是如何得到圆满解决的？把自己摆在客户的位置上，就会找到与客户合作的最佳方法。

不要怕说"对不起"。当客户讲述他们的问题时，他们期待着业务员富有人情味的反应。面对客户的投诉，业务员首先要真诚道歉："给你添麻烦了，对不起。"跟他讲你明白他的不满，然后明确告诉他你将尽自己最大的努力帮他，直到他解决问题为止。

耐心对待客户，这是让他感到满意的最佳方法之一。即使你不能马上满足他的要求，若客户感到你会尽力帮他，哪怕要等很长时间，甚至最后真的帮不到他，他也会很高兴的。

跟进，直至问题得到解决。拖延会使客户产生新的不满。

15.25.4 兑现对客户做出的承诺

业务员在和客户交往时，要做到：

低调承诺，超额兑现。业务员要尽量少承诺。

不要做超过自己权限的诺言。否则，你就会因无法兑现承诺而失去客户信心。

拜访客户时，要带一个笔记本，记下对客户做出的承诺，避免因忘记而造成无法兑现给客户做出的承诺。

及时兑现。拖延常常是产生新的问题的原因。

追踪再追踪。兑现对客户的承诺，需要公司内部其他部门和相关人员的配合。业务员不能把无法兑现的责任推到其他人身上。在客户看来，是你做出的承诺，因此，你就有责任向他兑现诺言。客户只关心结果，不会听取你的解释的。

15.25.5　了解经销商和了解产品一样重要

英国企业界信奉的准则是："了解你的客户，因为他们决定着你的业绩。"

熟悉自己客户的情况，是客情关系建设的基础工作。只有深入了解客户的利益所在，了解客户的需求，了解客户各方面的情况，业务员才能有针对性地处理好和客户的关系。对客户的情况不了解你就永远不可能和客户建立良好的客情关系。了解客户组织体与操作者个人的利益需求，包括客户组织的基本情况，如客户的名称、地址、电话、所有者、经营管理者、法人代表；客户的创业时间、经营体制、经营战略战术、营销与财务等方面的技能；客户与本企业的交易历史、业务状况，与竞争者的关系，客户的文化等。还要在此基础上了解客户操作者个人的利益需求，如他们的性格、兴趣、爱好、家庭、学历、年龄、能力、经历、价值观等。

微案例

自我体检

一些业务员也了解客户，但对客户的了解仅止于对老板的浅层次了解，深度与广度明显不足。以下10个问题可做个小试验，请业务员回答：

1. 你能准确写出自己接触的客户单位关键人物的姓名吗？
2. 关键难手都是哪个学校毕业的？学习的是什么专业？
3. 客户有什么兴趣、爱好？
4. 客户孩子的情况如何？如生日、爱好、学校、工作情况？

5. 客户过去的经历及成就?

6. 客户妻子的生日、结婚纪念日、爱好?

7. 客户最喜欢的食物是什么?

8. 客户的身体情况?

9. 客户最喜欢谈论的话题是什么?

10. 客户最近关心的问题是什么?

许多业务员觉得深入了解客户是多此一举，浪费时间，因为太琐碎，也不知如何着手，但仔细想想，这些都可以通过平常聊天、观察一点一滴地掌握。建立起完整的客户资料，对经营客户关系会有很大的助益。业务员与客户会有许多话题可以聊，可以谈得投机、开心，可以找到煽动经销商心扉的动情点。你能打开经销商的心扉，经销商也能打开自己的钱包。虽然这可能是老调重弹，但绝对是经营客户关系学的必备法门。

15.25.6　关系在于走动

建立良好客情关系最简单的办法就是多接触。人与人之间的关系是通过时间建立的，时间长了，你对对方的关心体现出来了，双方的关系自然就会加深。“路遥知马力，日久见人心”。业务员整天坐在办公室里是无法和客户建立良好感情的。即便是和一些客户没有业务关系，只要经常见面，常打交道，时间一长也会建立感情的，有了感情以后再谈生意就方便多了。因此要想和客户建立良好的客情关系，就要多花一些时间在和客户的相处上。

15.25.7　重视第一印象

大家都知道第一印象的重要性，并且销售专家也一再告诫业务员，你只有一次机会给客户留下良好的第一印象。有人或许认为这只是业务员的经验之谈，或者是专家们故作惊人之语。

15.25.8　简单的称呼，不简单的效果

人和人见面说的第一句话就是称呼对方：“先生，你好”或“你好，先生”。一声简单的称呼，却有着不简单的效果。

营销场是一个复杂的磁场。为了拉近关系，一些业务员愿意以辈分相称。然而这种辈分并不仅仅依靠年龄来划分，里面透着更微妙的人情世故，一旦称呼不合客户心意，生意都有可能谈砸。

现在许多业务员都称呼客户“老板”，这已是一个落伍的称呼了。十几年

前，业务员称呼客户一声“老板”，会让客户感到自豪，因为“老板”意味着身份和地位。可现在满大街都是老板了，就连收废品的也叫老板，再叫客户一声“老板”就不足以为销售加分了。

创新动力之一是现有的做法行不通了，不得不创新。当叫“老板”引不起客户的兴趣时，业务员就必须要在如何称呼客户上动脑筋了。有新的能引起客户好感的称呼：

(1) 亲情称呼。叫客户“大哥、大姐、大嫂、大婶、大叔、大爷”，这种称呼能拉近业务员和客户之间的心理距离、感情距离，有时甚至能起到无法言说的效果。

(2) 叫客户“老师”。业务员对那些能力比较强、水平比较高、经验比较丰富、年龄较大的客户称呼他们一声“老师”，是对他们的尊重。聪明人都喜欢指导别人。业务员在遇到难题时，对客户说一声“老师，你说怎么办?”，常常能收到微妙的效果。

(3) 叫客户“领导”。业务员见了他们之后，叫他们一声“领导”，满足了客户的虚荣心，会让他们感到高兴。

15.25.9 业务员的送礼经

送礼是好事但难做好。随便问一位业务员，我们都可以从他那里挖到他对客户“花钱不讨好”的窝心事儿。如何才能选对礼、送对人、送得巧、送得妙呢?

礼品是业务员与客户之间的“润滑剂”。许多业务员就是这样用礼品战术打动了客户。礼品的价值不在于价格，而在于是否符合对方的心意。

关爱是业务员送给客户的最好礼品。一个业务员在武汉登门拜访某客户，客户态度冷淡。他发现客户阳台上摆放着许多花草，就到东湖挖了些湖底淤泥。当他背着沉甸甸的一大编织袋泥土送上门时，客户感动了。

一位业务员得知客户妻子患有肩周炎，久治不愈，就多方打听药方。听说某个偏方有效时，他就要来这个偏方送给客户。

业务员如果真正关爱客户，就会知道什么是好礼品。

15.25.10 客情关系维护

业务员和客户之间的客情关系，就像是一堆篝火，需要不断地加薪添柴，才会继续散发出热情。否则，就会慢慢淡下去。

一些业务员抱着顺其自然的态度和客户交往，时间长了，双方的关系反而变得平淡和无趣，业务员在客户心中也没有留下印记。

客情关系维护包括日常维护和特别维护。

和客户之间的客情关系是日积月累的结果。业务员要杜绝“有事有人，无事无人”现象。平时客户找不到业务员，在关键时期，业务员也会找不到客户。

业务员在平日里要“无事有人”，在工作中才会“有人无事”。客情关系建设贯穿在与客户合作的全过程中。不能“虎头蛇尾”，要有始有终。

不管你和客户之间的关系多么好，都要继续维护这种关系，加深加强。

业务员客情建设水平高低主要是体现在工作细节当中。做客情要抓细节，既要从细节着眼入手，也要多做一些细节上的事。有时，细节更易打动人。客户会通过细节知道你是真正地关心他。业务员平日里要多留心客户的生活细节，客户也是凡夫俗子，也有丰富的感情世界，不要处处都带有太多的功利色彩，要充满感情地做工作，相信这些努力一定会有好的结果。客情关系建设，一定要制度化、规范化、日常化。天长日久的积累，才能建立起亲密无间的关系。

15.25.11 关键时刻，感动客户

业务员要做好日常的客情关系维护，更要在关键时刻挺身而出，关心帮助客户。

同一件事情，在不同的时候，用不同的方式去做，就会收到不同的效果。这就是时机的重要性。这就是维护客情关系的关键时刻。

客户有个大病小灾、红白喜事、逢年过节、子女升学、重要节日、生日、开订货会等关键时刻，业务员的帮扶会让他们感激涕零，印象更深刻，这远比旺季时折让几千元利润的效果要好得多。

16 销售人员日常销售行动精准制导

罗马不是一天建成的，销售任务是日清日结、日积月累的结果，销售人员每日工作有目的、有落实、有检查，每日对工作中的目标偏差进行修正，是确保销售任务落到实处的关键。

【要点 1】销售目标是数字，但更是文字和行动的详细诠释，支撑这些数字的是详细可行的操作方案。没有操作方案的销售目标分解只不过是数字游戏而已。销售人员要分解下列动作并给出答案。

该经销商本期分解的销售目标是多少？

你为该经销商设定的市场策略是什么？

本次出差到该市场要达到什么样的目的？

你准备给经销商提出什么样的建议？

该建议包括的具体操作方案是什么？

你的建议经销商采纳了多少？

你的建议被经销商拒绝的原因是什么？

【要点 2】月销售目标完成的关键在于要完成月度增量。销售人员要分解下列动作并给出答案。

你所负责的经销商数量有多少？

是如何分解目标的？

该市场本季度的销售目标是多少？

本季度销售增量是多少？

销售量排在上游的经销商是哪些？

销售量排在中游的经销商是哪些？

销售量排在下游的经销商是哪些？

从中游的经销商中可挑选出几家经销商进入上游？哪几家？

从下游的经销商中可挑选出几家经销商进入中游？哪几家？

销售量排在上游的经销商的平均销量是多少？

本季度有可能把每个上游经销商的平均销售量提升多少？

每个上游经销商每月平均销量提升多少？

用什么办法达到上游经销商月度增量的提升？

同理，销售量排在中游的经销商的平均销量是多少？

本季度有可能把每个中游经销商的平均销售量提升多少？

每个中游经销商每月平均销量提升多少？

用什么办法达到中游经销商月度增量的提升？

同理，销售量排在下游的经销商的平均销量是多少？

本季度有可能把每个下游经销商的平均销售量提升多少？

每个下游经销商每月平均销量提升多少？

用什么办法让下游经销商达到月度增量提升？

【要点 3】超额完成本期销售目标的经销商并不意味着没有市场空间。依然需要对销售目标进行正偏差检查（要结合实际销售报表分别进行分析）。销售人员要分解下列动作并给出答案。

该地区的市场容量增大了吗？

竞争对手出问题了吗？

业务员投入得更多、更努力了吗？

如果是，表现在哪里？如果不是，该如何去做？

经销商更努力了吗？如果是，表现在哪些方面？如果不是，该如何去做？

产品结构达到最佳了吗？如果不是，该怎样调整？如果是，用什么指标来说明？

市场对策还有调整的余地吗？如果有，如何调整对策？

【要点 4】完不成销售目标的经销商并不意味着没有开展工作的空间。要对目标负偏差进行检查（结合实际销售报表进行分析）。销售人员要分解下列动作并给出答案。

是因为目标定得高了吗？如果是，当初为什么定得这样高？如果不是，为什么没有完成？

你在该市场做了些什么？如何做的？

你在该市场应做而未做什么？

你的工作要点请示上级了吗？

征求同事的意见了吗？

他们认为你的工作要点正确吗？

竞争对手是否动了我们的奶酪？如果是，怎么动的？如果不是，有什么依据？

该市场没有完成销售目标的其他方面的原因有哪些？

【要点 5】在目前的销售渠道之外，还有很多种类的销售通路。对通过渠道增加增量，不可等闲视之。销售人员要分解下列动作并给出答案。

本地区有没有还未开发的新市场？有多少？具体是哪些？

哪些新市场最有可能开发出新客户？

对新市场上有开发可能的新客户进行开发了吗？

怎样开发的？

开发了多少？

其中：开发成功了几家？有意愿没行动的几家？没意愿没行动的几家？

该市场产品销售除主渠道之外，还有别的辅助渠道吗？

如果有，是哪些？如果没有，还有可能增加辅助渠道吗？

小区建店、繁华商业区建店、开发团购（集团购买）、与房地产销售商合作等这些别的地方已经开发出来的渠道在该市场有可能实行吗？如果有，以哪种方式？如果没有，为什么？着手做了吗？是如何做的？

该经销商发展下线了吗？还有没有进一步发展下线的可能？如果有可能，在哪里？如果没有可能，为什么？

有可能通过电子商务进行销售吗？经销商有意愿吗？你进行说服了吗？是如何进行说服的？

你认为或你听说该产品销售还有别的其他方面的销售通路吗？有哪些，详细列出来，多多益善。

对于一直没有工作起色且确实无可救药的经销商是否做了换户的工作？如何做的？结果如何？原因何在？

【要点 6】勤劳的双脚走在错误的道路上等于零。从出差工作量来分析，有些工作是有效的，有些工作是无效的；有些工作必须要占用整块时间，有些工作则可以通过零碎时间去做。销售人员要分解下列动作并给出答案。

你能分清自己的哪些工作有效或哪些无效吗？

出差前是否制定了出差线路图？

该线路图是最佳线路图吗？

实际出差时是否完全按线路图执行？如果发生了变化，为什么？

对每一个本次出差要去拜访的经销商，是否提前明确了本次去那里的目的？

要达到什么目标？采取什么策略？使用哪些话术？

是否准备了两种以上的方案？是否进行了情况预见与情景假设？

实际情况与你准备的方案、预见、假设有何出入？你又是如何处理的？

是否因为忘记带东西或带的钱不够等主观原因而在出差中途返回公司？

拜访客户之前是否进行了拜访预约？以什么方式预约的？

从每天早 8 点到晚 8 点 12 个小时为一个周期，每 2 个小时如实记录一次你在市场上的活动内容，连续记录 5 天。然后进行汇总分析：

在这 60 个小时中，用于候车的时间是多少？

用于乘车的时间是多少？

用于找宾馆的时间是多少？

用于吃饭的时间是多少？

用于实地调查的时间是多少？

用于培训的时间是多少？

用于与经销商洽谈的时间是多少？

用于理货、示范、答疑的时间是多少？

然后，找出哪些是必须要做的，哪些是可做可不做的，哪些是不必做但做了，哪些可以在候车或乘车的时候做？分析一下，也许结果会让你大吃一惊。记住，不要欺骗自己。周六、周日、节假日最适宜做哪些工作？不适宜做哪些工作？客流高峰最适宜做哪些工作，不适宜做哪类工作？

周一到周五适宜做哪些工作？

9：30 以前或下午 5：30 以后，最适宜做什么，不适宜做什么？

什么时候适宜理货？什么时候适宜查看库存？

【要点 7】你的销量来自竞品，你去动谁的奶酪？销售人员要分解下列动作并给出答案。

竞争对手的品牌文化是什么？

其主导产品如何？

其通路分布情况和通路利润分配如何？

对手的推广手法有何特点？

竞争对手产品的价格带分布如何？

各价格带上的市场容量如何？

竞争对手主导产品价格带变化趋势及销量曲线如何？

竞争对手的主体消费人群特征是什么、消费特点是什么？

对手与我们不同的细分方法和细分标准是什么？

对手的公交广告、路牌广告、电视广告、报纸广告、墙体广告如何？

对手产品广告突出什么？

对手广告投放节奏、投放力度、投放实效如何？

对手业务人员的工作方法如何？

竞争对手的薄弱市场在哪里？

对手的危机市场在哪里？

对手的空白市场在哪里？

对手的销售政策有什么漏洞可钻？

对手的“软肋”和“死穴”在哪里？

【要点8】销售人员要分解下列动作并给出答案。

（1）早晨

是否已经养成自己醒觉的生物钟和到点就醒的习惯？

早晨是否不赖床，果敢快速地起来，每天是否用适度的活动来激发身体的活力？

是否收听当地电视广播的新闻？

出发前有没有再次准备与客户见面时的谈话话题？

是否再检查一下必备的用品（名片、笔、笔记本……）？

仪容服装是否整理？

是否坚持吃早餐？

途中是否有购买当地报纸的习惯？

乘车时有没有阅览报纸了解国内外大事、经济新闻、社会新闻、当地新闻的习惯？

是否有再考虑一下与客户见面还需要准备哪些问题的习惯？

设想一下他会不会不按常规出牌，会出哪些牌？

如何应对他的牌？

（2）拜访前

是否对客户的姓名、籍贯、年龄、住址、电话、教育背景、家族、经历、事业、性格、社会关系、邻友关系、邻友评价等都有了一定了解？

是否对最新的业务动态有些了解？

是否对当地的风俗习惯及最近发生的重大事件有充分的认识？

是否设法掌握了竞争对手的销售情况及顾客对他们的批评？

是否了解了同业间目前的热门话题、重要问题及产品信息？

是否设法发现有决定权的人物并进行接触？

是否准备了应付对方询问及杀价的方法？

开始交谈的话题准备好了吗？

（3）接触

诸如问候、聊天、敬烟方面的礼节做好了吗？

有关销售的特殊条件请示了吗？

对于不可能实现的条件，答应了吗？

告诉客户更多的同业消息以供其选择了吗？

是否介绍了公司和公司的发展情况？

是否介绍了产品和同类产品的比较优势？

是否探讨了行业发展机会？

是否介绍了其他客户的运作模式？

是否帮助经销商分析了利益来源和保障？

是否提出了你对当地市场的看法？

是否介绍了公司的进货程序、促销活动申请程序、客户投诉处理程序、客户开发程序、销售人员管理程序？

是否可以确定双方彼此都明白达成意向或决定的确切含义？

是否在谈话结束后再次进行确认？

（4）回宾馆

反省今天拜访的成绩，对照今天的访问计划及实际成果有什么异同？

哪些想到了哪些没有想到？

今天客户所提出的抱怨，编入备忘录了吗？

客户一般提出的问题都是哪些类型的？

对这些问题进行答案设计了吗？

对这些答案持续进行补充、完善、整理提高了吗？

将当天的工作内容详细地写在日报表上了吗？

有无需要紧急处理或特别重要的事情，列入明日优先办理的事项中？

明天的工作计划列出来了吗？

向上级汇报自己一天的工作情况了吗？

需要预先约定明天要拜访的客户吗？

对明天要拜访的客户进行常规内容的准备了吗？

【要点 9】仓库是最容易被忽视的地方，却是能产生销量的重要战场。销售人员要分解下列动作并给出答案。

有多少有安全库存意识？

有多少能科学合理地对库存进行管理？

到多少家的仓库里去过？

在几家的仓库里停留 30 分钟至 1 个小时以上过？

对辖区的库存情况了如指掌的有几家？

对哪家进行了 3 次以上关于改变库存结构和库存状况的说服？

对哪家的具体库存产品类别进行了分析并提出了建议？

每次去仓库你能有意识地了解何种规格剩得多、什么剩得少，各是多少？

哪些剩得多，要加紧消化？哪些剩得少，要赶快补货？

因库存问题产生断档的情况有多少？

因库存不合理造成积压的情况有多少？

你能脱口说出一般情况下该客户的进货周期大概是多长时间吗（前后误差在 1 周之内）？

你出差前知道该客户何时进了多少货吗？

仓库里面竞品的状况如何？

竞品各型号产品的库存情况如何？

你曾经有意识地通过客户的库存来分析竞争对手的销售情况吗？

你做过和搬运工聊天的努力吗？

是否向他们了解过一些客户的进货、退货情况及竞品的相关情况？

你是否相信“很多重要的信息在客户的电脑里是没有的”这句话？

【要点 10】销售机会来自实地市场，实地市场的调查方法是书本里没有的。但是，实战中行之有效的方法你认可吗？一些被忽视的角落，也许是最能产生销售的地方。销售人员要分解下列动作并给出答案。

是否做过从经销商的内部资料里获得关于产品销量、库存等方面情况的努力？

是否能亲自（而不是人云亦云）确定哪一款产品比较畅销，需让客户多备货；哪一款产品需要加大促销力度？

是否有可能直接获知竞品的销售资料？

喜欢什么颜色的？

购买习惯是慎重型、价格型、冲动型、感情型、疑虑型还是不定型？

大多在哪里购买？

能否将竞争对手不愿透露的一些有效方法与手段收集到手并为我所用？

是否曾经做过早点摊上喝着早茶搞调查的工作？

你去过总经理办公室吗？

如果没有去过，你认为有必要去吗？

如果有必要去，那你准备从什么时候开始？

你是否留意过玻璃板下压的名片并了解最近都有谁来拜访，来者的职位？是否看过（偷看也可）挂在墙上的报表并从中掌握了大致的销售进展情况？

是否做过锲而不舍的“泡”功，对销售现状、竞品动态等重要信息了如指掌？

还需要进一步做哪些工作？

如果可能，你会尝试从货运站老板的开票簿和记事本了解一些你关心的问题吗？

你是否利用或让朋友利用 QQ 进行过调查？

你是否去过当地的图书馆阅览室去查找二手信息？

【要点 11】销量之外见功夫。销售人员要分解下列动作并给出答案。

你是否形成了自己的销售风格？

如果有，能用简练的语言总结出来吗？

如果没有，在建立销售风格方面有何目标追求？

你拥有有竞争力的销售技能吗？

如果有，是哪些，如果没有打算怎么办？

你曾经有意识地对自己的销售实践进行过总结吗？

能用几句话高度概括自己销售实践的经验吗？

你的市场销售方法是属于有步骤、规范化的，还是属于无步骤、随机性的？

经过一线经验的归纳或失利的总结，然后再实践和再提升，最后再指导实践，你是否总结了自己这样成功的销售模式？

是否有从各种培训中、各个媒体上、同行、同事、上司那里学会并借鉴到自己的销售实践中去的典型性经验？有哪些？

每次能否利用销售例会的机会从其他业务员那里汲取好的做法和好的经验？

你通常在销售任务没有完成的时候是怨天尤人还是认真自省？

你认为上述内容对你来说有哪些是完全不适用的？

把那些完全不适于你的内容删去后，余下的内容中，你准备在哪些方面付诸行动？

哪些方面付诸行动的时机还不够？

你还有哪些其他方面的补充？

后　记

我和王荣耀、田怡合著的《经销商营销新思维》《顾问式经销商管理》出版后，受到了营销企划界和企业界的关注，继《顾问式经销商管理》被评为年度最佳营销著作奖以后，诸多企业应用其研究进行培训，取得了明显的效果。在把这些成果引进 MBA 和营销专业本科教学后，引起了同学们浓厚的兴趣和互动的积极性。这一切给了我更多的动力，鼓励我不断地在市场营销理论与实践结合方面进行持续的研究和思考。2010 年以来，先后设计、完善了《T 结构实战型营销动作》《销售人员如何捉住细节这个魔鬼》《T 结构实操型通路管理》等教学方案，收得了较好的效果。呈现在读者面前的这本《营销企划动作分解及精准制导》，凝结着作者多年来的探求、思考。

本著作由河北经贸大学张洪吉教授统领的教授团队创作完成。张洪吉作为项目主持人，提出全书构思、创意，对写作风格和结构进行了总体把控，统筹及编写大纲，并撰写了第 1 部分、第 11 部分、第 16 部分。河北经贸大学李玉珍教授负责第 5 部分的撰写；河北经贸大学李曼教授负责第 6 部分、第 7 部分的撰写；河北经贸大学教授贾丽娟负责第 13 部分的撰写；河北经贸大学杜建芳教授负责第 14 部分的撰写；石家庄学院尹德斌负责第第 2 部分、第 8 部分的撰写；石家庄学院孙军锋负责第 4 部分、第 15 部分的撰写；燕京理工学院的杨亚冬负责第 9 部分、第 10 部分的撰写；北京培黎职业学院张文苑负责第 3 部分、第 12 部分的撰写。

本书参阅了大量国内外同仁的研究成果，恕不一一列出，在此一并致以衷心谢意。

本书得以完成，是在诸多朋友的鼓励、支持和帮助下完成的。衷心感谢吴国英教授的大力推荐，感谢李桂荣教授、王胜洲教授、石晓飞教授的鼎力支持，感谢王荣耀先生及行业专家们的前期研究，感谢中国经济出版社领导以及叶亲忠主任的辛苦付出。